Pagine
di
fotografia
italiana
1900-1998

Pages
of
Italian
Photography
1900–1998

Fondazione Galleria Gottardo

Roberta Valtorta

Pagine di fotografia italiana 1900 – 1998

Pages of Italian Photography 1900 – 1998

CHARTA

Progetto grafico
Design
Alberto Bianda

Coordinamento grafico
Graphical coordination
Gabriele Nason

Coordinamento redazionale
Editorial coordination
Emanuela Belloni

Redazione
Editing
Elena Carotti

Impaginazione
Layout
Daniela Meda

Traduzione/Translation
Howard Rodger MacLean

Riproduzioni fotografiche
Photographical reproductions
Lorenzo Ceva, Milano
e le collezioni di provenienza delle opere
and the lenders

Realizzazione tecnica
Production
Amilcare Pizzi Arti grafiche
Cinisello Balsamo, Milano

In copertina
Cover
Carlo Mollino, *Senza titolo*, 1936-40
Museo di Storia della Fotografia
Fratelli Alinari, fondo Mollino, Firenze

Retro di copertina
Back cover
Olivo Barbieri, *Roma*, 1995

Edizioni Charta
via della Moscova, 27
20121 Milano / Italy
Tel +39-2-6598098/6598200
E-mail: edcharta@tin.it

Galleria Gottardo
una fondazione per la cultura
della Banca del Gottardo
Viale Stefano Franscini 12
6901 Lugano / Switzerland
http://www.gottardo.ch
e-mail: galleria@gottardo.ch

Pagine
di
fotografia
italiana
1900–1998

Pages
of
Italian
Photography
1900 –1998

Lugano, Galleria Gottardo
27 maggio – 11 luglio 1998
27 May – 11 July 1998

A cura di
Supervised by
Roberta Valtorta

Realizzazione e coordinamento
Project and coordination
Luca Patocchi

Collaborazione
Collaboration
Silvia Colombo (*ricerca iconografica / iconographic research*)
Aimara Garlaschelli

Progetto dell'allestimento
Installation project
Alberto Bianda

Realizzazione dell'allestimento
Installation
Fondazione Galleria Gottardo, Lugano
Gabutti Color, Mezzovico

Ufficio stampa
Press office
Fondazione Galleria Gottardo, Lugano
Uessearte di Luigi Cavadini, Como
Silvia Palombi, Edizioni Charta, Milano

Cornici e passepartout
Framing
ConsArc
di Daniela e Guido Giudici, Chiasso

Trasporti
Shipping company
Züst&Bachmeier , Chiasso

Un ringraziamento a/ Thanks are due to
Valentina Barbieri (Milano), Anna Boggeri e Bruno
Monguzzi (Meride), Kitti Bolognesi (Milano), Giovanna
Calvenzi (Milano), Mara Campana (Milano), Daniela
Cammilli (Firenze), Daniele Cavalli (Roma), Liliana Chietto
Ciam (Torino), Massimo Colesanti (Roma), Cesare
Colombo (Milano), Raffaella Cortese (Milano), Claudia
Corvi (Pavia), Cesare De Seta (Napoli), Davide Faccioli
(Milano), Antonia Ida Fontana (Firenze), Giovanni Garra
Agosta (Catania), Laura Gasparini (Reggio Emilia), Paola
Ghirri (Reggio Emilia), Annamaria Greci (Roma), Pasquale
Leccese (Milano), Francesca Magliulo (Milano), Gio
Marconi (Milano), Roberto Mauri (Lodi), Rosetta Messori
(Roma), Antonia, Melina, Valentina Mulas (Milano), Laudie
Nocera (Milano), Elvire Perego (Parigi), Anna Perugini
(Roma), Maria Luisa Polichetti (Roma), Davide Pozzi
(Milano), Giancesare Rainaldi (Milano), Dario Reteuna
(Torino), Renate Siebenhaar (Königstein/Ts), Roberto
Spampinato (Milano), Lica Steiner (Milano), Milena
Tappainer (Trento), Daniela Tartaglia (Firenze), Riccardo
Toffoletti (Udine), Franco Vaccari (Modena), Paolo Vampa
(Roma) e tutti gli autori che hanno accettato di mettere a
disposizione le loro opere/and all those authors who accepted
to make their works available for this publication.

Roberta Valtorta è grata a Luca Patocchi e Alberto Bianda
per la fiducia nel suo lavoro e l'appoggio amichevole
Grazie infine a Gianni Siviero per l'aiuto costante.

Roberta Valtorta is truly grateful to Luca Patocchi and
Alberto Bianda for their trust in her work and for their
friendly support.
A final thanks is due to Gianni Siviero for his constant help.

La Galleria Gottardo da una decina d'anni si è assunta l'impegno di organizzare mostre di fotografia atte a divulgare l'opera dei maggiori fotografi di questo secolo. Ha inoltre prodotto alcune mostre tematiche, l'ultima in ordine di tempo quella sul San Gottardo, che si è tenuta durante tutto l'arco del 1997, per celebrare i quarant'anni di attività della nostra Fondatrice.

Con queste "pagine" sulla fotografia italiana si vuole iniziare un percorso di immagini che si ritengono preponderanti per lo studio della storia della fotografia di un paese.

Questi documenti – testi e opere – diventeranno infatti fondamentali per chi vorrà intraprendere lo studio di una vera e propria storia della fotografia.

Alla fine del secondo millennio, con l'Europa che bussa alle porte, ci è sembrato importante dare spazio alla fotografia italiana che, per evidenti legami geografici e linguistici, ma soprattutto per le affinità culturali, ci avvicina alla confinante penisola.

Il progetto iniziale prevedeva la scelta di cinquanta fotografie ed un testo che fungesse da guida a questa collezione immaginaria. Non avevamo fatto i conti con la vastità della produzione fotografica italiana che dagli inizi del Novecento ha dato frutti spesso conosciuti solo da pochi addetti ai lavori.

La ricerca delle fonti ci ha portato alla scoperta di preziosi documenti negli archivi di musei, biblioteche e presso collezionisti privati. Un tesoro perlopiù ancora sommerso e non documentato che attende di essere studiato a fondo.

Siamo quindi arrivati a scegliere un centinaio di immagini, per la maggior parte opere originali, che vengono "lette" attraverso i testi, uno per ogni immagine, colti e approfonditi, scritti appositamente da Roberta Valtorta, a cui dobbiamo queste "pagine di fotografia italiana".

A lei la nostra più sincera riconoscenza per averci fatto partecipe della sua ricerca che da anni porta avanti con pazienza e serietà, qualità che solo i veri studiosi e appassionati possono avere.

Altre persone sono state importanti riferimenti per questo impegno, tra i molti Silvia Colombo e Aimara Garlaschelli, alle quali porgiamo i nostri sinceri ringraziamenti.

Non possiamo dimenticare infine i direttori delle associazioni culturali, dei musei, delle biblioteche, degli archivi, i collezionisti e gli stessi fotografi che, con fiducia e disinteresse, hanno accettato di prestare questi preziosi attestati della produzione fotografica italiana di questo secolo. A tutti il nostro sentito grazie.

Luca Patocchi
Curatore
della Galleria Gottardo

The Galleria Gottardo has for about ten years now taken on the commitment to organize exhibitions of photography aimed at popularizing the work of the most important photographers of this century.

Furthermore, it has also produced a number of thematic exhibitions, the most recent one dedicated to the St. Gothard developed during the whole of 1997 and held on the occasion of the fortieth anniversary of activity of our Founder.

With these "pages" of Italian photography we wish to begin an itinerary of images considered preponderant for the study of the history of the photography of a country.

In fact these documents - texts and works - will become fundamental for the person who wants to undertake the study of a real history of photography.

At the close of the second millennium, with Europe knocking at our door, it seemed important to us to give room to Italian photography for reasons of evident geographical and linguistic ties but, and above all, due to the cultural affinities that bind our country to the nearby peninsula.

The initial project foresaw the choice of fifty photographs and a text that would act as a guide to this imaginary collection. We had not taken into account the vastness of Italian photographic production which from the beginning of the Twentieth Century had given fruits, often only known by those few professionally involved in the sector.

Research of the sources led us to the discovery of precious documents in the archives of museums, libraries and in the hands of private collectors. A treasure still mainly undisclosed and not documented which awaited to be studied in full.

We therefore arrived at the choice of about one hundred images, mostly original works, which are "read" by way of the texts, one for each image, erudite and in-depth studies, especially written by Roberta Valtorta to whom we owe these "pages of Italian photography".

We wish to thank her for having let us be part of her research which she has carried forward for years with patience and seriousness, qualities that only true scholars and enthusiasts are capable of having.

Other persons have been important referents for this undertaking. From among the many we can mention Silvia Colombo and Aimara Garlaschelli to whom we offer our sincere thanks. In conclusion, we cannot forget the directors of cultural associations, museums, libraries and archives, together with the collectors and the photographers themselves who with trust and disinterestedly accepted to lend these precious testimonies of the Italian photographic production of this century. To all we offer our sincerest gratitude.

Luca Patocchi
Curator
of the Galleria Gottardo

Roberta Valtorta

Perché pagine

Ho avuto la fortuna di ricevere in dono, negli anni, delle fotografie da alcuni fotografi. A un certo punto, qualche anno fa, ho cominciato a pensare di regalare in cambio una pagina di scrittura dedicata a ciascuna delle fotografie della mia collezione. Ne ho scritte alcune, una ogni tanto. Il nome del *file* nel quale le raccoglievo era "pagine".

L'anno scorso, la Galleria Gottardo di Lugano mi ha invitato a progettare una mostra che presentasse una selezione di opere fotografiche italiane realizzate nell'arco del Novecento. Non una storia della fotografia – una storia della fotografia non si costruisce certamente per singole opere – ma una raccolta di lavori importanti, capaci di mettere in evidenza la ricchezza e l'articolazione dei linguaggi della fotografia italiana di questo nostro secolo che se ne va.

Le cose a lungo pensate finiscono spesso per realizzarsi in modo improvviso e diverso dal previsto. Così mi sono ritrovata a travasare quella mia idea di scrivere singole pagine dedicate a singole fotografie in questo progetto che ora riguarda non più la mia personale collezione (anzi di questa comprende solo pochissime opere), ma si allarga all'intero Novecento. L'idea originaria resta in vita, ma intanto ho messo mano a questo lavoro dedicato a quasi cento opere fotografiche del nostro secolo. La prima è una fotografia del 1900 dei Fratelli Alinari, un bellissimo cielo di nuvole carico di dolcezza simbolista; l'ultima è una installazione del 1998 di Tancredi Mangano, un'operazione concettuale che costituisce una doppia riflessione, sul rapporto vita/morte/natura e sui rituali della fotografia stessa.

Il motivo importante per cui ho giudicato necessario dedicare uno scritto a ciascuna immagine è molto evidente. È estremamente difficile operare "prelievi" così violenti dall'insieme del lavoro degli artisti, strappare una sola opera "rappresentativa", e per di più fare questo in un arco storico ampio e ricco di accadimenti come un intero secolo, nel nostro caso il Novecento, secolo di mutamenti economici, tecnologici, culturali davvero eccezionali.

Il privilegio di un comportamento così libero, felicemente guidato dal solo criterio del piacere seppure, a volte, intrecciato ad altri impulsi in un complesso e non casuale programma, appartiene a un unico tipo di persona: il collezionista: "gli uomini più passionali che esistano al mondo", così Balzac definisce i collezionisti, in una frase che Walter Benjamin richiama nel suo noto saggio del 1937 *Eduard Fuchs. Il collezionista e lo storico*.

Io non sono un collezionista. Studio piuttosto motivi, collegamenti, derivazioni: cerco di comporre sguardi d'insieme, scenari sociali e culturali nei quali il lavoro dei singoli, pur nella sua indiscussa e speciale irripetibilità, possa collocarsi per essere meglio capito. Mi è allora parso che se ogni fotografia fosse stata accompagnata da una pagina che ne proponesse una lettura ravvicinata e fornisse alcuni, seppure sintetici, riferimenti sarebbe stata meno sola. Il prelievo, guidato da alcuni criteri, sarebbe stato meno duro e meno assurdo, lo strappo meno violento.

La finalità è quella di suggerire un'idea di fotografia come arte progettuale, complessa, non immediata ma, invece, riflessiva. Ho scelto queste opere soprattutto in funzione della straordinaria varietà di linguaggi che contengono, e spesso per l'alto livello simbolico che presentano. Non ho perseguito criteri di completezza ma, piuttosto, di esemplarità, talvolta privilegiando alcuni periodi storici rispetto ad altri.

Ho cercato di percorrere il secolo sul filo di esempi di modi diversi di pensare e di costruire la fotografia: dall'approccio realistico di impronta ancora ottocentesca alle suggestioni simboliste di cui è ricca la fotografia pittorica, dagli esperimenti fondamentali delle avanguardie storiche alla conquista dello "specifico" operata dal Modernismo, dalle attenzioni di tipo sociale o di tipo formale del secondo dopoguerra alla stagione d'oro del reportage, dalla decisiva svolta concettuale degli anni Settanta agli approfondimenti dell'idea di luogo degli anni Ottanta, fino alle posizioni neoconcettuali e alle contaminazioni linguistiche degli anni Novanta.

La scelta propone una voluta accelerazione verso il contemporaneo, momento di particolare diversificazione, quasi agitazione, dei linguaggi, e in ogni caso pone l'accento su quelle esperienze che nel tempo hanno lavorato programmaticamente alla costruzione della fotografia come arte profonda e cosciente, capace di crescere su se stessa pur dialogando con altre arti di volta in volta ad essa vicine, dalla pittura al cinema alla grafica all'immagine video oppure ripresa da Internet.

Il titolo di questo progetto, *Pagine di fotografia italiana*, utilizza il termine "pagine" che dava titolo al mio vecchio *file* – termine che appartiene peraltro alla letteratura – per indicare metaforicamente due circostanze precise che qui trovano coincidenza: il fatto che dall'opera complessiva che ciascun artista ha scritto o sta scrivendo sono state effettivamente tolte singole pagine, cioè singole fotografie; e il fatto che a ciascuna di queste è stata dedicata appunto una pagina di scrittura, basata sulla riflessione storica sugli autori e i loro metodi di lavoro e insieme sull'osservazione delle caratteristiche visive delle opere.

Mi piacerebbe che questo assomigliasse, oltre che a una raccolta di bellissime immagini di autori italiani del Novecento, anche a un libro di lettura, e che queste pagine potessero essere utili ad avvicinare qualche persona in più al complesso, stratificato mondo delle figure che si trovano nelle fotografie.

Roberta Valtorta

Why pages

Over the years I have had the good fortune to receive photographs as presents on the part of a number of photographers. At a certain point, some years ago, I began to think of giving a page of text dedicated to each of the photographs in my collection in exchange for these gifts. I wrote some of them, one every so often. The name of the file in which I grouped these was "pages".

Last year the Galleria Gottardo in Lugano invited me to plan an exhibition which presented a selection of Italian photographic works produced during the Twentieth Century. Not a history of photography - something one certainly does not construct by way of individual works - but a collection of important works, instead, capable of evidencing the wealth and articulation of the Italian photographic languages of this century of ours that is coming to its close.

Things thought about at length often end up by being done in a way that is unexpected and different from what had been foreseen. In this way I found myself having to overturn that idea of mine of writing single pages dedicated to individual photographs. The outcome is this project which now no longer concerns my own collection - in fact there are only very few works of it included here - but has been broadened to embrace the Twentieth Century as a whole.

The original idea still remains although in the meantime I have taken advantage of this project which treats almost one hundred photographic works of this century. The first is a photograph of 1900 by the Alinari brothers, a splendid sky of clouds charged with symbolist gentleness. The last dates to 1998 and is an installation by Tancredi Mangano, a conceptual operation which constitutes a two-fold reflection treating the life/death/nature relationship and the rituals of photography itself.

The important reason why I have judged it necessary to devote a text to each image is very evident. It is extremely difficult to carry out such violent "sample selections" from the corpus of the artists' work, to extract only one "representative" photograph (and to do this, moreover, from an historical space of time which is so vast and rich in events as is an entire century, in our case the Twentieth, one of truly exceptional economic, technological and cultural changes).

The privilege of such a free approach - successfully guided by the sole criterion of pleasure, even if at times interwoven with other impulses in a complex and not casual program - belongs to a unique type of person, that of the collector: "the most passionate of men who exist in the world" (as Balzac defined collectors, in a sentence which Walter Benjamin recalled in his well-known essay of 1937 entitled *Eduard Fuchs. The collector and the historian*).

I am not a collector. Rather, I study motifs, connections, motives and derivations: I try to compose overall views, social and cultural scenarios in which the work of individuals - albeit in their unquestionable and special unrepeatable nature - are able to be collocated in order to be better understood. And so it seemed to me that if each photograph had been accompanied by a page that proposed its "close-up" reading and furnished some even only synthetic references then it would have been less alone: the sample selection, regulated by some criteria, would have been less harsh and abrupt, less absurd, and the "infringement" less violent.

The aim is that of suggesting an idea of photography as an art of the project, complex, not immediate but instead reflective. I have chosen these works above all on the bases of the extraordinary variety of languages they embrace and often due to the elevated symbolic level they present. I have not followed criteria of completeness but, rather, of exemplariness, at times favoring some historical periods with respect to others.

I have tried to traverse the century following the "thread" of examples of different ways of ideating and constructing photography: ranging from the realistic approach of a still nineteenth-century stamp to the symbolist influences for which pictorial photography is rich, from the fundamental experiments of the historical avant-gardes to the conquest of the "specific" carried out by Modernism, from forms of attention paid to a social or else a formal type of the later post-war period to that "golden age" of the reportage, from the decisive conceptual turning-point of the 1970's to the more in-depth investigation of the "idea of the place" that belonged to the 1980's and, finally, to the neo-conceptual positions and linguistic contaminations of the 1990's.

The choice proposes an intentional acceleration towards the contemporary, a moment of particular diversification - almost agitation - of languages, and, in whatever case, places the accent on those experiences which over the years have programmatically worked towards the construction of photography as a both profound and conscious art, one capable of growing upon itself whilst holding dialogue with other arts that from time to time were close to it: ranging from painting to the cinema, graphics, the video image or else the Internet image.

The title of this project, *Pages of Italian Photography*, uses this term "page" which gave the title to my file - a term that belongs to literature, moreover - in order to metaphorically indicate two precise circumstances which here are coincidental: the fact that from the overall work which each artist has written, or is writing, single pages have effectively speaking been "removed" - that is, individual photographs; and that each of these has been dedicated a page of text based upon the historical reflection regarding the authors and their work methods, together with the observation of the visual characteristics of the works.

Besides being a collection of splendid images by Italian authors of the Twentieth Century, I would also like it to resemble a book meant to be read and that these pages might prove useful in order to bring some more people closer to the complex and stratified world of the figures that are to be found in photographs.

Una fotografia insolita, nella quale non penseremmo di riconoscere un'opera dei Fratelli Alinari, abituati come siamo all'evidenza dell'organizzazione prospettica delle loro fotografie di architettura, alla chiarezza della documentazione delle piazze delle città, dei monumenti e delle opere d'arte, all'alto livello descrittivo dei ritratti e del racconto della vita sociale fiorentina. L'immagine sembra quasi totalmente priva del dato naturalistico e dunque appare molto più moderna della data che porta: il paesaggio, per nulla descritto, è ridotto a una sottile striscia ondulata controluce, e l'inquadratura è quasi completamente dedicata al cielo. Alla vista di queste nuvole potrebbe venir spontaneo pensare, per esempio, agli *Equivalents,* quell'opera d'avanguardia che Alfred Stieglitz realizza però ben più tardi, negli anni Venti. Ma il confronto, seppure ideale, non sarebbe corretto: se con gli *Equivalents* Stieglitz si muove effettivamente verso l'astrazione sganciando il significato della fotografia dalla cosa realmente rappresentata, questo bellissimo *Studio di nuvoli* degli Alinari risponde in pieno ai criteri di una rappresentazione del paesaggio (poiché un ampio cielo sopra una striscia di terra è ancora un paesaggio) in chiave elegantemente simbolista (nella pittura simbolista di fine secolo la linea dell'orizzonte veniva alzata o abbassata proprio in proporzione alla maggiore o minore esigenza di "spiritualizzare" il paesaggio). Si tratta poi, non va dimenticato, di uno studio riferito a una parte del reale, il cielo, che gli Alinari raffigurarono spesso nei loro paesaggi di natura e di città, seppure certamente non abbassando fino a questo punto la linea dell'orizzonte.

An unusual photograph in which we would not think of recognizing a work by the Alinari brothers used, as we are, to the evidence of the perspective organization of their photographs of architecture, the clarity of the documentation of city squares, the monuments and works of art, the elevated descriptive level of their portraits and the narration of Florentine social life. The image almost seems to be totally lacking in the naturalistic datum and, in consequence, would appear to be much more modern that the date of its execution. The landscape, in no way described, is reduced to a slender, undulated strip in counter-light and the framing is almost completely dedicated to the sky. On viewing these clouds one might spontaneously think of the *Equivalents,* for example, of that avant-garde work by Alfred Stieglitz realized, however, many years later (in the 1920's). Although the comparison, albeit ideal, would not be correct. If with his *Equivalents* Stieglitz did effectively move towards abstraction, dissociating the meaning of the photograph from the thing really depicted, this splendid *Studio di nuvoli* [Study of Clouds] by the Alinari brothers fully corresponds to the criteria of a representation of the landscape – given that an ample sky over a strip of ground is still a landscape – in an elegantly symbolist key (in symbolist painting of the close of the century the line of the horizon was raised or lowered precisely in proportion to the greater or lesser need to "spiritualize" the landscape). And it should not be forgotten, moreover, that we are talking about a study referred to a part of the real – to the sky – which the Alinari brothers often represented in their landscapes both of nature and the city, even if certainly not lowering the line of the horizon to the degree found here.

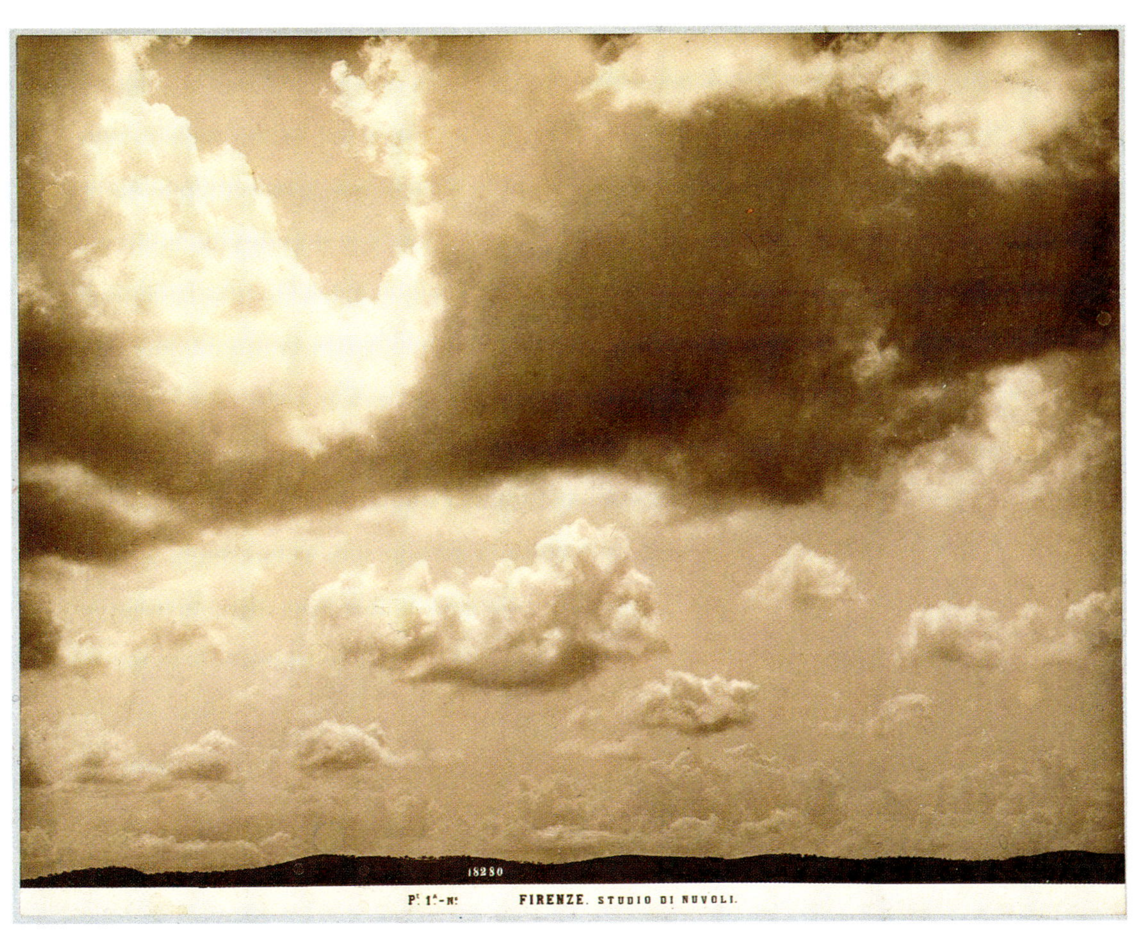
18280
P.¹ 1ª · N.   FIRENZE. STUDIO DI NUVOLI.

Secondo Gabriele D'Annunzio, il pittore Francesco Paolo Michetti sapeva che "per giungere alla bellezza è necessario indugiare a lungo sul vero" e che così facendo era giunto "a continuare l'opera della natura". Nella complessa evoluzione del modo di Michetti di pensare il rapporto imitativo pittura/natura, la fotografia entrò con forza, assumendo nel tempo, dai primi anni Settanta alla fine dell'Ottocento, significati diversi: in una prima fase essa fu al servizio della pittura; poi fu vissuta e praticata in quanto tale, inizialmente nella forma del reportage e in un secondo tempo come mezzo per valorizzare singoli particolari della realtà ritenuti significativi. Michetti passò cioè da una concezione della fotografia come aiuto tecnico-progettuale per l'artista, a un'idea di narrazione veloce, immediata di scene sociali, per giungere infine a una forma di rapporto con la realtà di tipo più analitico e riflessivo. Moderno. La fotografia assunse sempre più importanza nei suoi interessi e divenne mezzo autonomo, attraverso il quale affrontare formalmente aspetti anche minimi della realtà, quali alberi, pietre, radici, foglie, fiori, come in questa immagine.

Questi gigli rappresentati nella loro assolutezza, senza contesto, evidenziati nei loro valori plastici e collocati in uno spazio di difficile definizione, quasi sospesi, paiono un poco oggetti astratti: si ripetono, ma sono diversi fra loro; la ripresa stereoscopica li raddoppia creando una regolare/irregolare scacchiera di forme naturali. Il pensiero va, molto impropriamente ma irresistibilmente, ai quattro fiori di Andy Warhol.

According to Gabriele D'Annunzio, the painter Francesco Paolo Michetti knew that "in order to arrive at beauty it is necessary to linger at length on the real" and that in having done this he had arrived "at continuing the work of nature". In the complex evolution of Michetti's way of ideating the imitative painting/nature relationship, photography came forcefully to become part and over the years took on different meanings (from the opening years of the 1870's until the close of the century). In a first phase it served painting. It was then lived and exercised in its own right, initially in the form of the reportage and subsequently as a means with which to fully take advantage of individual details of reality that the author considered significant. In short, Michetti moved on from a conception of photography as a technical-planning help for the artist to an idea of rapid, immediate narration of social scenes, eventually arriving at a form of relationship with reality of a more analytical and reflective type. Modern. Photography took on an ever greater importance among his interests and became an autonomous means through which to formally face – also minimum – aspects of reality such as trees, stones, leaves and flowers (as in this photograph).

These lilies represented in their absoluteness, lacking a context, evidenced in their plastic values and found within a space it is difficult to define, to some extent appear to be abstract objects: they repeat themselves although each one is different. The stereoscopic shot doubles them, creating a regular/irregular "checkerboard" of natural forms. Very improperly but irresistibly, one thinks of the four flowers by Andy Warhol.

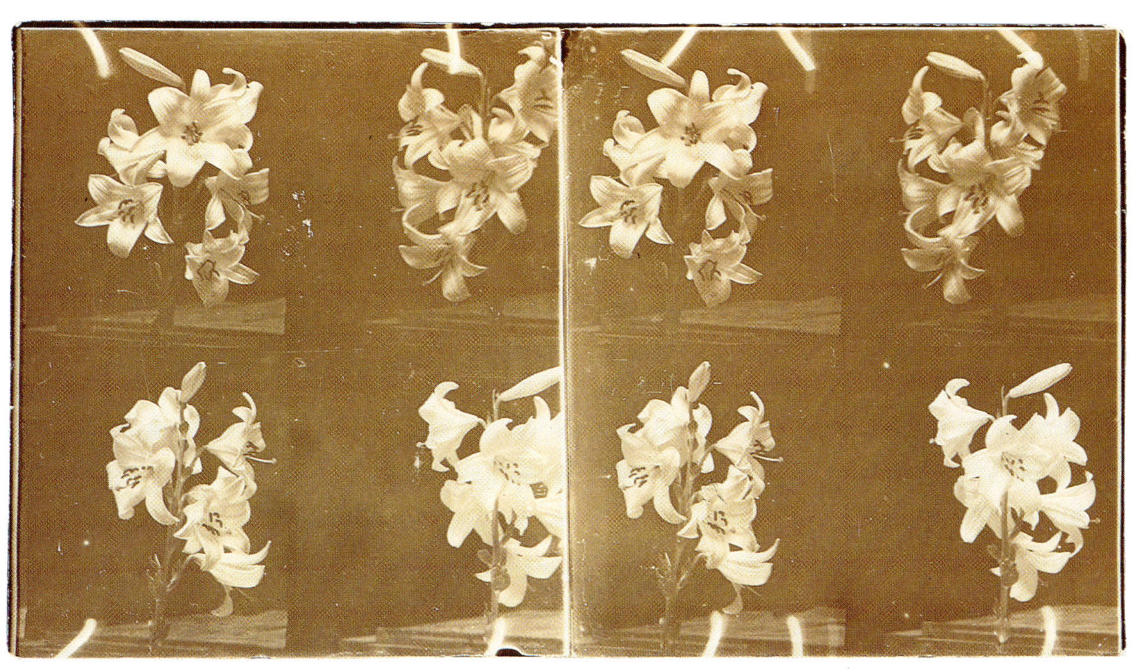

L'immagine si caratterizza per l'immediatezza della scena e l'armonia semplice della composizione. È un ballo all'aperto, con giovani donne e ragazzini. La fotografia ha un punto d'attenzione preciso, ed è il triangolo chiaro nel quale termina la facciata della casa di pietra dal tetto spiovente che occupa il centro dell'immagine: sotto questo triangolo tre donne ballano in tondo tenendosi per mano, una gonna bianca una grigia una scura in progressione, e formano un unico gruppo plastico. Intorno a loro, protagoniste della scena, stanno altre figure. Subito dietro, a sinistra, un ragazzino con una maglietta a righe fissa il fotografo, e poco più in là altri due si impegnano nella danza, e l'uno guida l'altro, mentre una giovane donna esce dall'inquadratura. Altre figure sulla destra, e alberi ed erba. La fotografia risulta decisamente segnata dall'elemento femminile.

Francesco Negri, avvocato di Casale Monferrato, studioso di botanica e di microbiologia (fotografò il bacillo di Koch), inventore di un tipo di teleobiettivo e sperimentatore delle tecniche del colore in tricromia, è un importante fotografo dell'Ottocento italiano, ma fu attivo anche nei primi anni del nostro secolo. Pensava alla fotografia come a un documento di vita, e ci ha lasciato una generosa quantità di descrizioni della vita sociale e culturale della sua città, di ritratti, di fotografie di montagna e di opere d'arte, scene di lavoro campestre e molti gruppi in posa o in movimento, ripresi con delicatezza, come questo.

The photograph is characterized by the immediacy of the scene and the simple harmony of the composition. It is an open-air dance with young women and boys. The image has a precise point of attention: the light triangle in which the facade of the stone house with its sloping roof that occupies the centre of the image has its end: under this triangle three women are dancing hand in hand in a circle, a white, a gray and a dark skirt in progression, forming a sole plastic group. Around them, the protagonists of the scene, there are other figures: on the left immediately behind there is a little boy in a striped jumper who is staring at the photographer. A little further to the left two others boys are dancing, one leading the other. A young women at the same time moves out of the shot. There are other figures on the right, trees and grass. The photograph is decidedly marked by the female element.

A lawyer of Casale Monferrato, scholar of botany and microbiology (he photographed the bacillus of Koch), the inventor of a type of telephoto lens and experimenter of color techniques in trichromatism, Francesco Negri was an important photographer of the Italian Nineteenth Century although also active in the opening years of this century. He thought of photography as being a document of life and he has left us with a generous quantity of descriptions treating the social and cultural life of his town, together with portraits, photographs of mountains and works of art, scenes of work in the countryside and many groups either posed or in movement, shot with the delicacy we can see here.

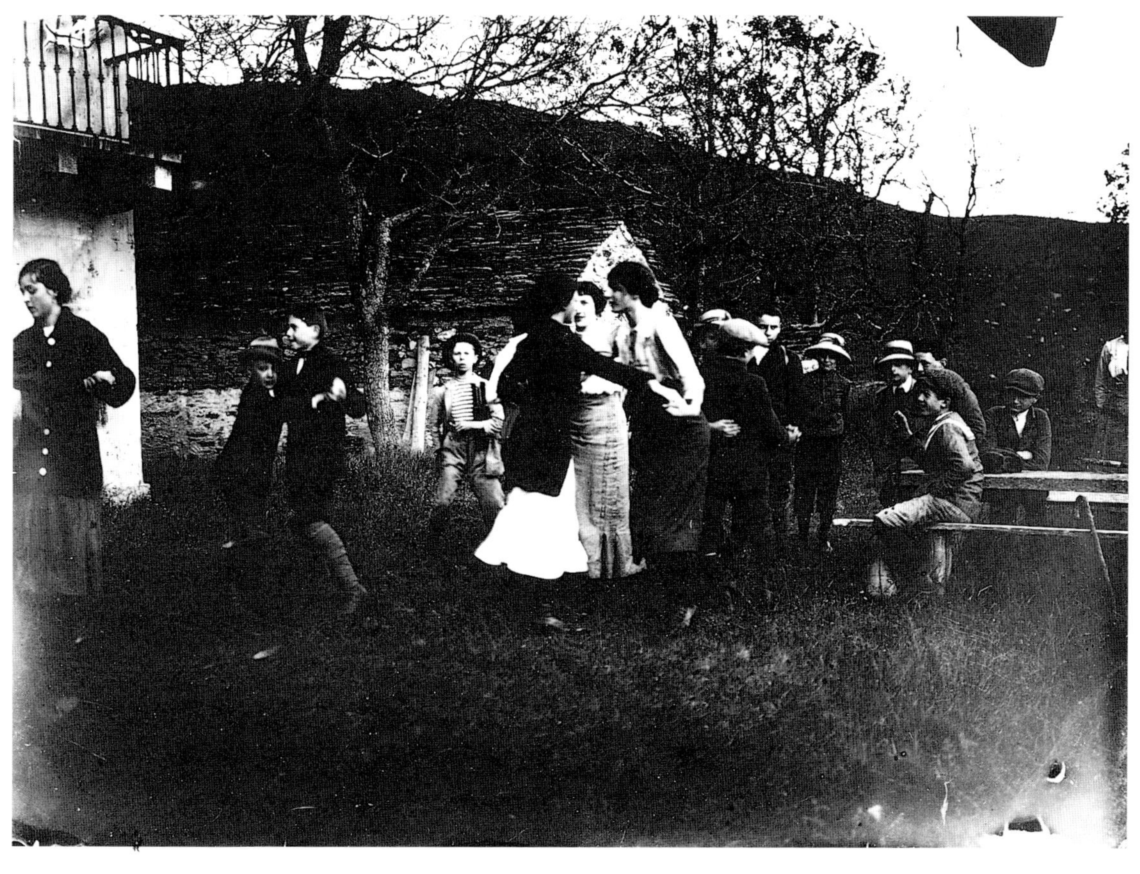

Questa piccola fotografia fa parte di una sequenza che racconta il bagno dei bambini di un asilo. L'immagine è molto immediata. Il conte Primoli ha fotografato spesso scene di gruppo con soggetti diversi – nelle strade o nella campagna di Roma, all'ippodromo, o durante esercitazioni militari, ricorrenze pubbliche, scene di caccia o di vita mondana – sempre con molta prontezza e molta cura. Nel 1892 la rivista fiorentina "L'Album. Rassegna scientifica, letteraria, artistica, teatrale" lo definisce, insieme al fratello Luigi, "re dell'istantanea", e non senza ragione: egli è infatti un narratore, capace di collocare le figure nel giusto contesto, rapido e curioso come un moderno reporter, abile nell'utilizzare la sequenza. In un certo senso sa cogliere con leggerezza quello che Henri Cartier Bresson molti anni dopo avrebbe definito, con un termine indelebile, "momento decisivo". E d'altro canto non bisogna dimenticare che il grande reporter francese ebbe come predecessore Jacques Henri Lartigue, al quale Primoli è per certi versi avvicinabile.

Anche questa fotografia di bambini al mare è, nella semplicità della situazione, molto ben risolta: l'orizzonte alto consente di valorizzare l'acqua, elemento che contiene la scena; le figure dei bambini in fila e delle donne che si prendono cura di loro, creano la forma di un 9 che, con il suo andamento a chiocciola, rende compatta l'immagine.

This small photograph forms part of a sequence which narrates the bathing of kindergarten children. The image is very immediate. Count Primoli often photographed group scenes with diverse subjects, always with exemplary promptness and with considerable care: in the streets or countryside of Rome, at the race course, during military exercises, public holidays, hunting scenes or those relative to mundane life and society. In 1892, together with his brother Luigi, the Florentine review entitled "L'Album. Rassegna scientifica, letteraria, artistica, teatrale" defined him as being the "king of the snapshot", and not without reason. He was, in fact, a narrator, capable of placing figures in the right context. He was as ready, rapid and curious as a modern reporter, skillful in using the sequence. In a certain sense, and with an ease and lightness, he knew how to capture what Henri Cartier Bresson was many years later to have defined – with an indelible term – the "decisive moment". And one should not forget, moreover, that the great French reporter had Jacques Henri Lartigue as his predecessor (and in certain respects Primoli can be compared to Lartigue).

Also this photograph of children at the seaside has in the simplicity of the situation been resolved very well. The elevated horizon permits the author to fully exploit the water, the element which contains the scene. The figures of the children in a row, together with the women taking care of them, creates a number 9 which with its "spiral" form renders the photograph compact.

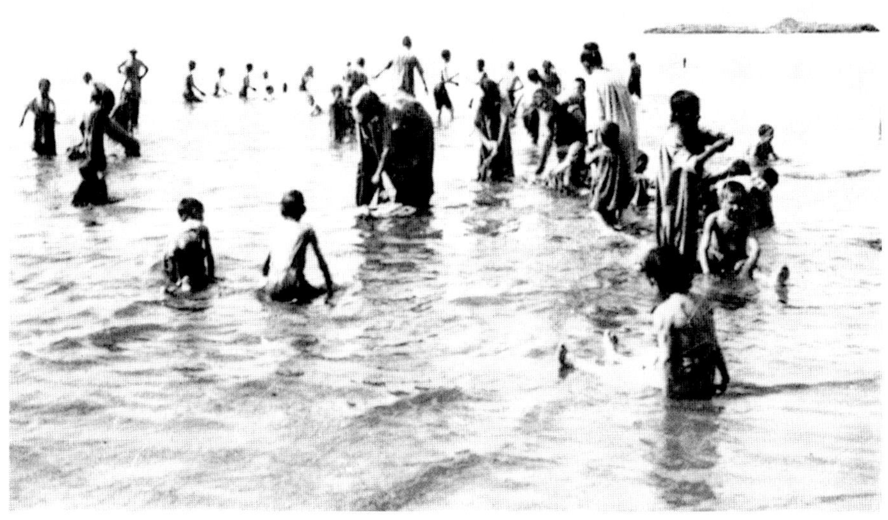

Esponente dell'aristocrazia nera romana, il principe Chigi fu partecipe della cultura fotografica del suo tempo ma praticò la fotografia sostanzialmente come attività privata, legandola alla guerra, ai suoi viaggi e ai suoi passatempi e utilizzandola per descrivere l'eruzione del Vesuvio, i panorami del Lazio e le scene di famiglia, gli interni delle sue residenze o la città di Roma vista dalle finestre del suo palazzo.

Tra i primi in Italia a realizzare delle autocromie, sperimentò i soggetti più vari: paesaggi, ritratti, riproduzioni di codici miniati, uccelli impagliati che, quale studioso di ornitologia, amava collezionare, e numerose composizioni floreali. Non ricercava, attraverso la nuova tecnica del colore inventata dai Lumière agli inizi del secolo, atmosfere particolari – come era invece tipico dei pittorialisti – ma un uso corretto del colore, la miglior resa cromatica possibile, a riprova che per lui la fotografia era uno strumento per registrare con chiarezza i ricordi.

Questo elegante mazzo di fiori un po' scomposto in un tondo vaso di vetro brilla sul fondo scuro. L'inquadratura è molto semplice, il taglio basso è tangente al tavolino anch'esso tondo sul quale sta appoggiato il vaso. I granulosi colori sono luminosi e trasparenti come il vetro: anche la fotografia a colori è scrittura di luce.

Exponent of that Roman aristocracy in outright support of the Pope, Prince Chigi took part in the photographic culture of his day, although he practiced it substantially as a private activity: the war, his travels and pastimes, and using it to describe the eruption of Vesuvius, the panoramas of Latium, family scenes, the interiors of his residences or Rome as seen from the windows of his palace.

From among the first in Italy to create autochromies, he experimented the most varied subjects: landscapes, portraits, reproductions of miniated codices, stuffed birds (which as a scholar of ornithology he loved to collect) and numerous floral compositions. He did not try to achieve particular "atmospheres" – as was instead typical of the pictorialists – by way of the new color technique invented by the Lumière brothers at the beginning of the century. Instead, he employed a correct use of color to obtain the best chromatic yield possible, confirming the fact that photography was an instrument for clearly recording his memories.

This elegant and somewhat disarranged bunch of flowers in a round glass vase gleams on the dark background. The framing is very simple: the low cut is tangent to the small table (also round) on which the vase rests. The granular colors are as luminous and transparent as the glass. Also color photography is the writing of light.

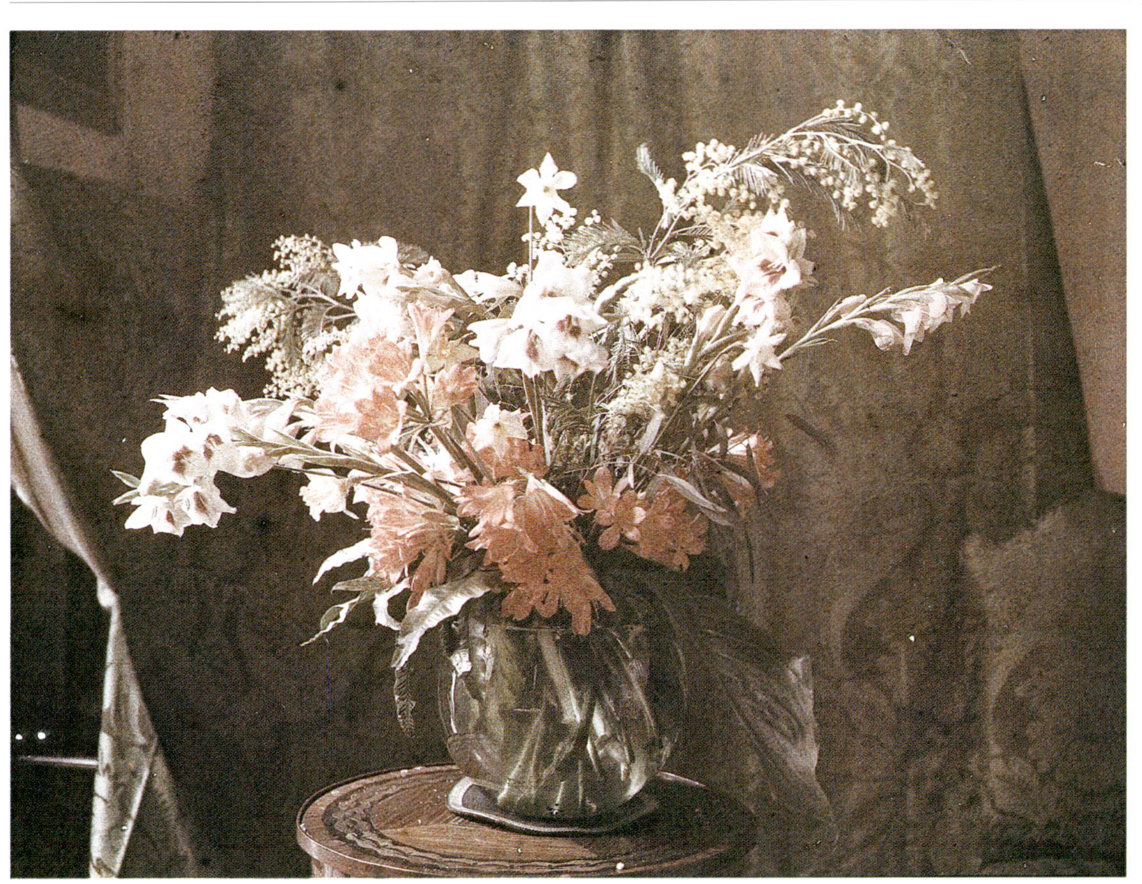

Grande amante della fotografia, amico degli Alinari, di Carlo Brogi, di Paolo Mantegazza, Nunes Vais operò instancabilmente a Firenze per quasi cinquant'anni lasciando moltissimi ritratti di politici, artisti, letterati, uomini dello spettacolo e della bella società, realizzati secondo una varietà di approcci stilistici, dal più canonico realismo alla rarefazione di impronta pittorialista, segno della sua curiosità nei riguardi sia di un linguaggio sia di un costume sociale in evoluzione.

Per il tipo di posa, per lo sguardo così nettamente rivolto a un punto fuori dall'inquadratura, per il rapporto fra la luminosità del volto e la massa scura dei capelli, e per i valori materici, possiamo definire questo bel ritratto femminile un ritratto simbolista (a ben vedere, esso richiama un poco anche certi ritratti di impronta preraffaellita di Julia Margaret Cameron). Il naso e soprattutto la mascella e il mento pronunciati concorrono a dare piglio alla posa; il collo robusto, quasi maschile, nella sua leggera torsione, è un altro elemento interessante di questa figura; infine il taglio poco sopra il seno conferisce all'inquadratura un senso di immediatezza: per questa mescolanza di componenti vagamente diverse, il ritratto appare antico e "veloce" al tempo stesso.

Passionate about photography, friend of the Alinari brothers, Carlo Brogi and Paolo Mantegazza, Nunes Vais untiringly worked in Florence for almost fifty years and left innumerable portraits of politicians, artists, men of letters, men and women of the theatre and bel canto and of high society. These were executed using a variety of stylistic approaches, ranging from the most canonical realism to the rarefaction of pictorialist imprint, the sign of his curiosity with regard to a language and a social practice undergoing evolution.

Due to the type of pose, the such clear-cut gaze addressed to a point outside of the framing, the relationship between the luminosity of the face and the dark mass of the hair and due, finally, to its matteric values, we can define this beautiful female portrait as being symbolist (and on closer inspection we see that it also echoes certain portraits of Pre-Raphaelite matrix by Julia Margaret Cameron). The nose – although above all the jaw-bone and chin – contribute towards giving mien to the pose. In its slight torsion the robust and almost masculine neck is another interesting element of this figure. And finally the cut just a little above the breasts gives the framing a sense of immediacy. Due to this mixture of vaguely diverse components this portrait contemporaneously seems old and "rapid".

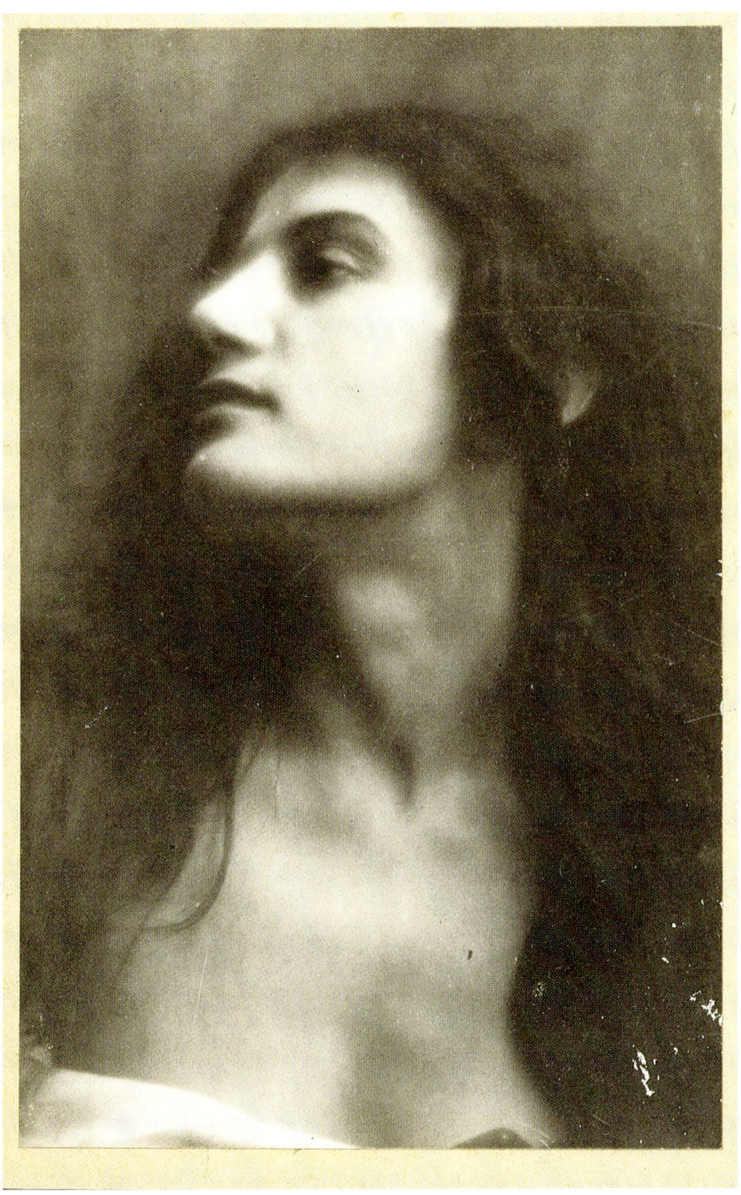

Un ritratto femminile severo, molto raffinato: l'abito scuro, il collo alto, la collana, i piccoli orecchini, i fermacapelli sono il completamento di un volto magro, spigoloso, dall'espressione un poco amara. Il ritocco sapiente operato sul negativo, finissimo e diffuso in ogni parte della fotografia, la fa simile a un disegno o a una incisione; lo sfumato contribuisce a rendere ancora più sottile il confine percettivo fra immagine meccanica e immagine manuale.

Luciano Tollini fu attivo come ritrattista a Milano dal 1901 al 1958. Il nonno, Mario, era titolare dell'antichissimo "Premiato Studio Fotografico Tollini" di Pavia, il padre Cornelio era corniciaio. Con Luciano Tollini lavorarono a partire dal 1915 i figli Enzo e Ada, e successivamente anche Maria, che dopo la morte del padre hanno portato avanti lo studio fino al 1984. Diverse generazioni di fotografi che si sono tramandati mestiere, attrezzature, arredi di studio e tecniche: fra queste la ripresa a luce naturale, la coloritura manuale del bianco e nero e il ritocco.

Luciano Tollini era un ritoccatore molto abile. Se praticato con gusto e finezza, il ritocco non era soltanto un espediente per accontentare il cliente correggendo i difetti del suo volto, ma anche un mezzo per qualificare il ritratto in termini di tempo e abilità impiegati e donargli valore e una sorta di ingenua unicità, come nel caso di questa fotografia completamente ridisegnata. Era il modo più naturale per completare a mano il lavoro compiuto dalla macchina e per confermare, più o meno consapevolmente, la continuità ideale fra pittura e fotografia, e la convinzione antica che l'arte, per essere tale, deve contenere lavoro.

A severe and very refined female portrait: the dark dress, the high collar, the necklace, the small earrings and the hair-clasps all complete a thin and angular face that has a somewhat harsh expression. The attentive retouching carried out on the negative, extremely fine and on every part of the photograph, makes it resemble a drawing or an engraving. The shading contributes towards making the perceptive boundary between the mechanical and manual image even more tenuous.

Luciano Tollini was active in Milan as a portraitist from 1901 until 1958. His grandfather Mario was the owner of the old "Prize-winning Tollini Photographic Studio" in Pavia. His father Cornelio was a framer. Starting from 1915 Luciano's children, Enzo and Ada, worked with him, and later also Maria, who following their father's death managed the firm until 1984. Various generations of photographers who handed down the craft, equipment, studio furnishings and techniques: from among these the shooting with natural light, black and white coloring by hand and retouching.

Luciano Tollini was a very capable retoucher. If executed with taste and finesse the retouching was not only an expedient meant to please the customer, correcting the defects of his or her face, but was also a means of qualifying the portrait in terms of the time and ability employed, giving it value and a sort of ingenuous uniqueness as in the case of this completely 'redrawn' photograph. It was the most natural way in order to complete by hand the work of the camera, in this way confirming (in a more or less conscious way) that ideal continuity between painting and photography, together with the age-old conviction that in order to be such art has to contain work.

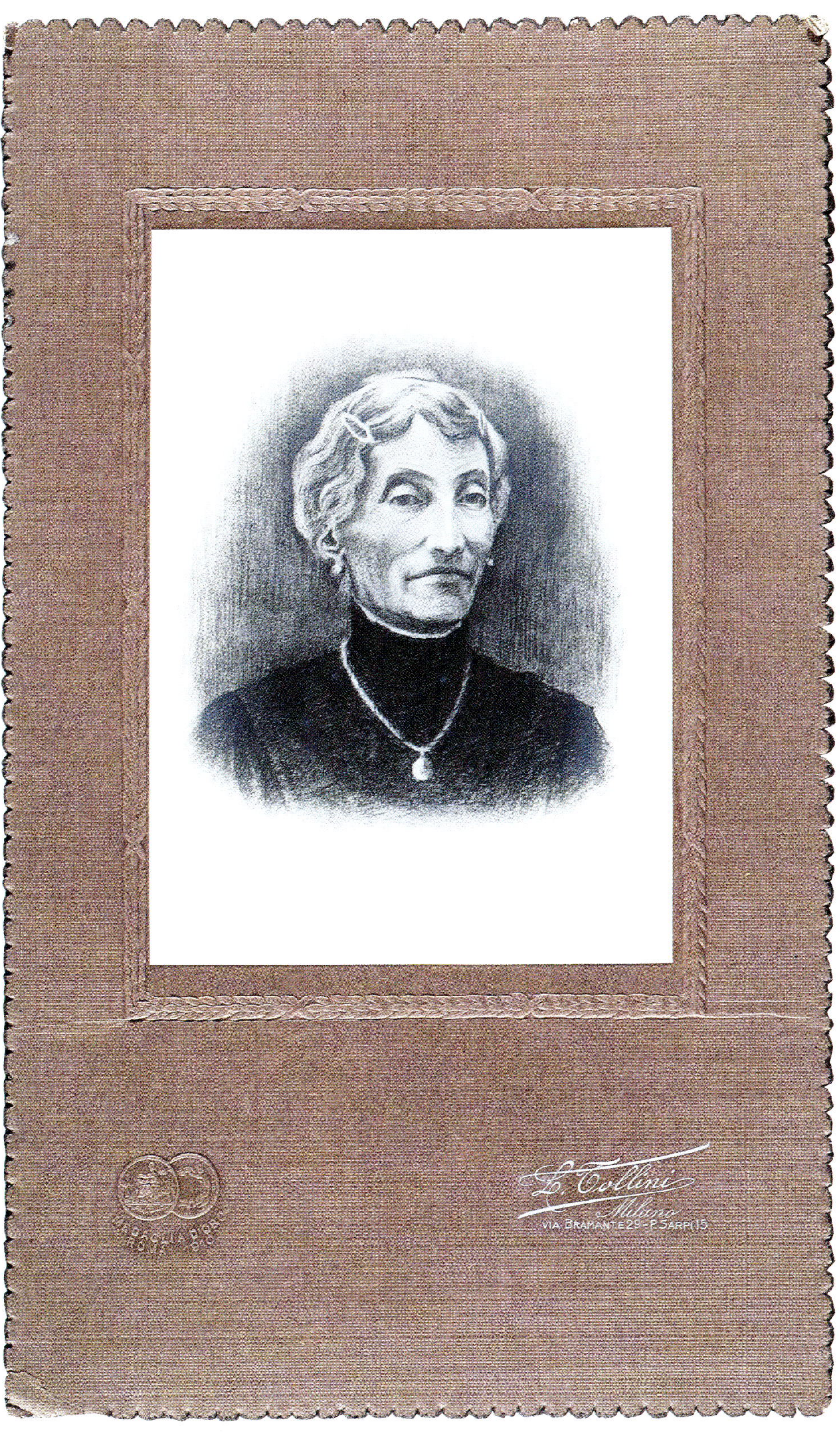
L. Tollini
Milano
VIA BRAMANTE 29 - P. SARPI 15

In clima di verismo, fu Luigi Capuana, grande appassionato di fotografia al pari del naturalista francese Emile Zola, ad avvicinare ad essa sia Federico De Roberto che Giovanni Verga. È interessante ricordare che questi vi si applicò a partire dalla fine degli anni Ottanta dell'Ottocento, quando il ciclo della sua attività di scrittore volgeva al termine. Più che una continuità di scrittura attraverso un nuovo, ritrovato mezzo, parrebbe, da parte del Verga, un ripercorrere con la macchina fotografica gli stessi temi sviluppati nei libri: la terra, i contadini, le case, la gente e i paesaggi della Sicilia, e anche i parenti e gli amici. La sua scrittura fotografica infatti appare discontinua, talvolta incerta, seppur spesso efficace. Più esattamente: mirata non al risultato formale e nemmeno al raggiungimento di un pieno esito tecnico, ma, piuttosto, alla vicinanza essenziale con il soggetto, che sembra essere l'unica cosa che gli sta veramente a cuore. Una pratica, dunque, guidata da un severo, e sicuramente solitario, molto privato, intento documentaristico, che indica forse anche il desiderio di verificare tramite l'"oggettività" della macchina volti e ambienti precedentemente affrontati attraverso la scrittura.

In questa fotografia già tarda, la figura di una bambina seduta nel nero rettangolo della finestra si trova confrontata con la materia del muro della casa. Sopra la finestra, un mazzo di fichi d'India. La figura femminile affacciata alla finestra — tramite fra l'interno, il mondo del privato, del familiare, e l'esterno, l'universo pubblico, soglia fra il mondo della natura e quello della cultura – è ricorrente nella fotografia del sud dell'Italia. In questa immagine semplice, nella realizzazione della quale possiamo pensare che Verga fosse principalmente interessato al ritratto della bambina, anche la materia del muro, con i suoi chiaroscuri, si fa sentire in modo forte e finisce per simbolizzare il mondo esterno, e tutta la sua durezza.

In the atmosphere of Verism it was Luigi Capuana – a true enthusiast of photography, on a par with the French naturalist Emile Zola – who introduced both Federico De Roberto and Giovanni Verga to photography. It is interesting to remember that the latter began to apply himself to this art starting out from the end of the 1880's when the cycle of his writing activity was nearing its close. Rather than being a continuity of writing by way of a new and refound means, it would appear – at least on Verga's part – to be a case of treating the themes developed in his books with the camera: the land, peasants, houses, people and the landscapes of Sicily (although also his relations and friends). In fact, the photographic writing appears to be discontinuous, at times uncertain, even if quite often efficacious. More exactly: the aim was neither the formal result nor even that of achieving a full technical result. Rather, the goal was the essential closeness with the subject which seems to have been the only thing he was really interested in. Application on his part, consequently, guided by a severe, certainly solitary and very private documentary intention which perhaps also indicates the desire to verify faces and environments previously faced through his writing but by way of the "objectivity" of the camera.

In this already late photograph the figure of a little girl, seated in the black rectangle of the window, finds itself collated with respect to the matter of the wall of the house. Above the window we see a bunch of prickly pears. The female figure at the window – that go-between of the interior, the private, familiar and the external worlds, the public universe, and threshold between the world of nature and that of culture – is a recurrent theme in the photography of Southern Italy. In this simple image, for the realization of which we can think that Verga was principally interested in the portrait of the little girl, also the matter of the wall – with its chiaroscuri – makes itself felt in a forceful way, to the point of symbolizing the external world and all of its harshness.

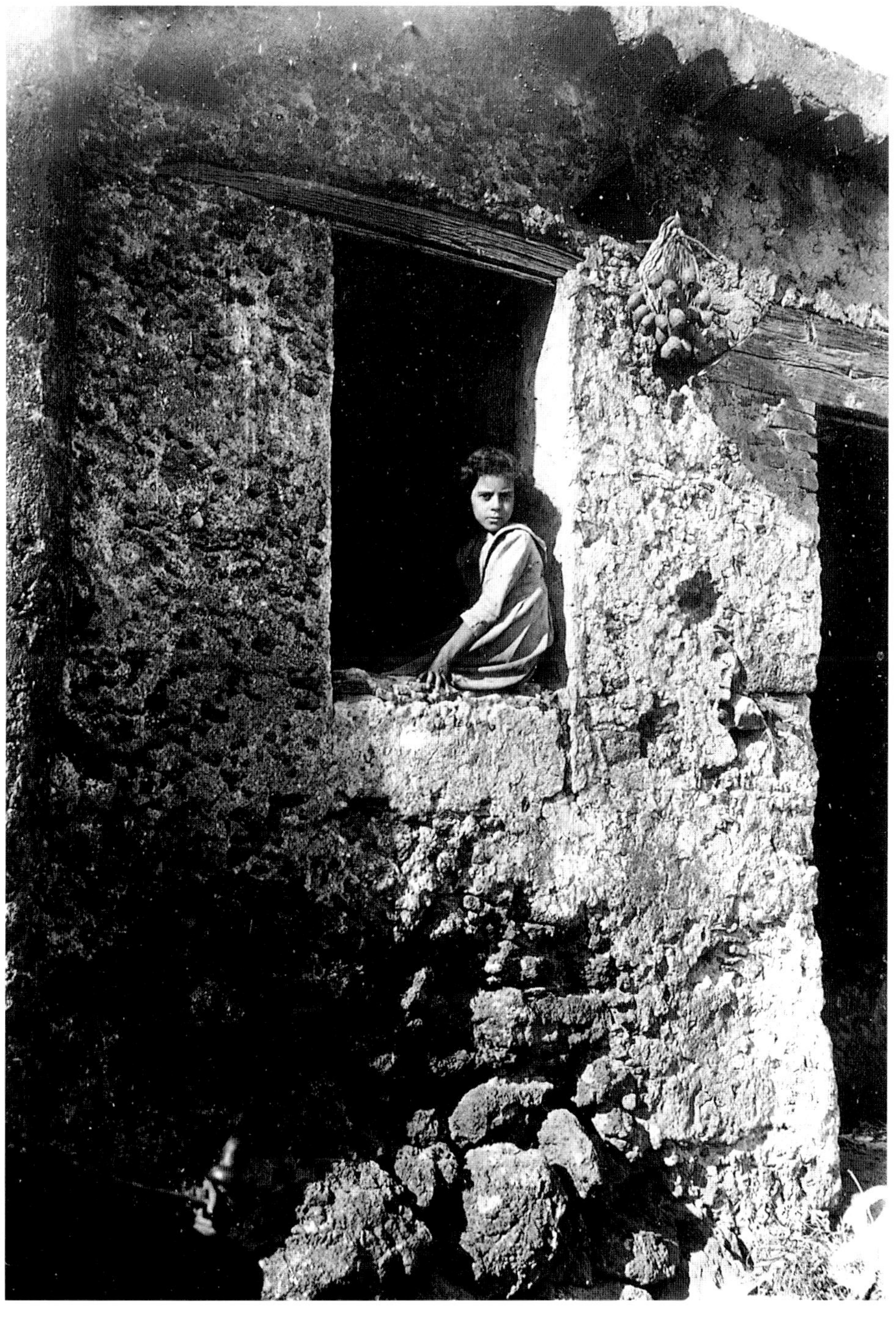

Bambina alla finestra di una casa di Novalucello

"È stato detto, per ironia, che non si sa dove termina la fotografia mancata e dove comincia la Fotodinamica Futurista pensata e realizzata da me e da mio fratello Arturo. È stato detto che le nostre sono delle fotografie *mosse*", scrive Bragaglia nel suo fondamentale volumetto *Fotodinamismo futurista* uscito nel 1911 e quindi nel 1913 con una seconda e una terza edizione. Esse non sono solamente fotografie, né solo mosse, precisa l'artista, ma anche "movimentate".

Anton Giulio Bragaglia, dichiarandosi contro l'istantanea, l'immagine statica e la "riproduzione anatomica" della realtà, e anche giudicando rudimentale la cronofotografia di Etienne Jules Marey in quanto arresta il gesto, utilizza invece lo strumento fotografico per provocare la dematerializzazione dei corpi e dare rappresentazione a ciò che la vita è secondo il pensiero futurista: "puro movimento". Ricerca, insieme al fratello, la sintesi bergsoniana spazio-tempo che rappresenta la dimensione interiore delle cose.

Questa fotodinamica è emblematica del rapporto dialettico fra pittura e fotografia futurista in quegli anni. Vediamo infatti Giacomo Balla accanto al suo dipinto *Dinamismo di un cane al guinzaglio* del 1912, opera nella quale l'immagine visiva del movimento viene superata a favore della sua immagine psicologica. La fotodinamica fa oscillare la figura del pittore e la rende vibrante, trasparente, spirituale secondo un trattamento simile a quello che egli ha adottato nel dipinto nei riguardi del cane al guinzaglio. Fotografia e pittura appaiono pericolosamente vicine. E i pittori futuristi Boccioni, Balla, Carrà, Russolo, Severini, Soffici su "Lacerba" del 1° ottobre 1913 pubblicano il famoso "avviso" nel quale prendono le distanze dalla fotodinamica, ricerca puramente fotografica che non ha "nulla a che fare col Dinamismo plastico", che riguarda invece la pittura, la scultura, l'architettura.

Al di là del complesso problema delle priorità e delle fitte reciproche influenze, è ancora molto interessante interrogarsi sul perché di una posizione di chiusura di tono così "ufficiale" nei riguardi della nuova arte che si avvaleva dell'ausilio di una macchina appartenente alla stessa moderna civiltà che aveva elaborato il treno, l'aereo, la luce elettrica tanto cari ai futuristi. Un gesto futurista esso stesso, un problema interno allo strutturarsi delle avanguardie storiche, o un estremo sospiro di quell'Arte che proprio l'accelerazione tecnologica avrebbe ucciso?

As Bragaglia wrote in his fundamental small volume entitled *Fotodinamismo futurista*, published in 1911 and then republished in 1913 with a second and third edition: "It has been said, by way of irony, that one does not know where unsuccessful photography ends and where one has the beginning of Futurist Dynamics ideated and realized by me and by my brother Arturo. It has been said that ours are *blurred* photographs". They are not only photographs, nor only blurred – the artist specifies – but they are also "animated". Anton Giulio Bragaglia declared himself against the snapshot, the static image and the "anatomical reproduction" of reality, and also judged as being rudimental the chronophotography by Etienne Jules Marey in that it halted or stilled the gesture. He instead used the photographic instrument in order to provoke the dematerialization of bodies and to give representation to what life is in accordance with futurist thought: "pure movement". Together with his brother he looked for the Bergsonian space-time synthesis which represents that interior dimension of things.

This photodynamic work is emblematic of the dialectical relationship between futurist painting and photography during those years. In fact, we see Giacomo Balla next to one of his paintings – *Dinamismo di un cane al guinzaglio* [Dynamism of a Dog on a Leash], of 1912 – in which the visual image of movement is superseded in favor of its psychological image. The photodynamics cause the figure of the painter to oscillate, rendering it vibrant, transparent and spiritual in accordance with a treatment similar to what he had employed in the painting with regards to the dog on the leash. Photography and painting appear to be dangerously close. And the futurist painters – Boccioni, Balla, Carrà, Russolo, Severini and Soffici – in the review "Lacerba" of the 1st of October 1913 published the famous "warning" in which they snubbed photodynamics as being purely photographic research work having "nothing to do with plastic Dynamism" which instead regards painting, sculpture and architecture.

Irrespective of the complex problem of priorities and the dense reciprocal influences, it is still extremely interesting to question the reason for such a tone of "official" closure with regards to the new art that made use of the help of a machine that formed part of the same modern civilization which had elaborated the train, the airplane and electric lighting, all things so dear to the futurists. Itself a futurist gesture, a problem within the structuring of the historical avant-gardes or an extreme "last breath" of that Art which precisely technological acceleration was to have killed?

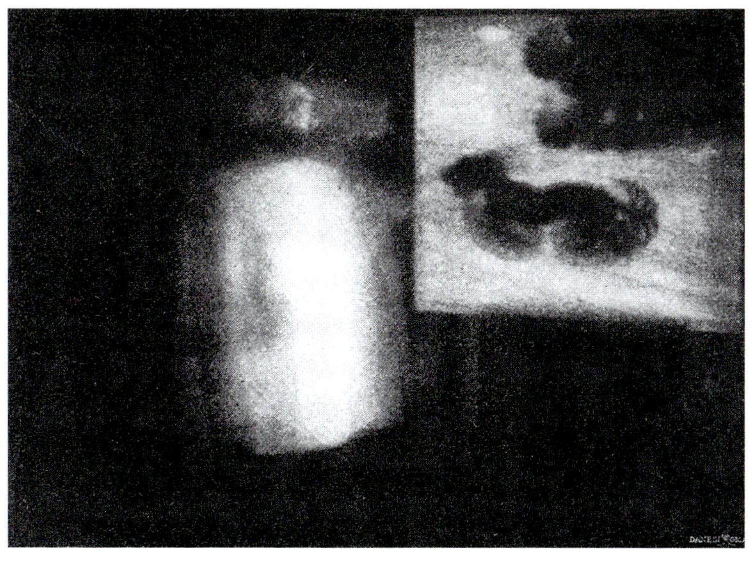

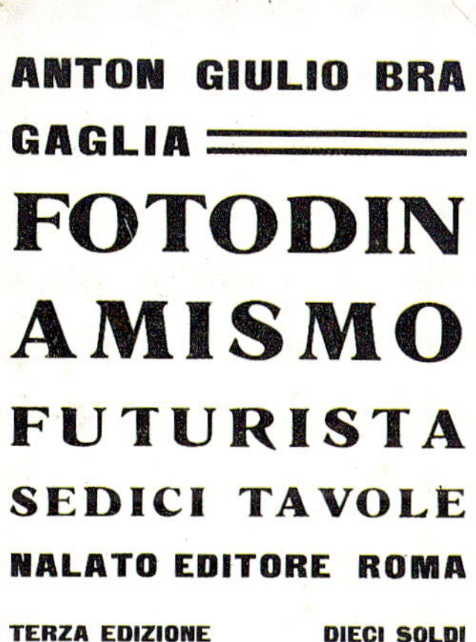
ANTON GIULIO BRA
GAGLIA
FOTODIN
AMISMO
FUTURISTA
SEDICI TAVOLE
NALATO EDITORE ROMA
TERZA EDIZIONE   DIECI SOLDI

L'immagine colpisce per la modernità di visione e per la forte immediatezza. Figure umane e figure di pecore appaiono composte insieme dentro una ben definita struttura creata dai pali di legno verticali e dal tetto di paglia, che chiude in alto l'inquadratura. Il caprone in primo piano e la figura dal bel volto che è alle sue spalle e guarda verso l'obiettivo sono i protagonisti della scena, circondati da altre presenze più o meno a fuoco. Chiari e scuri si alternano in modo netto ed equilibrato. Non si tratta però assolutamente di un equilibrio di tipo formale, bensì di un'impostazione dell'immagine che lascia capire una precisa intenzionalità dell'autore nei riguardi del soggetto: essa è, contemporaneamente, di tipo analitico e di tipo poetico.

Luciano Morpurgo, che nasce a Spalato ma vive in Italia a partire dalla prima guerra mondiale, ha lavorato a lungo sui temi del mondo contadino (contadini e pastori ciociari e abruzzesi) e del proletariato urbano romano, vedendo in questi soggetti sociali degli emblemi di un'umanità diseredata (anche la pittura simbolista prendeva in considerazione i poveri come nuovi interessanti soggetti sia umani che estetici), ma anche descrivendo con rispetto e attenzione antropologica le loro sembianze e le loro abitudini di vita.

The image is striking due to the modernity of its vision and its forceful immediacy. Figures of humans and of sheep appear composed together within a well-defined structure created by the vertical wooden poles and by the straw roof which closes the framing at the top. The he-goat in the foreground, together with the beautifully faced figure behind it that looks towards the lens, are the protagonists of the scene, surrounded by other more or less focussed presences. *Chiari* and *scuri* alternate in a sharp and equilibrated fashion. However, in no way whatsoever are we talking about an equilibrium of a formal type but of a planning of the image which lets us understand the existence of a precise intention on the part of the author with regards to the subject: it is, contemporaneously, of an analytical and of a poetic type.

Luciano Morpurgo, born in Split but who lived in Italy from the First World War onwards, worked at length on themes dealing with the peasant world (peasants and herdsmen of the Ciociaria, a region in the south-east of Rome, and the Abruzzi), as also with the Roman urban proletariat, seeing in these social subjects emblems of an underprivileged humanity – also symbolist painting considered the poor as being new and interesting human and aesthetic subjects – and yet also describing their features, appearance and habits of life with both respect and anthropological attention.

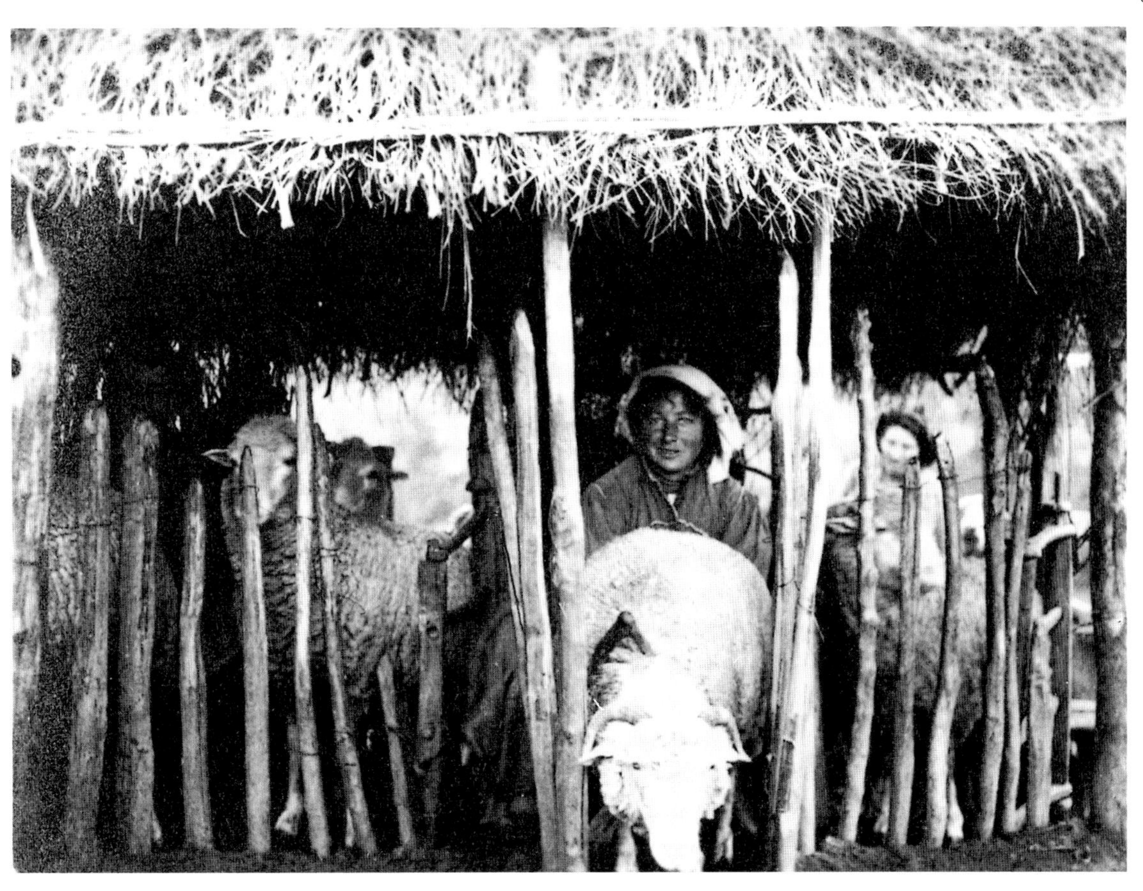

È uno dei molti paesaggi naturali connotati in base al "sapore" della stagione, che il giudice Peretti Griva amò realizzare periodicamente (vi è un *Maggio in montagna* del 1924, una *Natura triste* del 1925, una *Natura feconda* del 1926, un *Autunno* del 1927, una *Scena autunnale* del 1931, un *È arrivato l'inverno* del 1937) avendo come soggetti privilegiati alberi, prati e cieli, boschi, stradine. Il movimento pittorialista internazionale aveva a cuore non soltanto le dolcezze della natura, ma anche le diverse condizioni atmosferiche, fonte di sempre nuovi esiti materici sulla superficie della fotografia: trasparenze, tremori, effetti di distacco dal dato reale nella direzione di una "spiritualizzazione" dell'immagine per lo più sorretta (molto a lungo in Italia) dal riferimento fondamentale ai codici della pittura postimpressionista. In questo bromolio Peretti Griva si affida all'esile struttura grafica di una giovane betulla piumosa, al chiarore di alcune nuvolette, all'inclinazione del prato per comporre una scena molto semplice di impronta fortemente divisionista: il livello di ambiguità del rapporto fotografia/pittura è qui molto alto, la materia fotografica viene spezzata in piccoli grumi, il sentimento del colore si fa sentire nel bianco e nero, vissuto come universo dotato di una sua speciale completezza cromatica. La "dolcezza" sta, per l'autore, proprio nella vibrazione luminosa di questa immagine e, forse, anche nella gracilità della composizione, che parla di una natura adolescente.

Connoted on the basis of the "savor" of the seasons, this is one of the many natural landscapes which Judge Peretti Griva loved to periodically produce with his favorite subjects of trees, meadows and skies, woods and country lanes (*Maggio in montagna* [May in the Mountains] of 1924, *Natura triste* [Sad Nature] of 1925, *Natura feconda* [Fecund Nature] of 1926, *Autunno* [Autumn] of 1927, *Scena autunnale* [Autumn Scene] of 1931 and *È arrivato l'inverno* [Winter has Arrived] of 1937). The international pictorialist movement not only had the sweetness of nature as its concern but also the different atmospheric conditions, source of ever new matteric results on the surface of the photograph: transparencies, agitation and effects of detachment from the real datum in the direction of a "spiritualization" of the image, for the most part supported — and for a considerable length of time in Italy — by the fundamental reference to the codes of postimpressionist painting. In this bromoil, Peretti Griva relies on the slender graphic structure of a young plumate birch, the light of some small clouds and the inclination of the meadow in order to compose a very simple scene of a strongly divisionist imprint: the level of ambiguity of the photography/painting relationship is here very pronounced. The photographic matter is broken up into small clots and the sentiment of the color makes itself felt in the black and white, experienced as a universe endowed with a special chromatic completeness of its own. For the author the "sweetness" lies precisely in the luminous vibration of this image and, perhaps, also in the frailness of the composition that is a narration about an adolescent nature.

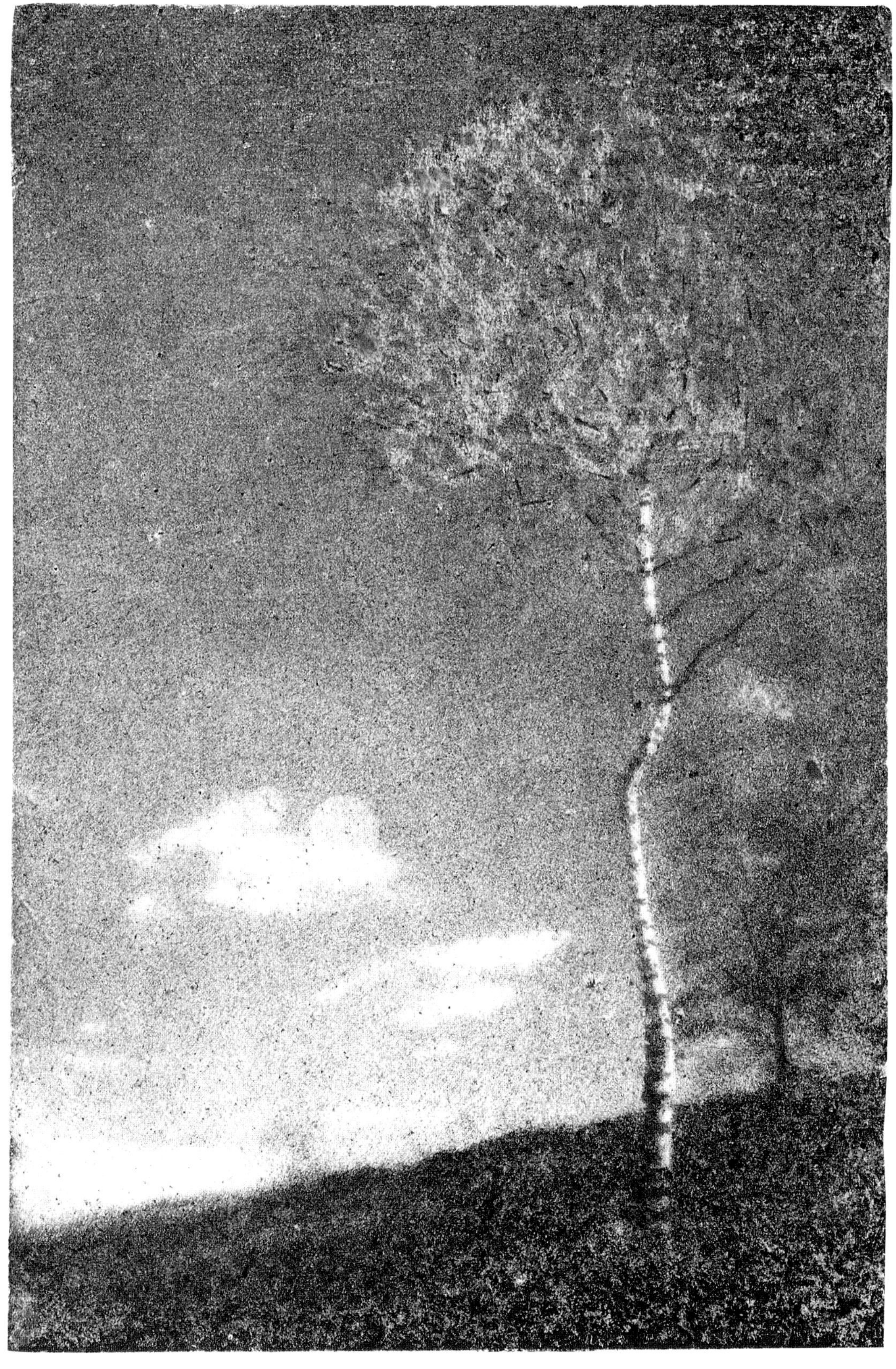

Negli anni in cui i fotografi italiani si interrogavano su un'artisticità della fotografia principalmente legata alle questioni della pittura, Tina Modotti, emigrata a diciassette anni dal Friuli negli Stati Uniti, viveva già a fondo le problematiche del modernismo: fondamento del nuovo modo di vedere il mondo attraverso la forza dello strumento fotografico era la consapevolezza di quella radicale azione innovativa delle avanguardie che aveva minato alla base il concetto stesso di rappresentazione. Negli Stati Uniti fu Alfred Stieglitz ad accogliere le nuove istanze europee e a creare quel clima critico all'interno del quale Strand, Sheeler, lo stesso Weston (per alcuni anni compagno della fotografa), poterono procedere a rinnovare i loro linguaggi, e la Modotti a costruire il suo.

Questa ripresa ravvicinata di canne di bambù, straniata nel suo taglio antirealistico, assolutamente precisa nella messa a fuoco, rimanda a Strand, a Renger Patzsch, ed è anche in sintonia con l'interesse che Weston svilupperà verso gli oggetti naturali. L'elemento naturalistico sempre caro alla Modotti si coniuga visibilmente con un'impronta astratta. Se fissata, l'immagine lascia emergere una sua più interna valenza di gioco ottico: si tratta infatti di una texture (vi sono parecchie fotografie della Modotti basate su texture o ripetizioni di motivi) di elementi netti ma sovrapposti in modo tale che non è possibile individuare in quanti "strati" essi siano organizzati e se vi sia un sopra e un sotto, cosicché le canne sembrano, alla fine, moltiplicarsi sotto i nostri occhi.

During the years in which Italian photographers were questioning themselves concerning an artisticness principally tied to the questions of painting, Tina Modotti, who had emigrated from Friuli to the United States at the age of seventeen, already fully lived the problems connected to Modernism: the foundation of the new way of seeing the world by way of the power of the photographic instrument was the awareness of that radical, innovatory action of the avant-gardes which at the very bases had mined the concept of representation. In the United States it was Alfred Stieglitz who had taken up the new European imperatives in order to create that critical atmosphere within which Strand, Sheeler and Weston (for some years Modotti's companion) were able to proceed towards renewing their languages and, for Modotti, to construct her own.

This very close-up shot of bamboo canes, estranged in its anti-realistic cut and absolutely precise in its focus, refers us to Strand, to Renger Patzsch, and is also in syntony with the interest which Weston was to develop towards natural objects. The naturalistic element – always dear to Modotti – is visibly "conjugated" with an abstract imprint. If one stares hard at it, the image allows its most interior component of optical play to emerge: that of a texture of clear-cut elements although superimposed in such a way that it is not possible to individuate into how many "strata" they are organized, and whether there is one above and one below, so that at the end the canes seem to multiply before our eyes (and there are, in fact, many photographs by Modotti based on texture or the repetition of motifs).

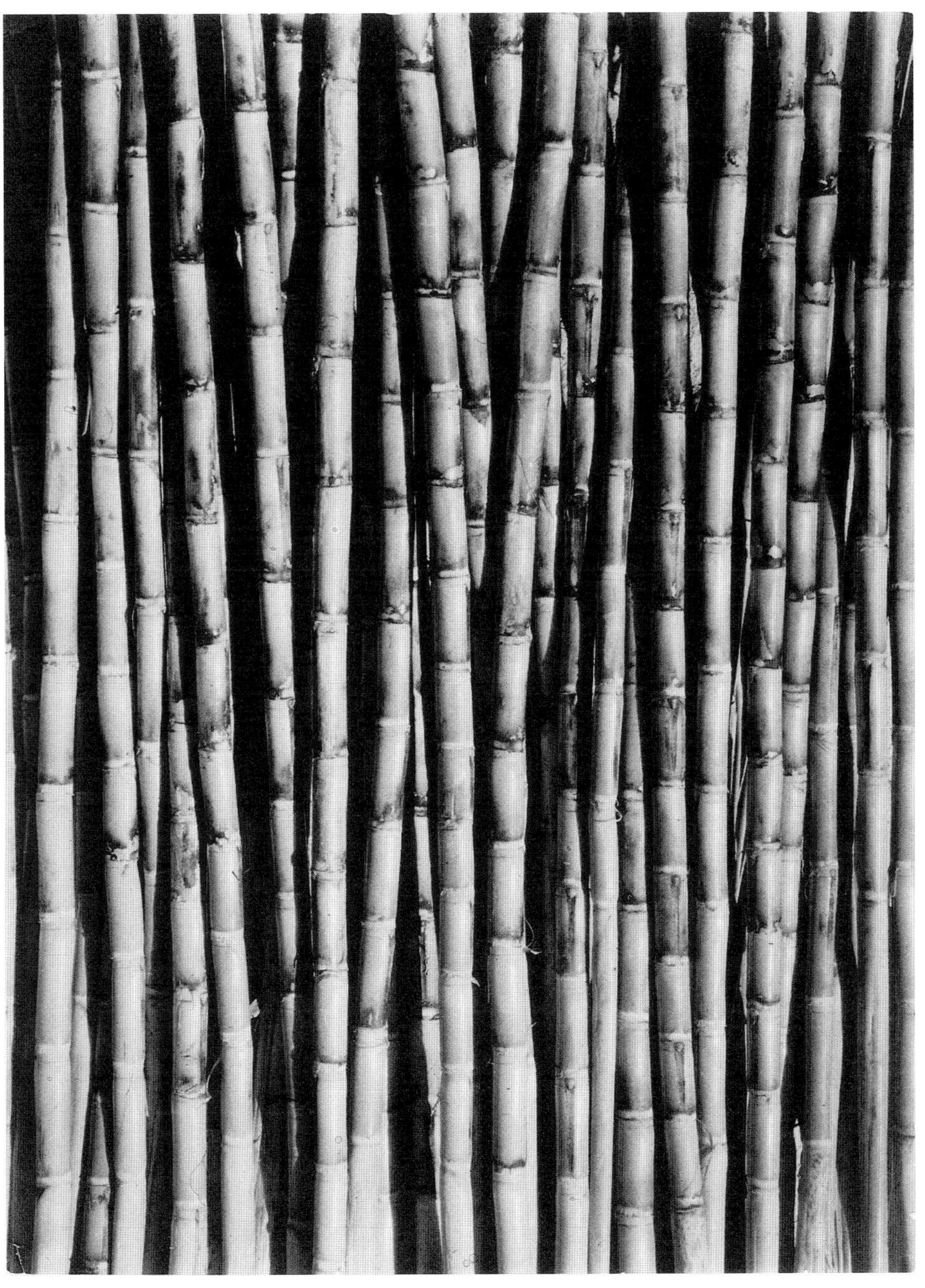

Protagonista, insieme a Bologna e Bricarelli, del passaggio dal Pittorialismo ad una concezione modernista della fotografia, e fino al 1929 animatore insieme a loro della rivista torinese "Il Corriere Fotografico", Carlo Baravalle ha realizzato spesso fotografie con orizzonte molto basso o del tutto prive di orizzonte come questa (*L'indugio a sera* e molte altre immagini della spiaggia di Varazze nel 1924, *L'ultima carezza del sole*, 1927, *Nel cimitero di Pisa*, 1929). L'abbassamento del punto di vista, che è già sintomo di una ricerca degli specifici codici tecnici della fotografia, gli consente di riempire in modo compatto l'inquadratura e di organizzare con più coerenza la composizione, anche in senso tendenzialmente astratto. In questa immagine l'esclusione totale del cielo fa convergere completamente l'attenzione sui reticoli geometrici delle ombre che una struttura ad archi, fuori dall'inquadratura, proietta sul terreno. La fotografia in questo modo parla del soggetto non più descrivendolo ma comunicandolo solo attraverso la sua ombra, e finisce per essere dedicata simbolicamente al tema stesso del rapporto fra luce e ombra. Orizzonti bassi e ombre sul terreno sono presenti anche in alcuni dipinti di Pellizza da Volpedo, pittore molto osservato dai fotografi piemontesi del periodo, e nato nella stessa cittadina in cui nacque anche Baravalle.

A protagonist together with Bologna and Bricarelli of the passing from Pictorialism to a modernist conception of photography, and until 1929 co-promoter with them of the Turinese review entitled "Il Corriere Fotografico", Carlo Baravalle often created photographs with a very low horizon or else totally lacking in one, as is the case here (*L'indugio a sera* [Lingering in the Evening] and many other images of the beach at Varazze in 1924, *L'ultima carezza del sole* [The Last Caress of the Sun] of 1927 and *Nel cimitero di Pisa* [In the Cemetery of Pisa] of 1929). The lowering of the viewpoint, which was already a symptom of a research work regarding the specific technical codes of photography, allowed him to fill the framing in a compact way and to organize the composition with more coherence (also in a tendentially abstract sense). In this image the total exclusion of the sky causes attention to converge totally upon the geometrical grids of the shadows, an arched structure situated outside the shot and projected onto the ground. In this way the photograph no longer talks about the subject by describing it but merely by communicating it by way of its shadows. In this way the photograph turns out to be symbolically dedicated to the specific theme of light and shade. Low horizons and shadows on the ground are also to be found in some paintings by Pellizza da Volpedo, a painter observed with considerable interest by the Piedmontese photographers of the period (and born, moreover, in the same small town as Baravalle).

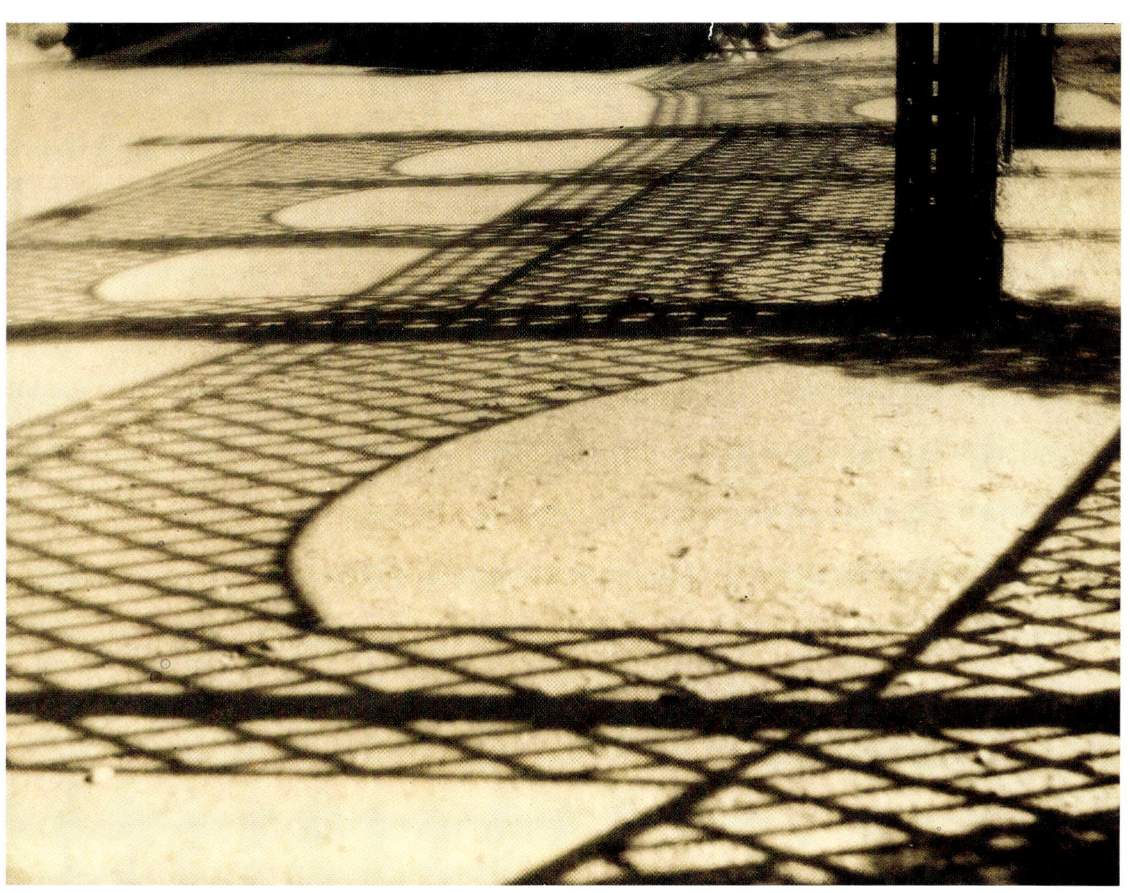

Questo *Studio* pubblicato nel 1926 su *Luci ed Ombre*, l'annuario della fotografia artistica italiana, risponde completamente ai criteri di rappresentazione della figura femminile cari a Emilio Sommariva, pittore e fotografo per molti anni attivo a Milano. Spesso le donne fotografate da Sommariva, come molte donne del Pittorialismo e della fotografia di moda che nasceva in quegli anni, hanno lo sguardo rivolto verso il basso, o gli occhi chiusi, oppure guardano verso l'alto e in ogni caso altrove, fuori dall'inquadratura, verso un mondo che non vediamo e nel quale immaginiamo risieda la causa della loro pensosità e della loro attesa. Una solitudine elegante, una diffusa malinconia caratterizzano la posa di questa figura femminile avvolta in un abito morbido e quasi splendente. La parte bassa dell'immagine, scura, nasconde un tavolo; la parte superiore, cioè la parete di fondo, è più chiara; la figura è infine decisamente chiara, cosicché l'immagine, costruita con essenzialità, appare divisa in tre morbide zone tonali. Ma l'attenzione finisce per convergere sul volto della donna in virtù di due elementi: l'ombra netta sulla destra che mette in evidenza il profilo, e il piccolo rettangolo riflettente che sta dietro gli scuri capelli raccolti e che con il suo chiarore pare un'aureola stranamente quadrangolare anziché rotonda, elemento molto definito e al tempo stesso quasi astratto, che si discosta un poco dai classici dettami del Pittorialismo.

This *Studio* [Study] published in 1926 in *Luci ed Ombre*, the yearbook of Italian artistic photography, totally corresponds to the criteria of representation of the female figure that were so dear to Emilio Sommariva, painter and photographer for many years active in Milan. Often the women photographed by Sommariva – like many women of Pictorialism and of the fashion photography which saw the light of day in those years – have their eyes turned downwards, or their eyes closed or else they look upwards and, in any case, elsewhere, outside the shot, towards a world we do not see and in which – we imagine – lies the cause for their pensiveness or their expectation. An elegant solitude and a diffused melancholy characterize the pose of this female figure wrapped in a soft and almost resplendent gown. The lower and darker part of the image hides a table. The upper part, that is, the wall of the background, is lighter. And the figure itself is decidedly lit and in such a way that the image – constructed with essentiality – appears divided into three soft tonal zones. Although one's attention ends up by converging on the face of the woman in virtue of two elements: the clear-cut shade on the right which evinces the profile, and the small reflecting rectangle that lies behind the dark, gathered hair and which with its brightness appears to be a strangely quadrangular rather than round "aureole", a very definite yet almost abstract element that strays a little from the classical dictates of Pictorialism.

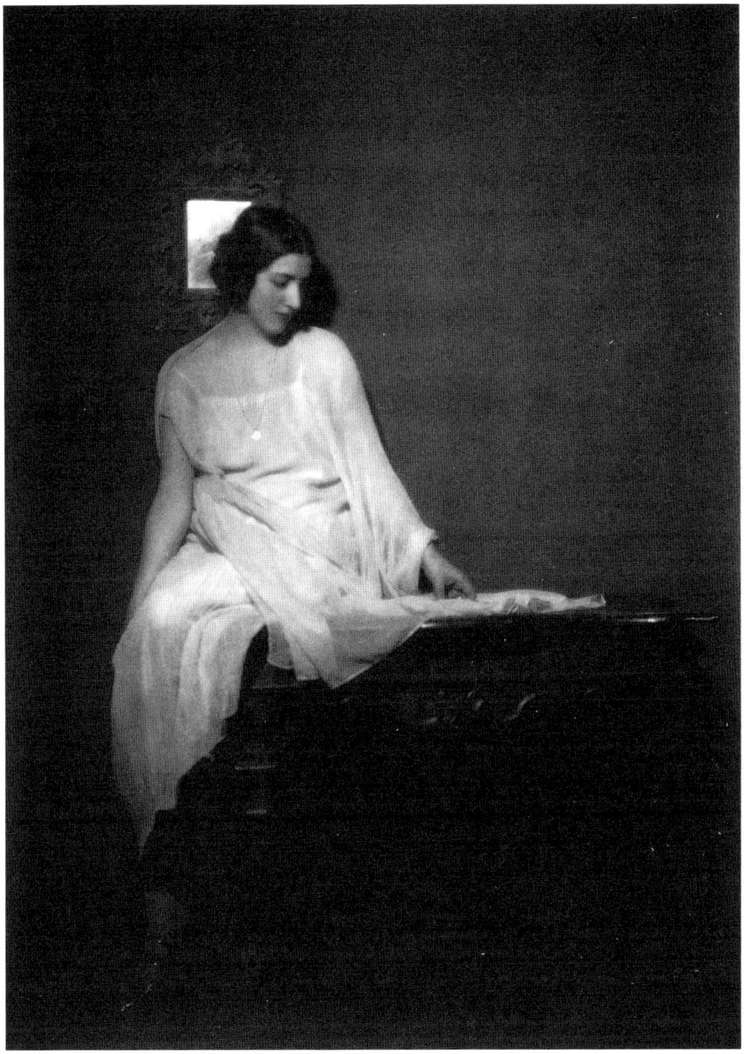

Giulio Parisio, protagonista della fotografia napoletana, collaboratore dell'Italsider di Bagnoli e del Touring Club Italiano, si è cimentato in molte prove creative e fra la metà degli anni Venti e i primi anni Trenta ha pubblicato numerose immagini su *Luci e ombre*, l'annuario della fotografia artistica italiana: opere spesso di argomento napoletano, come questa.

Pur possedendo tutta la sfuocata morbidezza di un'immagine pittorialista, questa fotografia, per la sua struttura che non appare particolarmente studiata, ha al tempo stesso il tono di un'istantanea. La pioggia, cara a quel genere di fotografia (lo stesso Alfred Stieglitz, però a inizio secolo, la sperimentò sul paesaggio newyorchese), è la principale alleata di Giulio Parisio nel creare un'atmosfera speciale, magica nelle intenzioni dell'autore, a partire da una piccola scena, da un momento come tanti nella vita della città partenopea. Così, il fondale urbano si sfuma e si schiarisce, si fa quasi illeggibile; gli ombrelli dei vetturini diventano luminosi e riflettono un sole che sembra cadere insieme alla pioggia; le finiture metalliche delle carrozze e delle ruote luccicano nel pulviscolo che vela l'intera immagine. L'ampia regolare fascia grigia del selciato, che occupa una buona metà dell'inquadratura, crea una base solida ma leggera.

Protagonist of Neapolitan photography, a collaborator of Italsider in Bagnoli and of the Touring Club Italiano, Giulio Parisio applied himself to many creative undertakings and between the middle of the 1920's and the opening years of the 1930's published numerous images in *Luci e ombre*, the yearbook of Italian artistic photography. Like this one, the works often took Naples as their subject matter.

While possessing all of the hazy mellowness and delicacy of a pictorialist image, due to its structure – which does not appear to be a particularly studied one – this photograph at the same time has the tone of a snapshot. Dear to that genre of photography (and Alfred Stieglitz experimented it with regards to the New York landscape, albeit at the beginning of the century), rain is Giulio Parisio's main ally in creating a special atmosphere, one magical in the intentions of the author, starting out from a small scene, from a moment like so many others in the life of Naples. Thus the urban backdrop becomes shaded and fades, becoming almost illegible. The umbrellas of the coachmen become luminous and reflect a sun that seems to fall together with the rain. The metallic embellishments on the coaches and on their wheels gleam in the fine dust that veils the entire image. The extensive and regular gray band of the paving stones, which fill a good half of the framing, creates a solid but light base.

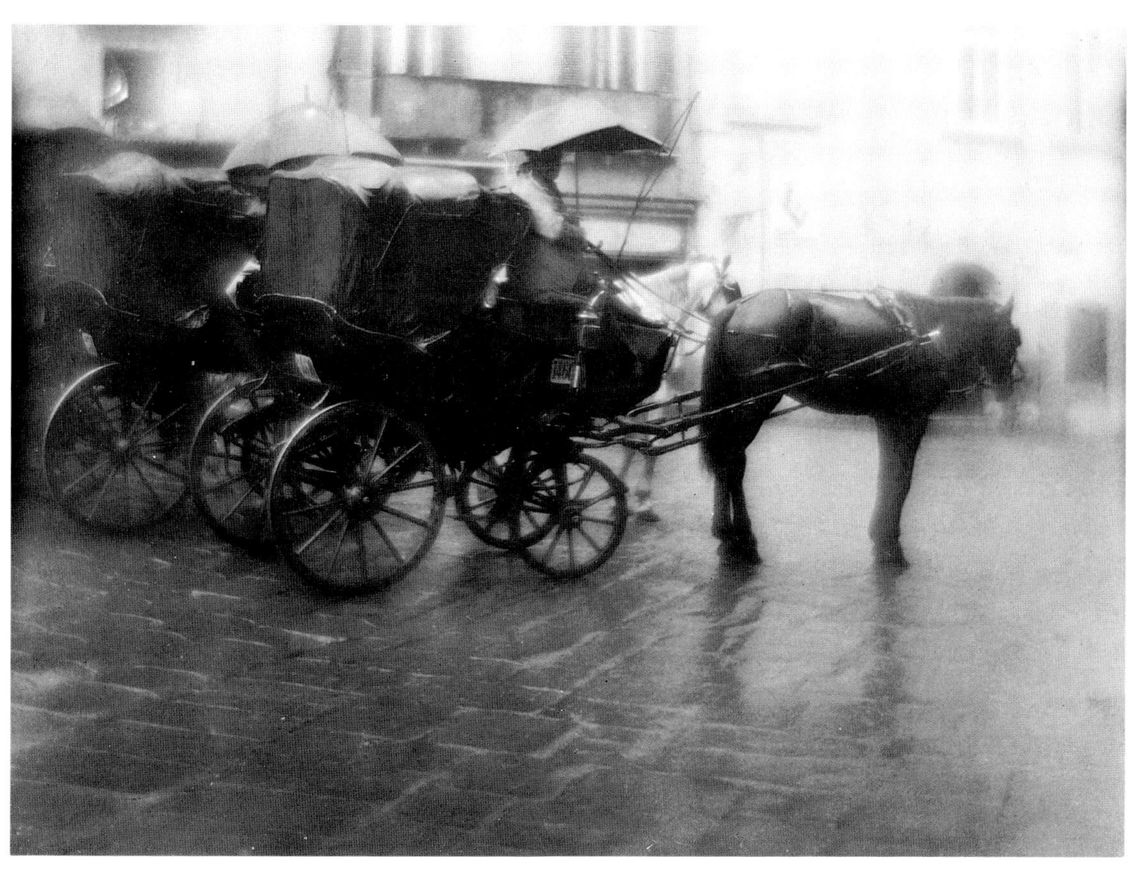

Wanda Wulz, figlia di Carlo e nipote di Giuseppe, entrambi fotografi, assomigliava veramente a una gatta, e così sua sorella, come apprendiamo da un bel ritratto delle due figlie che Carlo Wulz esegue alla fine degli anni Venti.

Wanda nei primi anni Trenta si dedica a sperimentazioni fotografiche di impronta futurista, soprattutto montaggi e sovraimpressioni, fra le quali questo autoritratto nel quale fa coincidere l'immagine del proprio volto con quella del muso di un gatto. A prima vista sono gli occhi, la fissità dello sguardo e il muso con i baffi gli elementi che sembrano caratterizzare maggiormente l'immagine. A una seconda lettura il punto diventa l'impossibilità di separare le due fisionomie: quello che vediamo è davvero un nuovo essere ben preciso, una perfetta mescolanza di umano e di felino. Si tratta dunque di una sovraimpressione che non suggerisce nulla di assurdo ma, al contrario, qualcosa di molto credibile. Infine vi è una terza lettura, che giunge ultima ma porta più dentro l'immagine: riguarda le macchie chiare e scure che si trovano sul corpo e sul volto. Osservandole ci accorgiamo che il corpo è tutto felino, e per niente umano, e che la metà sinistra del volto, nella quale l'occhio sta nel pelo scuro, è fondamentalmente felina, mentre la metà destra è fondamentalmente umana, e vi ritroviamo il disegno dell'ovale del volto, la fronte e, anziché il pelo, la pelle. Il cuore dell'immagine sta nella disposizione asimmetrica delle macchie: è proprio questa a produrre in noi la sensazione forte di trovarci di fronte a una nuova identità in divenire. Ed esattamente in questo sta il senso futurista dell'opera.

Wanda Wulz, daughter of Carlo and granddaughter of Giuseppe, both of whom photographers, really does resemble a cat. And also her sister, as we see from a refined portrait of his two daughters which Carlo Wulz took at the end of the 1920's.

During the opening years of the 1930's Wanda applied herself to photographic experimentations of futurist matrix, above all montages and superimpressions: from among them we have this self-portrait in which she makes the image of her face coincide with that of a cat. On first sight it is the eyes, the fixity of the look and the "nose" with the whiskers that are the elements which seem to most characterize the image. On a second reading, instead, the point becomes the impossibility of separating the two physiognomies. What we see is truly a new and very precise being, a perfect blending of the human and the feline. It is therefore a superimpression which suggests nothing absurd but, on the contrary, something that is very credible. There is finally a third reading which arrives last of all but which to a greater degree takes us into the photograph: this regards the light and dark marks found on the body and face. In observing them we become aware that the body is totally feline, not at all human, and that the left side of the face (in which the eye lies in the dark fur) is fundamentally feline, whereas the right half is by the same token fundamentally human (and there we find the "design" of the oval of the face, the forehead and, rather than fur, skin). The heart of the image lies in the asymmetrical arrangement of the marks: it is precisely this which produces our strong sensation of finding ourselves faced by the becoming of a new identity. And it is exactly in this that the futurist sense of the work lies.

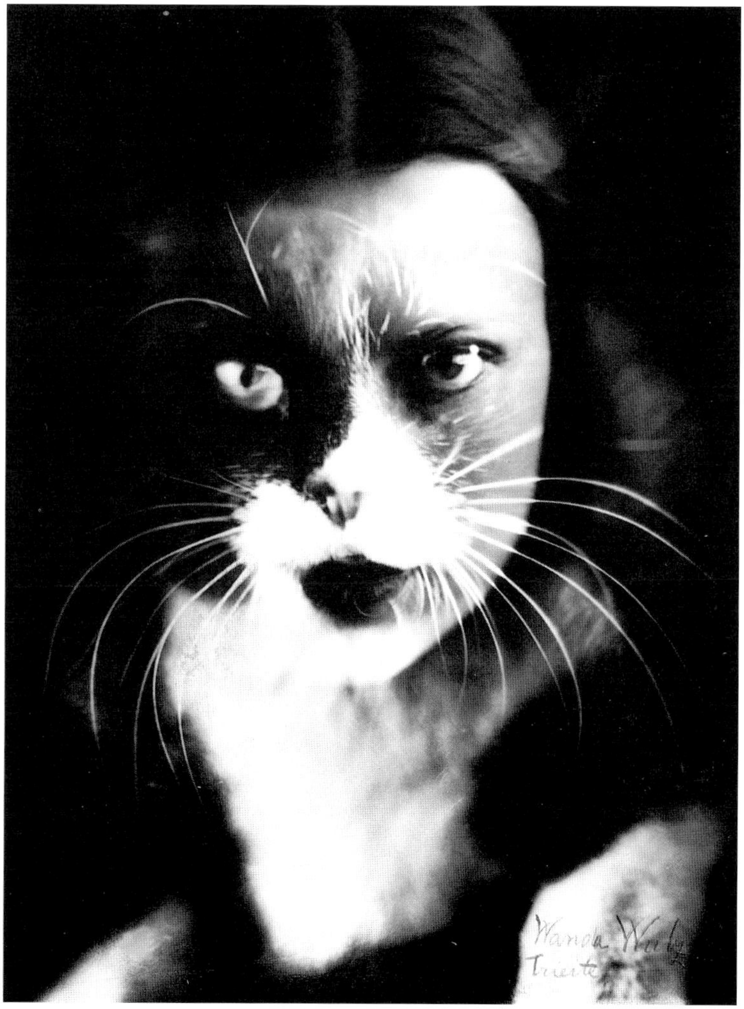

Firmatario con Marinetti del *Manifesto della fotografia futurista* nel 1930, e autore dell'autobiografia scritta in terza persona *Tato raccon Tato da Tato* del 1940, Tato parla di "dramma di oggetti immobili e mobili, dramma delle ombre degli oggetti, dramma degli oggetti umanizzati", "spettralizzazione di alcune parti del corpo", e di "arte futurista del 'camuffamento' non più soltanto per nascondere gli oggetti esistenti ma anche, e soprattutto, per fare vedere oggetti inesistenti dando l'illusione della loro realtà".

La fotografia futurista di Tato, molto concreta, partecipe di meccanismi illusionistici di estraniazione e di evidenziazione delle caratteristiche formali degli oggetti, tipici del Surrealismo (e, poi, della Metafisica), è molto lontana da quella di Bragaglia, attenta soprattutto ad agitare e dematerializzare la sostanza della realtà in nome del movimento. Tato parla infatti ripetutamente di oggetti. In questa immagine compone una giacca appesa a un appendiabiti, due mani reali, un bicchiere, forchetta e coltello, un piatto contenente un piccolo libro aperto, un bianco fiore che spunta, evidente, dal taschino della giacca. Questo insieme sta illusoriamente appoggiato su un tavolo chiaro che però prosegue in una piatta forma geometrica dalle caratteristiche antropomorfiche disegnate in modo astratto-infantile (uomo o animale, muso, occhio con pupilla, capelli) che, come un fondale, sta alle spalle della figura priva di testa e di corpo e munita di sole mani. Un'ombra pesante, compatta, restituisce e dilata la forma della giacca, con il segno del gancio dell'appendiabiti. Il bastone di quest'ultimo funge da naso e i due bottoni della giacca da piccoli tondi occhi, il libretto da bocca: è un volto, una figura camuffata, non tanto "umoristica", come Tato vorrebbe e scrive, ma, invece, un po' antipatica e, chissà perché, a suo modo tragica.

Signatory together with Marinetti of the *Manifesto della fotografia futurista* in 1930 and author of the autobiography written in the third person entitled *Tato raccon Tato da Tato* of 1940, Tato talks about the "drama of immobile and mobile objects, [the] drama of the shadows of objects, [the] drama of humanized objects", the "spectralization of some parts of the body" and about the "futurist art of "disguising" no longer only to hide existing objects but also, and above all, to show inexistent objects giving the illusion of their reality".

Tato's futurist photography, very concrete, participant in the illusionistic mechanisms of estrangement and accentuation of the formal characteristics of objects, something typical of Surrealism (and then of Metaphysics), is far removed from the works by Bragaglia, above all attentive towards agitating and dematerializing the substance of reality in the name of movement. In fact, Tato repeatedly talks about objects. In this image he composes a jacket hung on a clothes tree, two real hands, a glass, knife and fork, a plate containing a small open book, and a white flower which – clearly evident – "sprouts" out of the breast pocket of the jacket. This set of elements illusorily rests on a light-colored table which, however, continues into a flat geometrical form having anthropomorphic characteristics, designed in an abstract-infantile way (man or animal, muzzle, an eye with a pupil and hair) which, like a backdrop, lies behind the figure lacking head and body, furnished only with hands. A heavy shadow, compact, gives back and dilates the form of the jacket, with the sign of the hook of the clothes tree. The rod of the latter acts as a nose and the two buttons of the jacket as little round eyes and the little book as a mouth: it is a face, a disguised figure, not so much "humorous" as Tato both would like and writes but, instead, somewhat nasty (and, who knows why, also tragic in its own way).

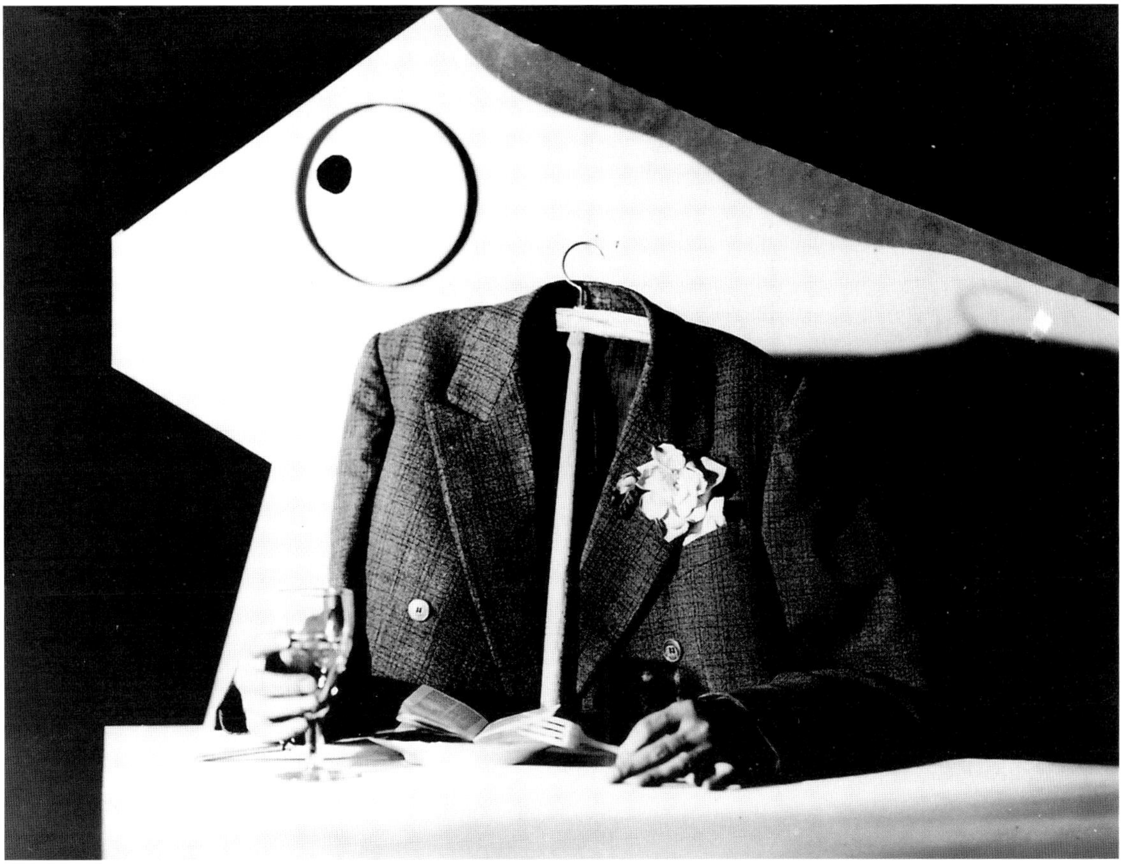

Questa delicata immagine solarizzata riguarda un soggetto molto semplice: una camelia, carnosa come le sue foglie in un tondo vasetto di vetro, visto leggermente dall'alto; l'acqua ha formato bollicine sul gambo del fiore e sulle pareti del vaso. Una così essenziale composizione sfugge alla definizione classica di natura morta, né d'altro canto mostra di volersi riferire ad alcun modello della storia della pittura. Nel 1929, qualche anno prima di realizzare questa e altre fotografie caratterizzate dalla stessa modernità, Antonio Boggeri, intelligente sperimentatore nel campo della grafica pubblicitaria intesa come forma innovativa di progettazione dell'immagine, in un suo noto scritto pubblicato su *Luci ed Ombre* aveva indicato con soddisfazione: "Ma ecco che (...) l'ispirazione del soggetto fotografico si stacca dalla pittura per fissarsi in una sfera d'azione più libera e indipendente". Sensibile alla "nuova visione" che Moholy Nagy stava sviluppando, aveva offerto in questo scritto importanti riflessioni e fra queste la chiara indicazione che nella scelta del soggetto, nell'illuminazione e nel punto di vista stavano i caratteri distintivi della moderna fotografia. In questa immagine, per la quale sceglie un soggetto del tutto quotidiano, egli lavora soprattutto sul controllo del punto di vista e sull'inquadratura ravvicinata, per la quale ogni parte del soggetto è tagliata sui bordi in senso antirealistico. La solarizzazione costituisce un gesto tecnico-espressivo finale che innalza il livello di astrazione dell'immagine e la colloca in una sfera di autonomia visiva molto interessante per quegli anni.

This delicate and solarized image treats a very simple subject: a camellia, fleshy like its leaves in a small round glass vase, seen slightly from above. The water has formed tiny bubbles on the stem of the flower and on the sides of the vase. Such an essential composition eludes the classical definition of still life. Nor, on the other hand, does it show that it wishes to refer to any model of the history of painting. In 1929, a few years prior to creating this and other photographs characterized by the same modernity, Antonio Boggeri – intelligent experimenter in the field of advertising graphics, understood as an innovatory form of planning the image – in a note of his published in *Luci ed Ombre* had with satisfaction indicated the following: "But see that (...) the inspiration of the photographic subject breaks away from painting in order to fix itself in a freer and more independent sphere of action". Sensitive to the "new vision" which Moholy Nagy was developing, in this text he had offered important reflections: from amongst these one has the clear indication that in the choice of the subject, in the lighting and in the viewpoint lay the distinctive characteristics of modern photography. In this image, for which he chose a totally everyday subject, he above all worked on the control of the viewpoint and the close-up framing for which every part of the subject is cut on the margins in an anti-realistic sense. The solarization constitutes a final technical-expressive gesture which raises the level of abstraction of the image, collocating it within a sphere of visual autonomy that was very interesting for those years.

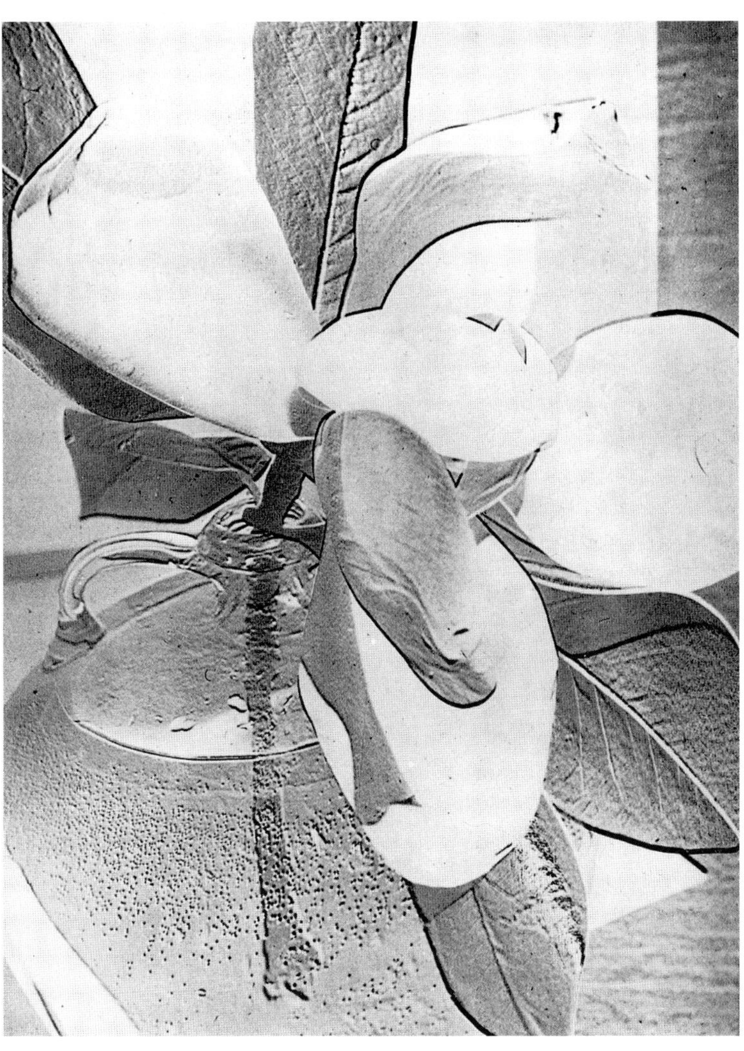

Una natura morta modernista, composta di sole mele. La ripresa dall'alto è estremamente ravvicinata, tutta "dedicata" a questi pochi frutti: due interi e due metà tagliate, a mostrare la polpa luminosa e il volto interno. La messa a fuoco è netta, indica il superamento delle morbidezze pittorialiste (un'evanescente natura morta con peperoni e funghi di Baravalle, di qualche anno precedente, rappresenta l'esatto opposto in termini di presa di contatto con la realtà) a favore di una visione chiara, definita, moderna appunto.

Achille Bologna, uno degli animatori della rivista torinese "Il Corriere Fotografico", fotografo vicino all'estetica di regime, realizza diverse nature morte incentrate su pochi elementi, e alcune proprio sul tema della mela. La presentazione dei frutti tagliati a metà, che costituisce la fase di uno "studio", una variazione sul tema, è un elemento di novità che dà alla fotografia un tono da un lato familiare, dall'altro però in qualche modo scientifico. Quest'ultimo a ben vedere prevale: la composizione molto controllata, infatti, e il forte primo piano conferiscono alla fotografia un tono soprattutto analitico, ad onta della classicità del tema e della tonda dolcezza e ricchezza simbolica del frutto. Qualcosa però ingentilisce questa natura morta e la rende meno austera, ed è il bordo della cassetta di legno che ospita i frutti, in parte illuminato e in parte in ombra, che, elemento astratto in leggera diagonale, fa da graziosa cornice.

A modernist still life that is only composed of apples. The shot from above is extremely close, totally "dedicated" to these few pieces of fruit: two are whole while a third is halved, showing the luminous flesh and its interior appearance. The focus is clear cut and indicates having superseded the pictorialist "softnesses" in favor of a clear, defined and modern vision (an evanescent still life with capsicums and mushrooms by Baravalle of some years before represents the exact opposite in terms of contact with reality).

Achille Bologna, one of the promoters of the Turinese review entitled "Il Corriere Fotografico" and a photographer close to the aesthetics of the Fascist regime, carried out a number of still lives centered upon only a few elements (and some of these in fact treating the theme of the apple). The presentation of the halved fruit, which constitutes the phase of a "study", a variation on the theme, was a novel element that gave photography a familiar tone, on the one hand, although being in some way scientific, on the other. On closer inspection it is the latter which prevails: in fact, the very controlled composition and the forceful close-up give the photograph an above all analytical tone, in spite of the classical nature of the theme, the round mellowness and symbolic richness of the fruit. And yet something softens this still life and renders it less austere: this is the edge of the wooden box that holds the fruit, partly illuminated and partly in shade which, in being a slightly diagonal abstract element, acts as a charming frame.

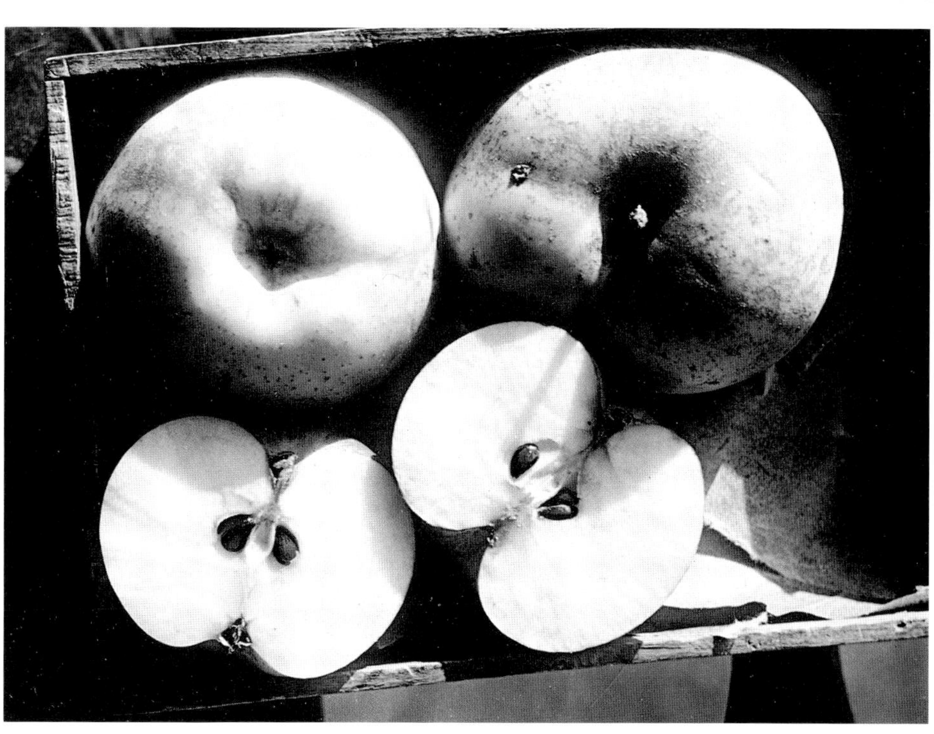

A una prima occhiata il bambino sembra su una spiaggia: i sandaletti senza calze, il cappellino, le righe della camicia – seppure con le maniche lunghe – le ombre, fanno pensare al mare. Poi ci accorgiamo che è terra. Il mercato, mondo a parte, mondo vero governato però dagli oggetti, piace a Gabinio, che non è un fotografo della realtà. Che si tratti di mare o mercato non muta il senso di questa scena totalmente segnata da quella fissità che è la sostanza profonda del Surrealismo e, nella cultura italiana, anche della Metafisica. Le sette statuine disposte a semicerchio, a distanza regolare l'una dall'altra, sono riprese da un punto di vista che le mostra in tutta la loro evidenza e tridimensionalità: nel gruppo figure maschili e figure femminili di età diverse si alternano, ma tutte rivolgono lo sguardo verso il centro dell'ideale cerchio, disciplinatamente e separatamente, come vivessero ognuna di vita propria: nella loro disposizione pare non vi sia nulla di casuale. Tutte queste figure voltano le spalle al bambino che, da dietro, le guarda assorto, come in ascolto, fermo e in posa come loro.

La scena ha una straordinaria unità. Se guardiamo meglio, vediamo che sia il bambino che tutte le statuine hanno un copricapo o una pettinatura analoga a un copricapo – si assomigliano – e che la scansione camicia/gonna, oppure camicia/calzoni, oppure cappello/testa/abito, oppure testa/abito/gambe è simile per proporzioni in tutti i personaggi, bambino compreso. Il bambino pare fatto della stessa sostanza delle statuine, realtà e finzione si equivalgono. In alto, alle spalle del bambino, spuntano le punte di due scarpe, che fanno pensare a qualcun altro che a sua volta osserva la scena.

At a first glance the little boy seems to be on a beach: the little sandals without socks, the small cap, the stripes of the shirt (even if with long sleeves) and the shadows all make us think of the sea. Then we realize that it is ground. The market, a world apart, a true world governed – however – by objects which appealed to Gabinio (who was not a photographer of reality). That here we are dealing with the sea or a market does not change the sense of this scene which is marked totally by that fixity which is the profound substance of Surrealism and, in Italian culture, also of Metaphysics. The seven statuettes arranged in a semicircle, regularly distanced the one from the other, are shot from a viewpoint that shows them in all their evidence and tridimensionality: within the group male and female figures of different ages alternate, although all look towards the center of the ideal circle, separately and in a disciplined way, as if each lived his or her own life. Apparently there is nothing casual in their arrangement. All of these figures turn their backs to the boy who, from behind, looks at them engrossed, as if listening, still and in pose like them.

The scene possesses an extraordinary unity. If we look closer then we see that both the little boy and all the statuettes wear a type of hat or have a hairstyle analogous to a "hat" – they resemble each other – and that the scansion of the shirt/skirt, or the shirt/trousers, or the hat/head/clothing or else the head/clothing/legs is similar by way of proportions in all of the characters, the boy included. The little boy appears to be made of the same substance as the statuettes, reality and invention are equivalent. At the top of the image, behind the boy, the toes of two shoes peep in, making us think of someone else who in turn is observing the scene.

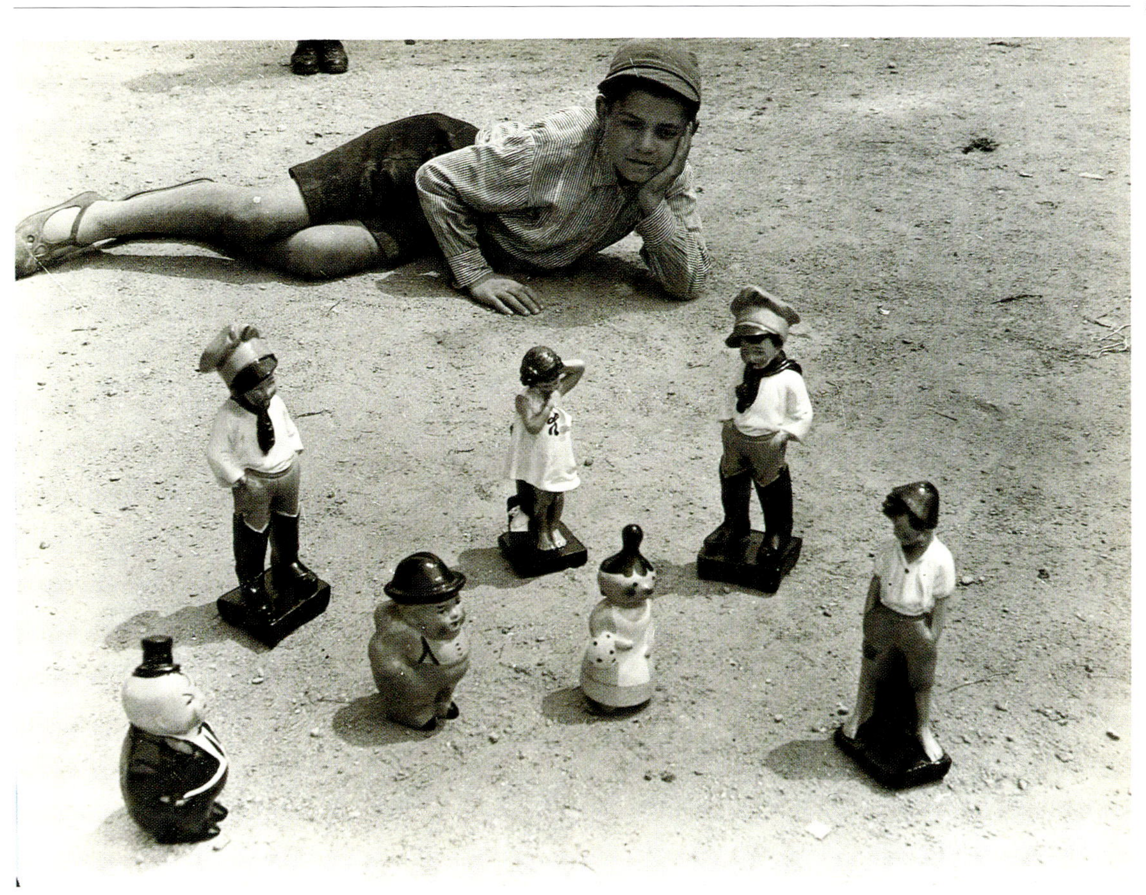

Architetto, designer, scrittore, scenografo, l'autore dell'originale *Messaggio della camera oscura*, testo vivacemente antipittorialista, scritto nei primi anni Quaranta ma uscito nel 1950, praticò la fotografia nelle maniere più svariate, lasciando anche una notevole quantità di ritratti e di nudi femminili.

Ecco una sua fotografia "trasfigurata". Una figura femminile tutta verticale emerge da un fondo nero a sua volta verticale. La lunga veste lucida, liscia, serica ne disegna i fianchi indicando la classica similitudine donna/anfora – le braccia fatte della stessa sensuosa materia fungono da manici; al tempo stesso le sinuose pieghe richiamano le scanalature di una colonna classica, e infatti la donna regge un fregio, una sorta di finto capitello composito. Più esattamente: lo sovrappone al proprio corpo e al tempo stesso lo offre, come se offrisse il proprio corpo appunto. Una metà di questo fregio presenta decorazioni floreali e volute; l'altra invece una mano che offre un seno. La sovrapposizione è perfetta: ciò che la donna propone non è il fregio, ma se stessa. Alla serietà dell'espressione della donna e alla fissità del suo sguardo si aggiunge un altro dato: il fatto che il lato superiore del triangolare fregio – triangolare come il pube femminile – simula una linea delle spalle assurdamente diritta ma, soprattutto, fa pensare a una sorta di decapitazione, di separazione della testa della donna dal suo corpo. Un nutrito insieme di elementi che connotano l'immagine in senso surrealista fino a saturarla. Ma un particolare ulteriore rende il clima di questa fotografia, se possibile, ancora più marcatamente surrealista, ed è la collocazione decentrata della figura nel rettangolo, che lascia spazio sulla sinistra a una misteriosa, un po' preoccupante fascia di vuoto nero.

Architect, designer, writer, stage-designer and the author of the original *Messaggio della camera oscura*, a vivaciously anti-pictorialist text written during the opening years of the 1940's but only published in 1950, he practiced photography in the most varied of manners, also leaving us with a considerable quantity of portraits and female nudes.

Here is one of his "transfigured" photographs. A totally vertical female figure emerges from a black background, in its turn vertical. The long, sheen, straight and silken gown "designs" her hips, indicating the classical woman/amphora similitude: the arms made of the same sensuous matter act as handles; at the same time the sinuous pleats refer to the fluting of a classical column. And, in fact, the woman holds up a frieze, a sort of false, composite capital. More exactly: she superimposes it over her own body and at the same time offers it, as if she were offering her own body. One half of this frieze shows floral decorations and volutes while the other, instead, exhibits a hand which offers a breast. The superimposition is perfect: what the woman proposes is not the frieze but herself. The seriousness of the woman's expression and the fixity of her gaze are added to by another datum: the fact that the upper side of the triangular frieze – triangular like the female pubes – simulates an absurdly straight line of the shoulders. Although above all it makes one think of a sort of decapitation, of the separation of the head of the woman from her body. A copious sum of elements which connote the image in a surreal sense to the point of saturating it. And yet a further detail renders the aura of this photograph even more markedly surreal, if this is possible: that is, the decentralized collocation of the figure within the rectangle which leaves room on the left for a mysterious and somewhat disquieting band of black emptiness.

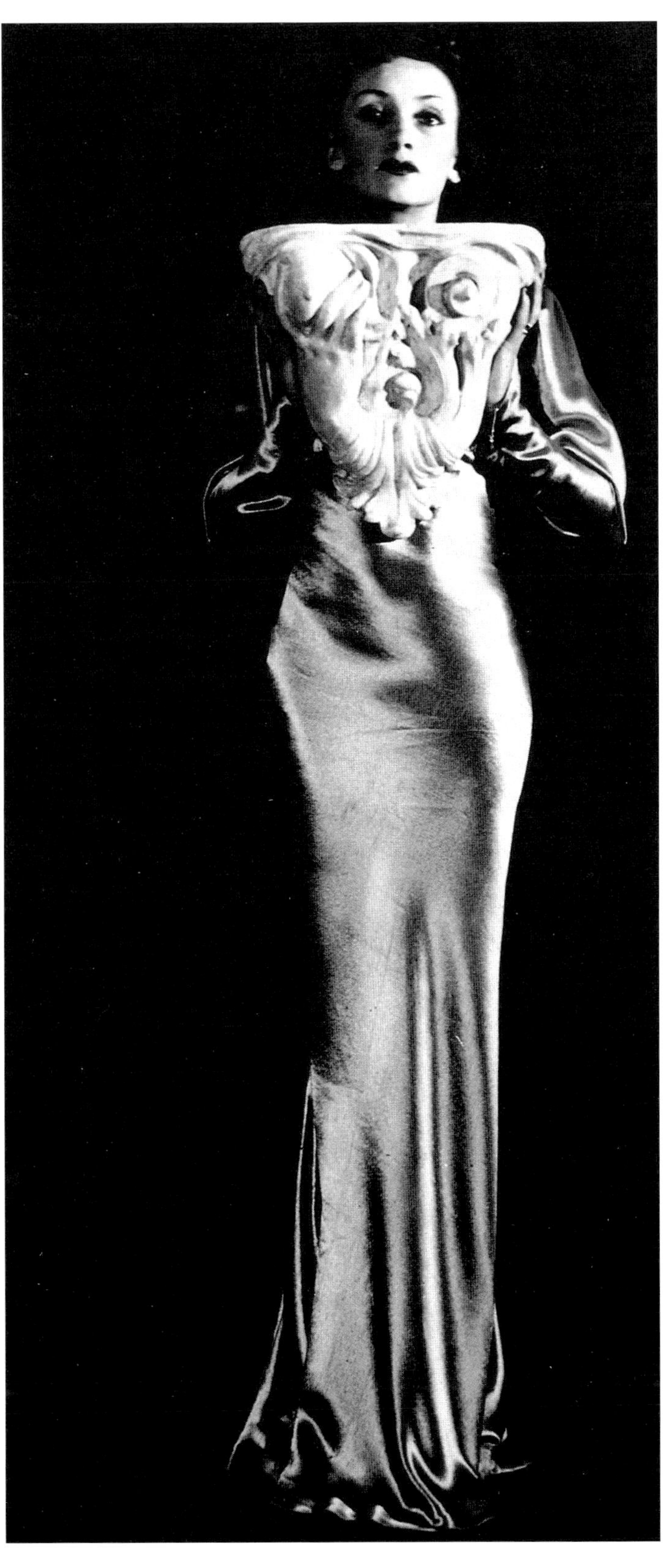

In tutta la sua opera pittorica, grafica, filmica, fotografica, Veronesi pone in rapporto fra loro delle forme all'interno di un campo, senza mai riempirlo, lavorando non solo sulla bidimensionalità della superficie ma anche sulla profondità che sta dietro e davanti alle figure: in questo modo costruisce un'infinito numero di dimensioni spaziali e temporali. Nella sua vasta produzione fotografica – fotogrammi e fotografie – attraverso forme astratte egli "presenta" eventi, accadimenti visivi che sono il farsi stesso dell'immagine: lavora, quindi, non su ciò che l'immagine "raffigura", ma su ciò che ne determina l'esistenza, cioè, per esempio, la luce, l'ombra, il movimento, la terza dimensione, l'interazione fra elementi diversi. Si può dire che le fotografie di Veronesi non riproducono nulla se non i dinamismi interni all'immagine: nel suo modo di concepire la fotografia, gli oggetti, le cose concrete non sono certamente il punto di arrivo, bensì di partenza. E infatti nei suoi "studi cinetici" l'artista non usa come soggetto altro che la luce, studiandone le vibrazioni, le dilatazioni e l'interna gamma cromatica (ma anche nei suoi moltissimi fotogrammi – meno legati alla fisicità degli oggetti di quanto non siano quelli di Moholy Nagy o di Man Ray – la vera protagonista è la luce). Conduce questi studi in una forma semplice, leggera, come se fosse in cerca delle lettere di un alfabeto, dell'esistenza del quale è indubbiamente sicuro, dal ritmo del quale anzi si lascia condurre, dell'estensione del quale però non gli è possibile, o non gli sembra lecito, affermare nulla.

In all of his pictorial, graphic, film and photographic work, Veronesi posed the interrelationship between forms inside a field without ever filling it, not only working on the bidimensionality of the surface but also on the depth which lies both behind and before the figures. In this way he constructed an infinite number of spatial and temporal dimensions. In his vast photographic production – photograms and photographs – by means of abstract forms he "presents" events, visual happenings which are the very making itself of the image. He therefore works not upon what the image "represents" but upon what determines its existence: for example, the light, the shade, the movement, the third dimension and the interaction between diverse elements. One can say that Veronesi's photographs do not reproduce anything if not the dynamisms within the image: in his way of conceiving photography, objects, concrete things, are certainly not the point of arrival but the starting point. And, in fact, in his "studi cinetici" [kinetic studies] as his subject the artist only uses light, studying its vibrations, dilations and internal chromatic range (although also in his innumerable photograms – less tied to the physicalness of the objects than those by Moholy Nagy and Man Ray – the real protagonist is light). He conducted these studies in a simple and light form, as if he were searching for the letters of an alphabet, of the existence of which he was undoubtedly certain, by the rhythm of which – rather – he let himself be led. Of the extension of which, however, was not possible for him, or did not seem licit for him, to affirm anything.

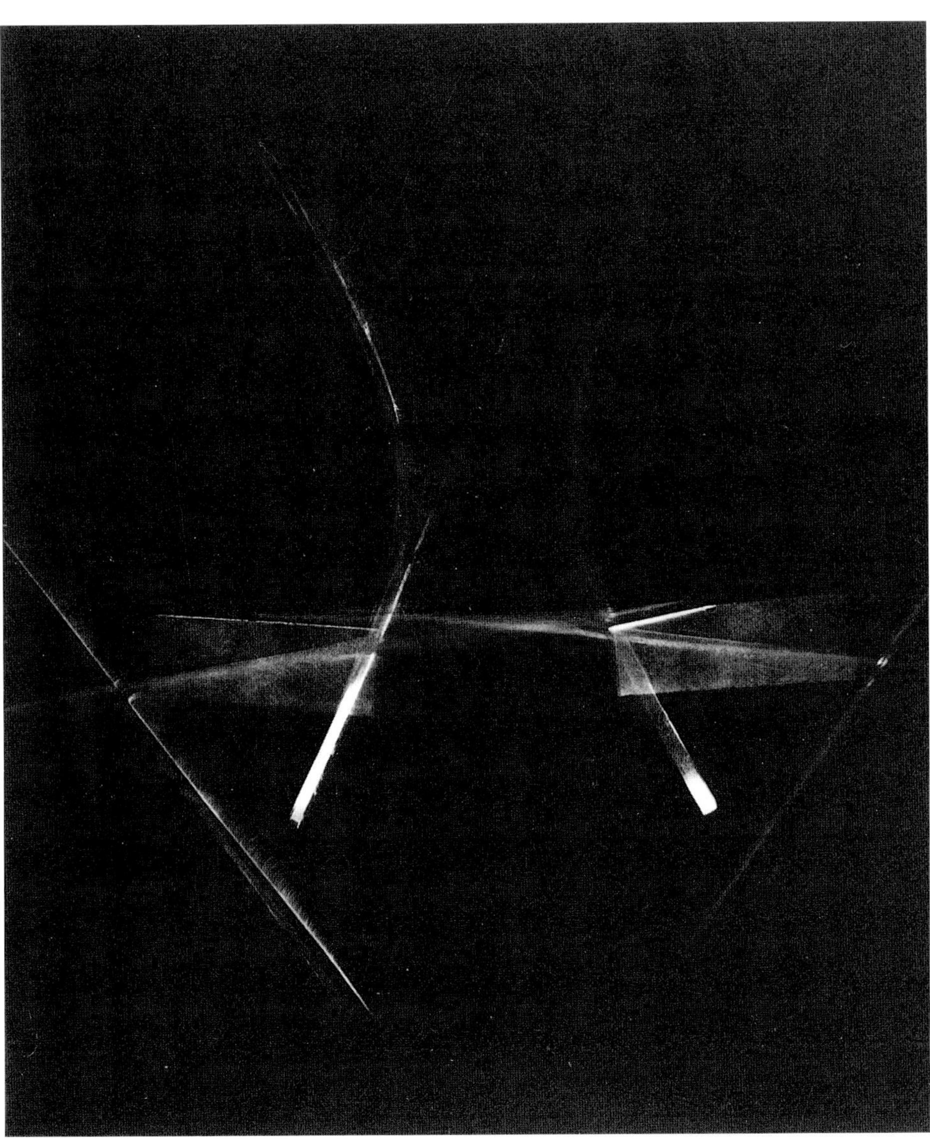

L'avvocato Bricarelli, allievo di Guido Rey, autore anche di alcuni ritratti di Mussolini, fu uno dei protagonisti della fotografia italiana organizzata degli anni Venti e Trenta, insieme a Baravalle e Bologna. Netta la sua tendenza, fin dagli anni del Pittorialismo, a organizzare lo spazio in modo forte e ad accentuare gli aspetti strutturali e geometrici degli oggetti, modalità che negli anni del Modernismo porta fino alle estreme conseguenze, anche lavorando a fondo con luci e ombre.

In questa fotografia Stefano Bricarelli combina un momento di vita sociale con la rappresentazione assai drammatizzata di un ambiente. Alcuni bambini accompagnati da una donna scendono una scala dalla struttura forte; uno di loro precede di poco il gruppo, avanzando tristemente. Le geometrie della scala trovano risposta in alto a destra negli elementi paralleli di una balconata; una grande finestra, strano volto incompleto, domina dall'alto. L'elemento più forte e determinante della scena è rappresentato dalla luce: essa investe violentemente la parete di fondo come il simbolo di qualcosa di potente e mette in risalto il vuoto metafisico che caratterizza l'ambiente. L'inquadratura verticale della fotografia rende ancora più oppressivo uno spazio troppo grande per la vita dei bambini che lo stanno attraversando.

The lawyer Bricarelli, pupil of Guido Rey and also the author of some portraits of Mussolini, was together with Baravalle and Bologna one of the protagonists of organized Italian photography during the 1920's and 1930's. Starting out from the years of Pictorialism he embodied a very clearcut tendency in organizing space in a forceful way and accentuating the structural and geometrical aspects of objects, a modality which in the years of Modernism was to lead to the extreme consequences, also thoroughly working on the theme of lights and shades.

In this photograph Bricarelli combines a moment of social life with the notably dramatized representation of an environment. Some children accompanied by a woman are descending a staircase (with its strong structure). One of them precedes the group, a few flights ahead of them, moving down sadly. The geometries of the staircase find an acknowledgment – in the upper right of the image – in the parallel elements of a balcony. A large window, a strange and incomplete face, dominates from above. The strongest and most determining element of the scene is represented by the light: it violently "steeps" the background wall like the symbol of something powerful, clearly evidencing the metaphysical *vacuum* which characterizes this space. The vertical framing of the photograph renders the space even more oppressive, a space that is too large for the lives of the children who are passing through it.

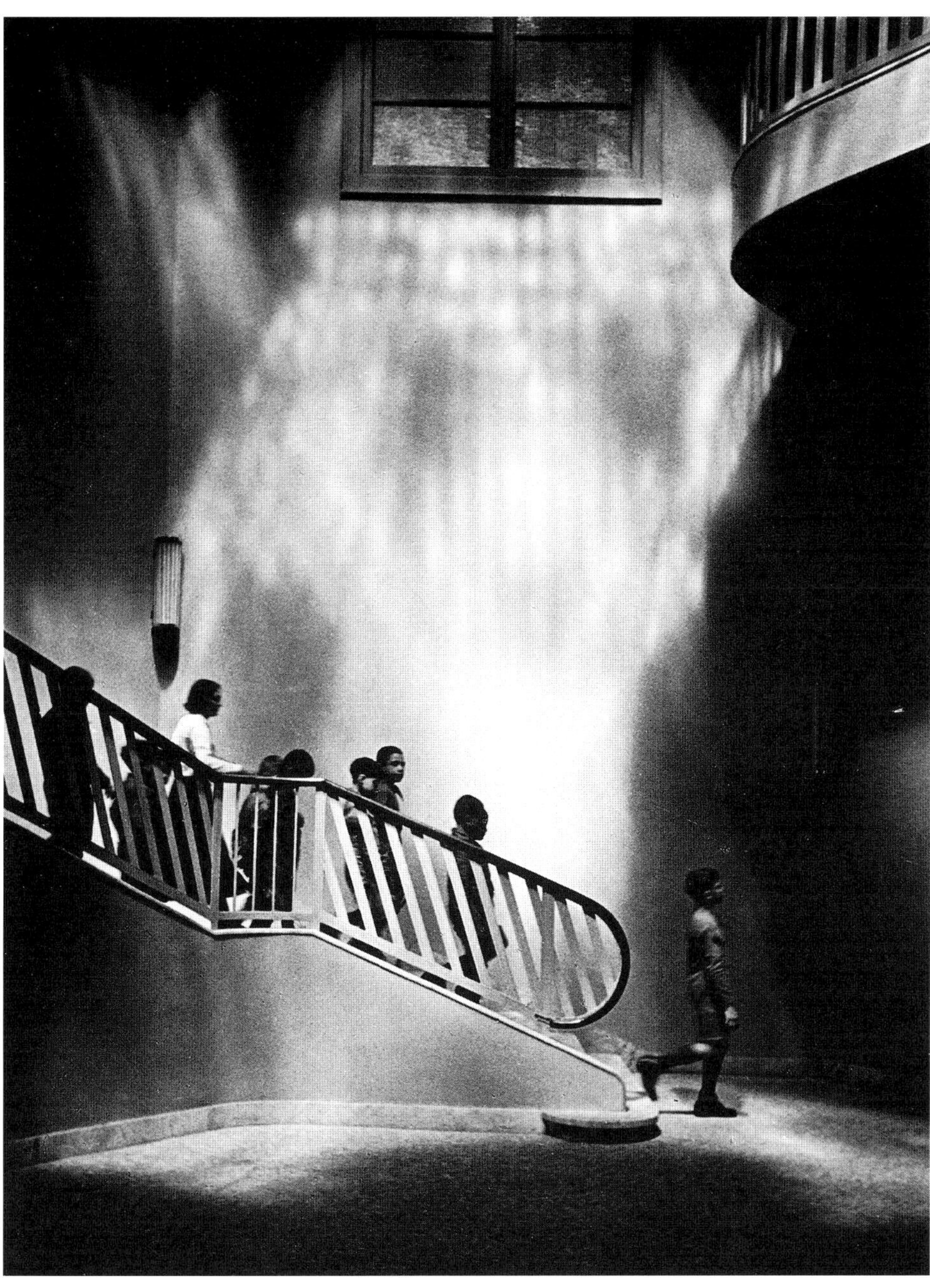

L'immagine rappresenta dei materiali per l'edilizia sistemati con ordine: le pile di mattoni di diverse altezze hanno tutto l'aspetto di grattacieli, i buchi sono finestre – quelli che la luce rende meglio evidenti paiono occhi, ricordano occhiali, o meglio binocoli – e le distanze fra una pila e l'altra sembrano le strade di una città. Con straordinaria lucidità Giuseppe Pagano crea una sineddoche che trasforma le forme dei materiali di cui è costruita una città nell'immagine stessa della città. L'effetto è ottenuto grazie alla ripetizione di forme che nella loro estrema regolarità creano variazioni compositive. A questa soluzione linguistica Pagano ricorre spesso, realizzando innumerevoli fotografie basate su texture, materiali da costruzione, strutture industriali e naturali – anche un semplice campo di grano – porzioni di edifici, muri, vetrine e vetri, gruppi di manichini, oggetti sistemati in fitte e regolari composizioni, superfici lavorate, orditure, maglie geometriche di ogni tipo.

Architetto e urbanista assai influente nel periodo fra le due guerre, raffinato studioso dei materiali dell'architettura sia nei loro aspetti tecnici che formali, Pagano fu un grande fotografo: coltivò uno stile fatto di "assoluta dedizione all'irreale realtà della fotografia", appassionandosi alle forme astratte, come il Bauhaus aveva fatto, ma restando aderente alla realtà, come indicava la Neue-Sachlichkeit, e cogliendone le sottili implicazioni surreali, secondo la lezione del grande Atget, conosciuto e recensito da Edoardo Persico, intellettuale a lui vicino. La fotografia, che definiva "poetica nella sua meccanica sincerità", gli consentiva di studiare e catalogare pensosamente le strutture della realtà, la loro evidenza e il loro mistero.

The photograph represents building materials, arranged with order: the piles of bricks of differing height have the convincing appearance of skyscrapers, the holes are windows (those which the light renders most evident seem like eyes, they remind one of glasses or, better, of binoculars) and the distances between one pile and another seem like the streets of a city. With extraordinary lucidity Giuseppe Pagano creates a synecdoche which transforms the forms of the materials with which a city is built into the very image itself of the city. The effect is obtained thanks to the repetition of forms which in their extreme regularity create compositional variations. Pagano often made recourse to this linguistic solution, creating innumerable photographs based upon textures, building materials, industrial and natural structures (even a simple field of wheat), portions of buildings, walls, shop-windows and glass, groups of manikins, objects arranged in crowded and regular compositions, worked surfaces, weavings and geometrical meshes of every type.

An architect and town planner who was quite influential in the period between the wars, refined connoisseur of architectural materials, both in their technical as well as their formal aspects, Pagano was a great photographer: he cultivated a style made up of "absolute dedication to the unreal reality of photography", with a passion for abstract forms (as had been true with the Bauhaus). And yet he remained an adherer to reality, as indicated the Neue-Sachlichkeit, grasping the subtle surreal indications following the lesson of the unforgettable Atget, known and reviewed by Edoardo Persico (intellectually close to his way of thinking). Photography which he defined as "poetic in its mechanical sincerity" allowed him to pensively study and catalogue the structures of reality, their evidence and their mystery.

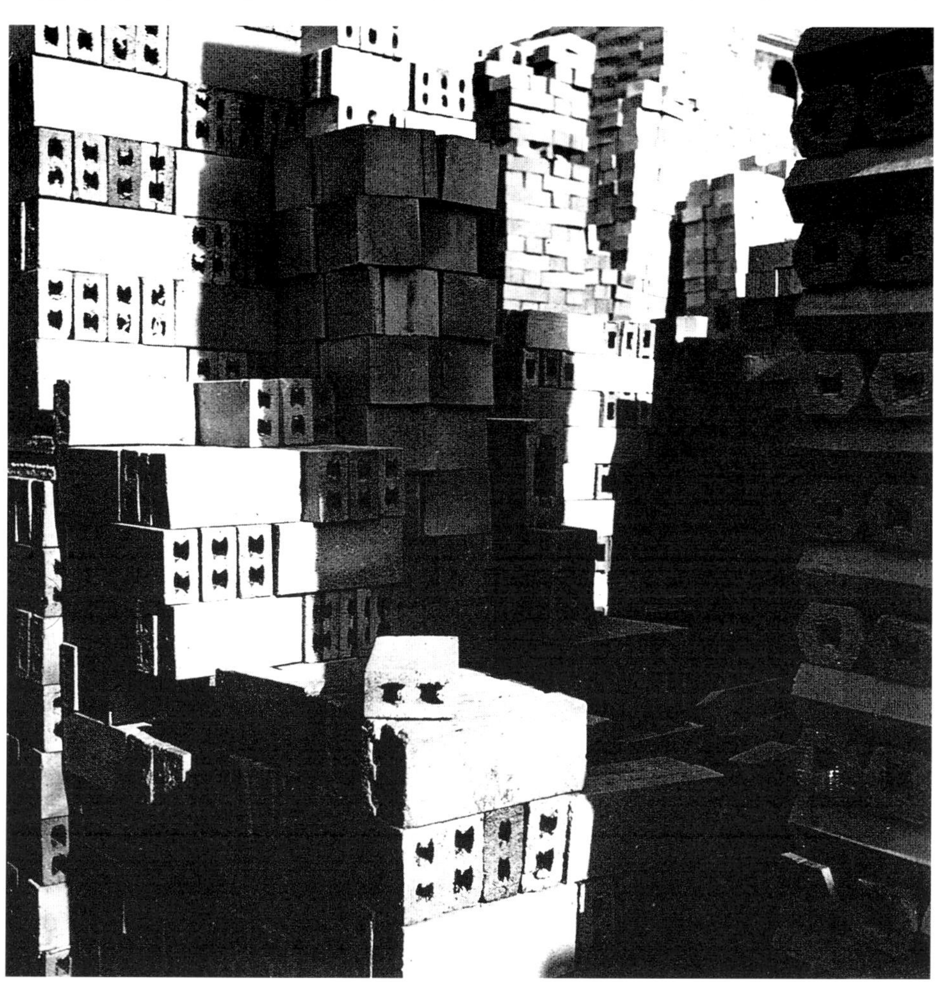

Questa fotografia leggerissima precede di otto anni la nascita del gruppo fotoamatoriale La Bussola, del quale Cavalli fu animatore, ma già ne rappresenta alla perfezione le istanze idealistiche: secondo le aspirazioni crociane del gruppo, per accedere ai domini dell'arte la fotografia avrebbe dovuto essere chiara, chiarissima, leggera, astratta dal concreto dato della cronaca documentaria, assumendo la realtà solo come esile punto di partenza per un'elaborazione creativa di tipo totale.

Queste piume impalpabili sembrano l'emblema stesso della fotografia cavalliana: esistono come soggetto (senza soggetto non esisterebbe neppure la fotografia) ma hanno tutte quelle caratteristiche di chiarezza, delicatezza, quasi trasparenza che l'arte secondo l'autore pugliese esige.

Due punti di ambiguità rendono ancora più assoluta questa fotografia: a chi osserva non è possibile stabilire se il chiarore dell'immagine sia dovuto al colore del soggetto o al tipo di stampa; e non è possibile capire in quale dimensione spaziale si trovino queste piume: sono appoggiate su una superficie? forse su ovatta? hanno ombre? volano invece nell'aria? o sono fra le nuvole? oppure dove altro? e se anche la stampa fotografica fosse leggera come ciò che rappresenta?

La realtà è andata perduta, dunque, eppure questa è una fotografia che ci consente di riconoscere in pieno le forme di cinque piume. Non vi è racconto, non vi è nulla: solo la "piumità" di queste piume, per dirla con Platone anziché con Benedetto Croce.

This extremely "light" photograph by eight years antedates the founding of La Bussola group of photo-dilettanti, of which Cavalli was the moving spirit, although the image already perfectly reflects the group's idealistic premises: according to the group inspired by Croce, in order to come to form part of the dominions of art photography would have had to be clear, extremely clear, light, abstracted from the concrete datum of the documentary narration, only taking up reality as the tenuous starting point for a creative elaboration of a total type.

These impalpable feathers seem to be the very emblem of Cavalli's photography: they exist as the subject (without a subject photography would not even exist) although they possess all of those characteristics of clarity, delicacy and almost transparency which according to the artist from Apulia art demands.

Two points of ambiguity render this photograph even more absolute: for the person who observes it, it is not possible to establish whether the radiance of the image is due to the color of the subject or to the type of printing. And it is not possible to understand in which spatial dimension these feathers find themselves. Are they lying on a surface, perhaps on cotton-wool? Do they have shadow? Do they instead fly in the air or are they among the clouds, or where else? And if also the photographic print were as light as what it represents?

The reality of the matter has been lost. And yet this is a photograph which allows us to fully recognize the forms of the five feathers. There is no narration, there is nothing. Only the "featherness" of these feathers, to put it using Plato, rather than Benedetto Croce.

La fotografia si mostra subito con evidenza. L'adozione del punto di vista dall'alto consente a Bruno Stefani di individuare una chiara T e di collocarla leggermente inclinata nel formato quadrato della fotografia, così da imprimerle un vago senso di rotazione. Oltre che una T, la figura ricorda anche una croce, mancante di un braccio. Punti di vista così netti e antirealistici, molto amati da Rodchenko, Moholy Nagy, Umbo, vengono volentieri adottati dalla fotografia italiana degli anni Trenta e Quaranta sia in funzione di un rinnovamento della visione sia per l'alto livello di descrittività che talvolta essi offrono. Questa fotografia, come altre di Stefani anche precedenti (*Alta tensione*, 1932, *Alla mostra del rayon*, 1934) sembra rispondere a entrambi gli aspetti: da un lato infatti "destabilizza" le modalità di una canonica rappresentazione dell'ambiente urbano, dall'altro mostra nitidamente la struttura e la grafica del ponte, abitato da figure, biciclette, un'auto dalle lunghe ombre che ci dicono anche l'ora del giorno. È molto interessante notare come la dualità astrazione-realismo finisca per essere espressa nelle due zone opposte di questa fotografia: in alto verso sinistra il taglio, che esclude dall'inquadratura qualsiasi riferimento all'aspetto reale del paesaggio fiorentino, lascia come in sospeso l'acqua del fiume che diventa assoluta come quella del mare; in basso a destra, invece, il triangolo costituito dal tetto con le tegole ben descritte e ben evidenti riporta l'immagine alla concreta realtà.

The photograph shows itself distinctly. The adoption of the viewpoint from above allows Bruno Stefani to individuate an explicit T and to lightly place it, inclined, within the square of the photograph in such a way as to impress a vague sense of rotation. Besides that of a T the figure also reminds one of a cross which lacks an arm. Such clear-cut and antirealistic viewpoints so very dear to Rodchenko, Moholy Nagy and Umbo were willingly adopted by Italian photography of the 1930's and 1940's, both in relation to a renewal of the vision and for the elevated level of descriptiveness which at times these offered. This photograph – like other previous ones by Stefani (*Alta tensione* [High Voltage] of 1932 and *Alla mostra del rayon* [At the Rayon Exhibition] of 1934) – seems to respond to both these aspects: on the one hand, in fact, it "destabilizes" the modalities of a canonical representation of the urban environment while, on the other, it very clearly shows the structure and graphic composition of the bridge, peopled by figures, bicycles and a long-shadowed motorcar which also tells us the hour of the day. It is very interesting to note how the abstraction-realism duality ends up by being expressed in the two opposing zones of this photograph: the cut, above and to the left, which from the shot excludes whatever reference to the real appearance of the Florentine landscape, leaves the water of the river as if it were suspended, becoming absolute with that of the sea; and below, to the right, instead, the triangle composed by the roof with its tiles – well described and distinct – that leads the image back to concrete reality.

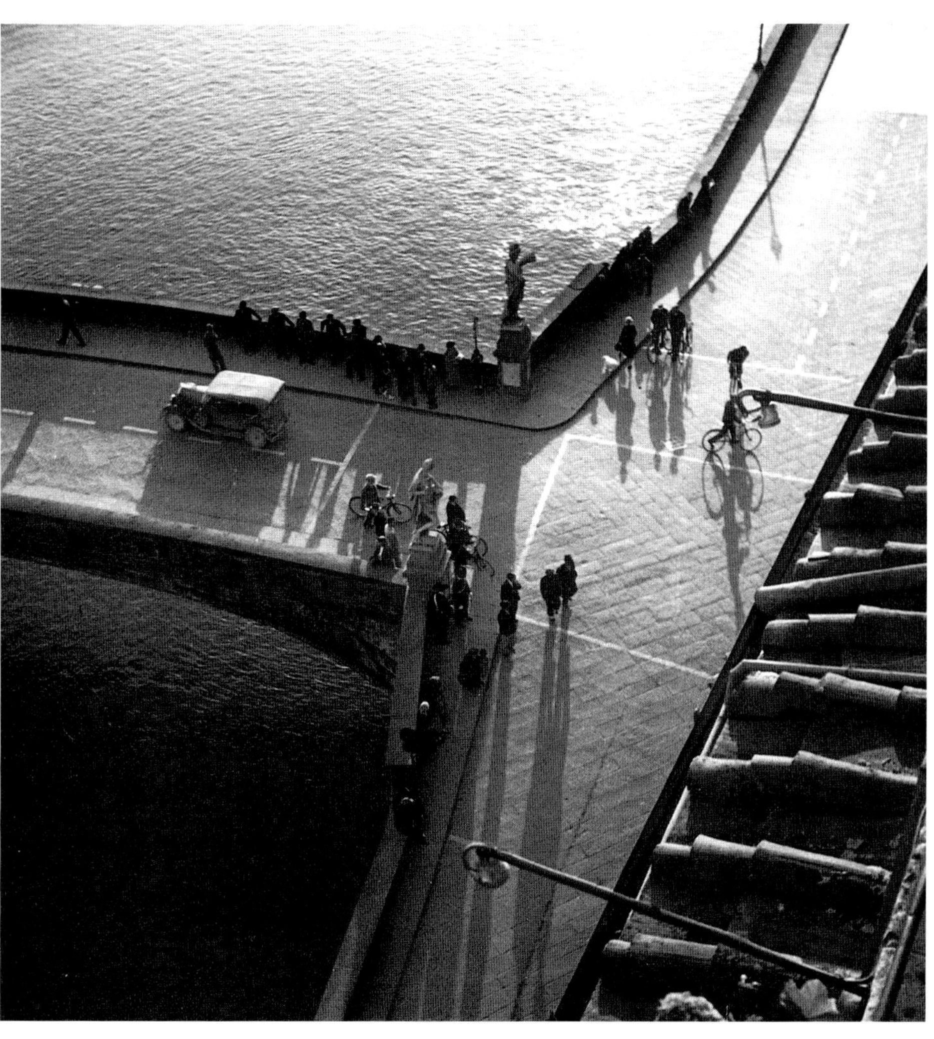

"Nel fotografare ho cercato di tener sempre vivo il rapporto dell'uomo con le cose. La presenza dell'uomo è continua; e anche là dove son rappresentati oggetti materiali, il punto di vista non è quello della pura forma, del gioco della luce e dell'ombra, ma è quello dell'assidua memoria della nostra vita": così scrive Alberto Lattuada nel noto *Occhio quadrato*, pubblicato nel 1941 da Corrente, gruppo culturale di cui egli fa parte. In esso raccoglie bellissime fotografie di luoghi e oggetti straniati, aspetti minori e quotidiani della città visti con immediatezza e stupore, con sparse e rare presenze umane. Pochi anni dopo inizierà a lavorare come regista.

Del piccolo libro fa parte anche questa fotografia di automobili a riposo, coperte e molto vicine l'una all'altra, come in un breve schieramento: un'immagine invasa da un puro, dolce senso metafisico basato sul sentimento del vuoto, senza forzature – in verità una miscela ideale di realismo e metafisica. La prima auto è di un grigio equilibrato, la seconda chiara, luminosa, e la terza è a righe; occupano buona parte dell'inquadratura, come veri e propri personaggi, presenze vive. Il taglio sapiente e il punto di vista appena scorciato provocano una composizione semplice, chiara, che fa sì che nel quadrato tutta la scena si svolga, misteriosamente, in primo piano.

"In photographing I have always tried to maintain man's relationship with things alive. The presence of man is continuous. And also where material objects are represented the point of view is not that of the pure form, of the play of light and shade, but is that of the assiduous memory of our life", as Alberto Lattuada wrote in his well-known *Occhio Quadrato* [Square Eye] published in 1941 by Corrente, the cultural group of which he formed part. In this volume one had a collection of beautiful photographs of 'estranged' places and objects, minor and daily aspects of the city seen with immediacy and stupor and with scattered and rare human presences. Only a few years later he began to work as a film director.

Also this photograph formed part of this small volume: motorcars parked and covered, the one close to the other, as in a line-up. An image imbued with a pure and gentle metaphysical sense based upon the sentiment of emptiness, without forcing the issue (an ideal mixture, in fact, of realism and metaphysics). The first car is of an equilibrated gray, the second is light, luminous, while the third is striped. They fill most of the framing like real characters, like living presences. The sapient cut and the only just foreshortened view give rise to a simple and clear composition which produces the effect in the square of the entire scene being mysteriously carried out in the foreground.

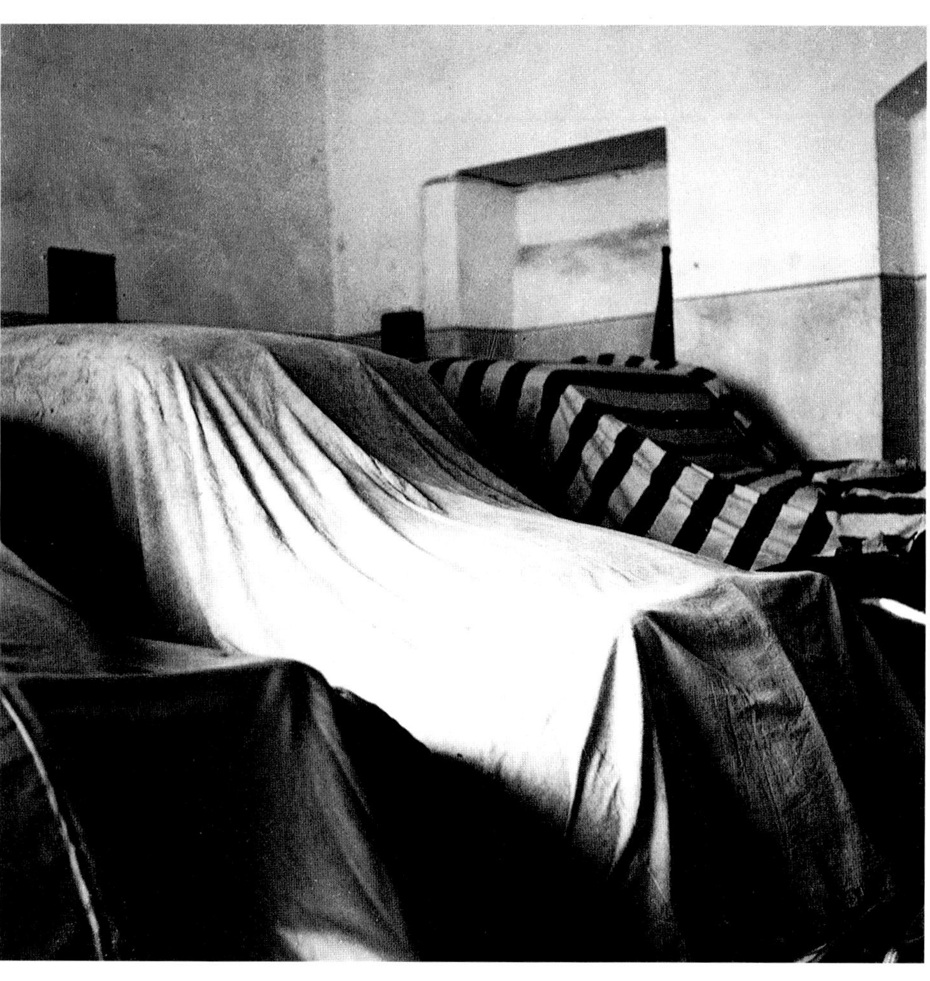

Sono fotogrammi di diversa intensità tonale e di diversa grandezza di mani che tengono lastre di caratteri tipografici. Mani e lastre formano una composizione che rimanda alle strutture a incastro del Bauhaus e fa pensare, per esempio, ad alcuni fotogrammi di Moholy Nagy. In due delle lastre i caratteri L, A e S sono stati riempiti di colore giallo e blu; sopra la composizione fotografica è stato tracciato con evidenza geometrica in colore rosso il marchio LAS, Lica Albe Steiner; lo stesso marchio è riportato, piccolo e in nero, in alto sul lato sinistro dell'immagine. I tre colori fondamentali più il nero rappresentano un duplice riferimento al codice della pittura e a quello della stampa. La mano è simbolo dell'azione umana che si fa progetto, i caratteri tipografici parlano degli strumenti di cui l'uomo dispone per comunicare e dunque per scegliere.

Steiner, collaboratore insieme ad Alfredo Ornano del volume *Fotografia,* curato da Ermanno Scopinich e pubblicato nel 1943 dalla Domus, di cui progettò anche la copertina, coltivò la fotografia nei suoi significati più radicali e sperimentali congiungendoli con rigore a quelli della grafica: come segno, dunque, come possibilità di creare forme e scritture attraverso la luce e di "riscoprire" il mondo attraverso una visione nuova, diversa da quella dell'occhio umano.

These are photograms of varying tonal intensity and of different hand sizes which hold plates of type. The hands and plates form a composition that reminds one of slotted and jointed structures of the Bauhaus and makes one think, for example, of some photograms by Moholy Nagy. In two of the plates the letters L, A and S were filled with yellow and blue. Over the photographic composition, the stamp LAS, Lica Albe Steiner is traced out with geometrical evidence in red. The same stamp, small and black, is to be found on the upper-left side of the image. The three fundamental colors – plus the black – represent a two-fold reference: to the code of painting and to that of printing. The hand is the symbol of human action which becomes project, the type talks about the instruments available to man in order to communicate and, in consequence, to choose.

A collaborator together with Alfredo Ornano for the volume entitled *Fotografia*, edited by Ermanno Scopinich and published in 1943 by Domus, Steiner – who also designed the cover of this volume – cultivated photography in its most radical and experimental meanings, rigorously joining these to those of graphics: as sign, therefore, as the possibility of creating forms and writings by way of light and of "rediscovering" the world by way of a new, different vision, differing from that of the human eye.

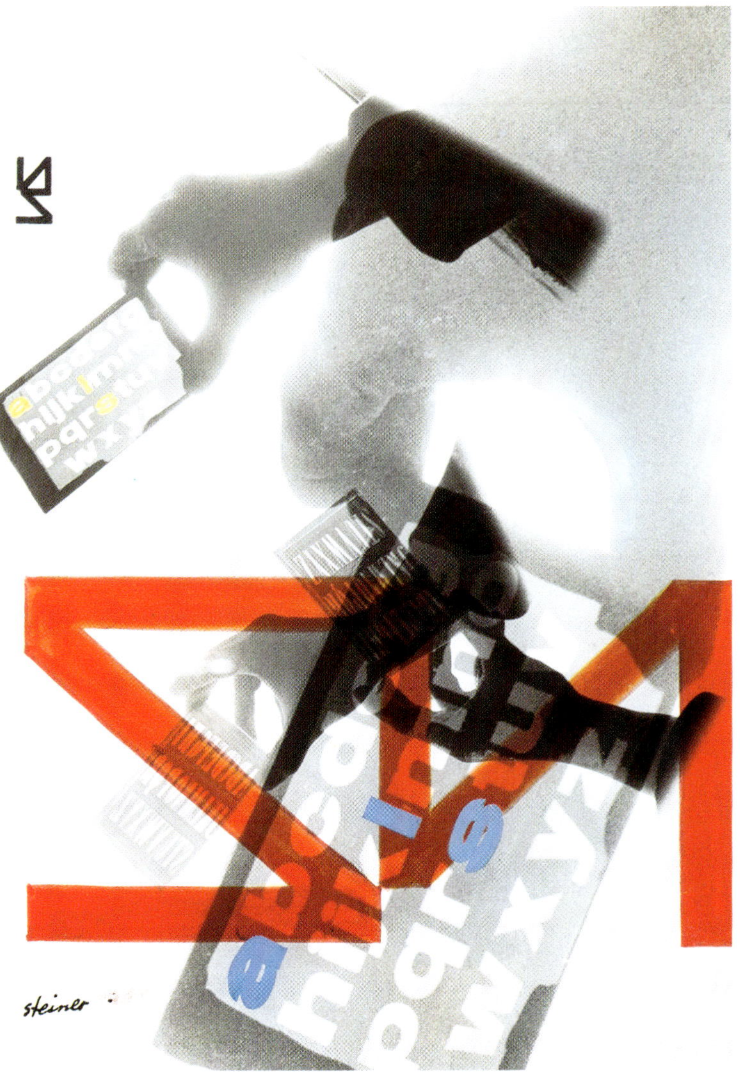
steiner

"Certamente è difficile il fondere in una sola fotografia i valori documento-bellezza", scrive Federico Patellani nel suo noto testo del 1943 *Il giornalista nuova formula*, e chiude: "Sta qui la classe del fotografo".

Questa fotografia di delicato sapore neorealista, di struttura così semplice, così totalmente basata sull'orizzontalità, è l'esatto frutto dell'ardua e irrinunciabile combinazione che Patellani, prima pittore e poi fotogiornalista, andava cercando (quella dualità che tanto tormentava la fotografia italiana nel dopoguerra).

L'immagine "documenta" lo stato di liberazione e di attesa, e al tempo stesso il senso dell'ignoto, all'indomani della guerra – ma lo fa in termini assolutamente simbolici (forse è la capacità di accesso alla simbolizzazione ciò che Patellani chiama "bellezza"): un cielo bianchissimo, immateriale, che indica qualcosa che non è – non è più – sta per essere; l'esile carcassa di un aereo, ormai null'altro che una struttura fitta di geometrie che la luce può attraversare; e poi la terra, selvatica, inselvatichita, oppure già coltivata e ora stanca – ma sempre pronta a ricominciare a dare i suoi frutti; e una donna, orizzontale come la terra, in attesa come la terra. Questa donna ripresa di spalle è come dentro la scena di un film, uno dei molti film del neorealismo italiano sempre abitati da figure femminili importanti: la fotografia stessa ha le caratteristiche del manifesto di un film. Fra la giovane donna, che rappresenta il presente e il futuro, e l'aereo, che è invece il passato, si è instaurato un dialogo frontale, come un rispecchiamento. L'aereo ha un suo strano volto tondo che pare un po' quello della luna; sulla destra, sotto l'ala e contro il bianco del cielo, un albero sfuocato pare appoggiato sulla coda del velivolo, e forma una macchia che fa da eco al volto, come in un'altalena.

As Federico Patellani wrote in his well-known text of 1943 entitled *Il giornalista nuova formula*: "Certainly it is difficult to amalgamate the values of document-beauty in a sole photograph". And he concluded: "Here lies the class of the photographer".

This photograph of a delicate neorealist savor, of such simple structure and so totally based upon horizontality, was the exact fruit of the arduous and steadfast combination that Patellani – firstly a painter and then a photoreporter – was in fact looking for (that duality which to such an extent tormented Italian photography in the post-war period).

The image "documents" the state of liberation and expectation (and at the same time, also the sense of the unknown) shortly after the war. Although it does this in absolutely symbolic terms (perhaps this is the ability to "gain access" to symbolization, what Patellani called "beauty"): a very white sky, immaterial, which indicates something that is not, is no longer, is about to be; the thin and fragile carcass of an airplane, by now nothing other than a very closely-knit structure of geometries which the light is able to pass through; then the earth, wild, become wild, or else already cultivated and now tired (although always ready to once again begin to give its fruits); and a woman, as horizontal as the ground, in expectation like the ground. This woman photographed from behind is as if she were in a film scene, one of the many films of Italian Neorealism always peopled by important female characters: the photograph itself has the characteristics of the poster of a film. Between the young woman, who represents the present and the future, and the airplane that is instead the past, a frontal dialogue has been established, as in an act of mirroring. The airplane has its own strange round face which appears – a little – to be that of the moon. To the right, beneath the wing and against the white of the sky, a tree out of focus appears resting on the tail of the aircraft and forms a mark or spot which acts as an echo to the face, as if with a see-saw.

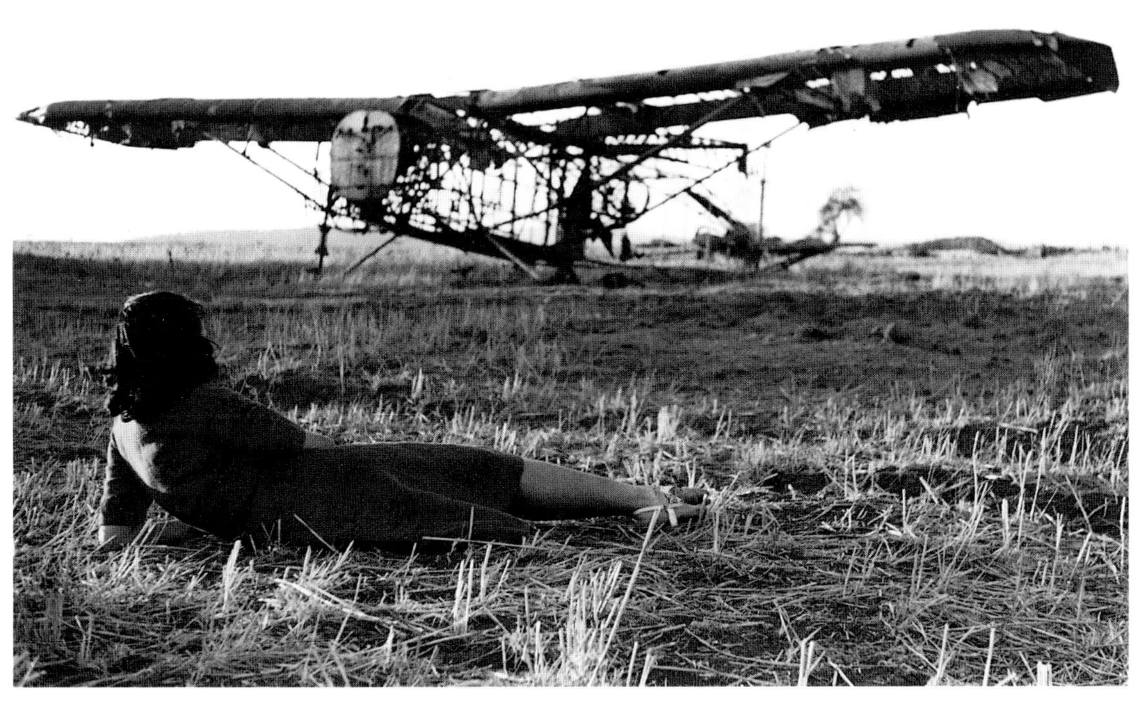

Due gli aspetti salienti di questa fotografia: il vuoto fra le figure e la leggera inclinazione di tutti gli elementi presenti nell'immagine. Ne deriva una diffusa sensazione di provvisorietà.

La figura di una donna che osserva preoccupata i chiari bastoncini di pane dentro la valigia occupa una posizione centrale nell'inquadratura; al di qua di un muretto fortemente materico che pare richiamare ingrandita la texture del terreno, di spalle, un uomo col cappello osserva la donna, oppure il pane: sorveglia; intorno, troviamo tutto un mondo di altre figurine in movimento, collocate qua e là da destini diversi, e le due persone sulla destra sembrano addirittura fuggire fuori dall'inquadratura.

Questa fotografia di Tino Petrelli, dolce e poco noto narratore di povertà e mondi emarginati, parla di solitudine, attesa, fatica di vivere, e lo fa senza retorica e senza clamore alcuno. Come spesso accade nel reportage di Petrelli, l'immagine è quasi "non finita", e presenta una struttura efficacemente disomogenea e proprio per questo dinamica, aperta. Il linguaggio, scarno, è quello di un moderno.

There are two salient aspects which regard this photograph: the empty space between the figures and the slight inclination of all the elements to be found in the image. The result is a diffused sensation of the provisional.

The figure of a woman who, worried, scrutinizes the almost white and also small *baguettes* inside the suitcase, fills a central position of the shot. Against a small but forcefully matteric wall which in an enlarged way appears to refer to the texture of the ground, there is a man with his back to us, hat on head, who observes the woman (or the bread). He controls the situation. In the vicinity we see an animated world of little figures, found here and there thanks to differing destinies. And the two persons on the right even seem to escape from the framing of the shot. This photograph by Tino Petrelli, sweet and little known narrator of poverty and the worlds of the down-and-outs, talks about solitude, expectation, the difficulty met with in living – and it does so without rhetoric and without "clamor". As is often to be found in Petrelli's reportage, the image is almost or "not finished": it presents an efficaciously "dishomogeneous" structure and, precisely for this reason, proves to be dynamic and open. The essential and terse language is that of a modern author.

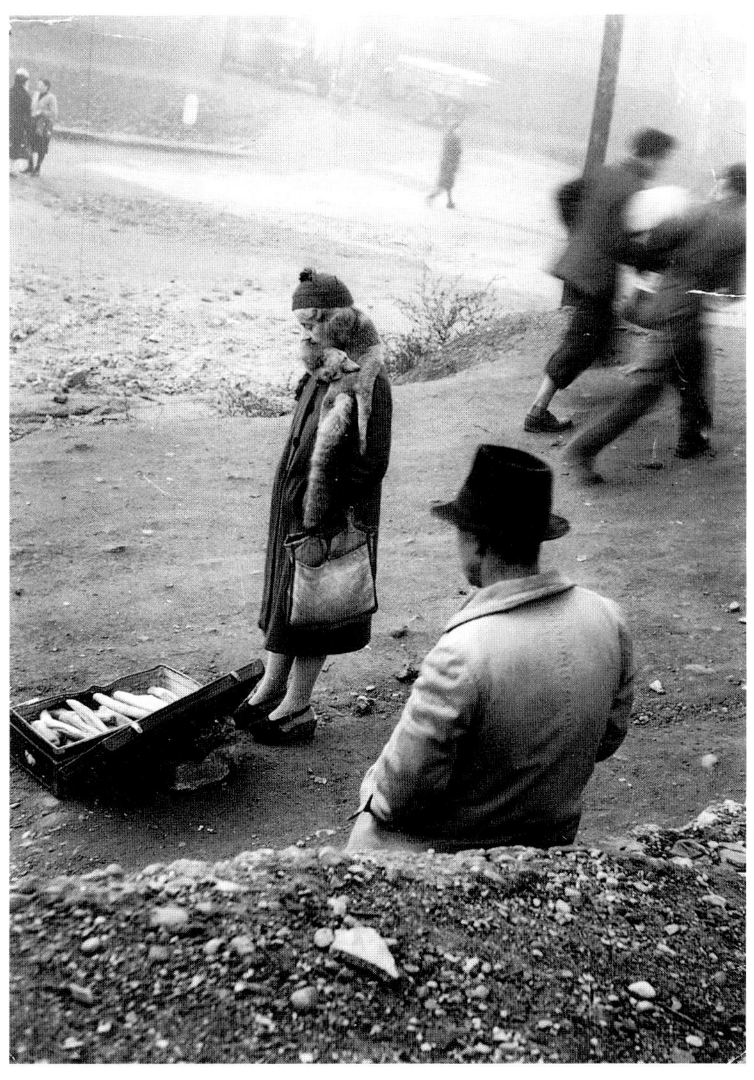

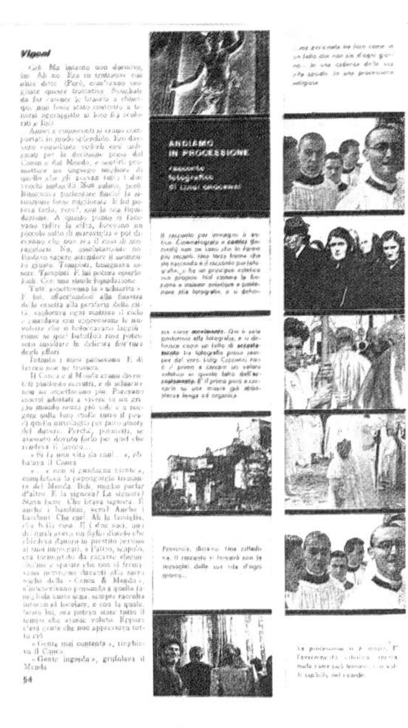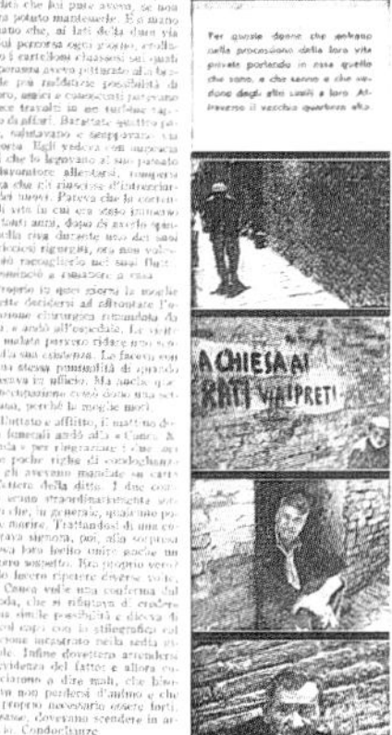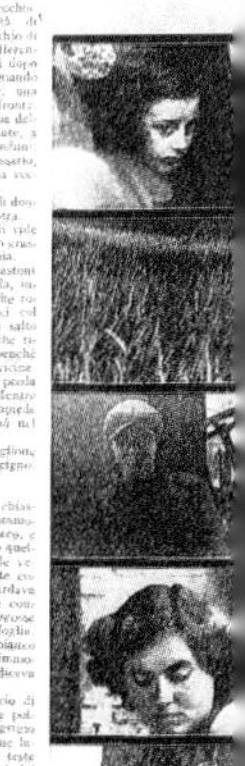

Sulla fotografia italiana del secondo dopoguerra furono molto forti l'influenza del cinema, e anche quella della letteratura. Il neorealismo proponeva un modello culturale preciso sia sul piano tematico che narrativo, e contemporaneamente diventava sempre più determinante il riferimento alla buona fotografia sociale americana – l'esperienza della Farm Security Administration – e alla nuova scuola degli "umanisti" francesi. I racconti fotografici che Luigi Crocenzi pubblicò sul "Politecnico" diretto da Elio Vittorini sono un esempio particolarmente loquace dell'influenza di questi elementi congiunti. Le strisce pensate da Crocenzi si svolgono verticali nella pagina, come la pellicola cinematografica, e ne occupano l'intera altezza, a significare la totale autonomia della narrazione. *Andiamo in processione* è formato da 34 fotografie organizzate in sette strisce su sei pagine: di tanto in tanto un fotogramma è occupato da un breve testo esplicativo, paragonabile alle apparizioni delle didascalie nel cinema muto. È importante notare che non si tratta di sequenze intese in senso classico, ma di "accostamenti" di visioni d'insieme, primi piani, campi e controcampi, dettati da vere e proprie regole di montaggio. D'altro canto nella pagina le colonne del racconto fotografico si alternano a quelle di un racconto di parole (Vigoni e Questi gli autori), indicandoci anche con chiarezza l'intenzionale confronto fotografia/letteratura.

Crocenzi collaborò per la parte immagini anche all'edizione del 1953 di *Conversazione in Sicilia* di Vittorini. Solo due anni più tardi, nel 1955, sarebbe uscito *Un paese*, con fotografie di Paul Strand e scritti di Cesare Zavattini.

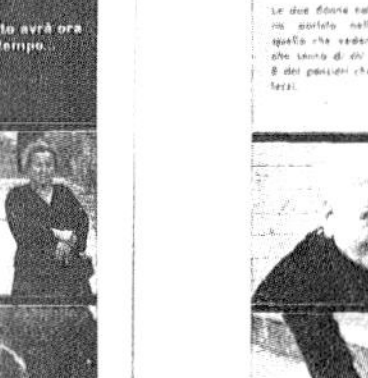

due racconti

cassa

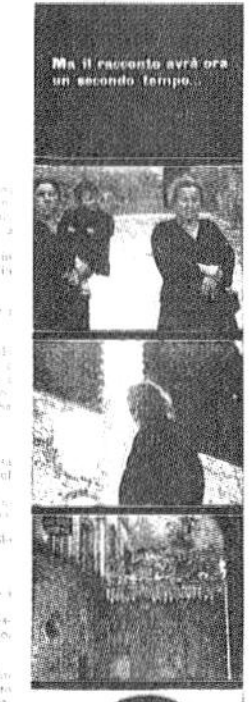

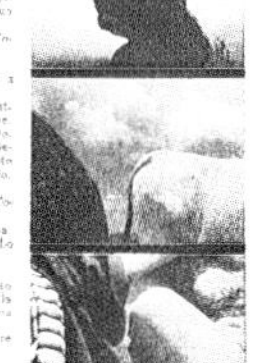

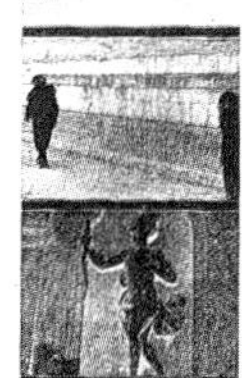

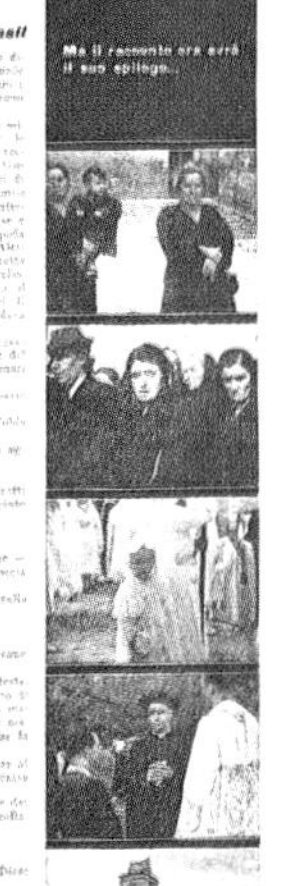

In the later post-war period the influence on photography on the part of the cinema – and also of literature – was very strong. Neorealism proposed a precise cultural model, on both the thematic and narrative planes. At the same time the reference to the good American social photography – the experience of the Farm Security Administration – and to the new French "humanist" school became increasingly more determinant. The photographic narrations by Luigi Crocenzi published in the "Politecnico", directed by Elio Vittorini, are a particularly loquacious example of the influence of these combined elements. The strips ideated by Crocenzi are developed vertically on the page, like the cinematographic film, and cover the entire height available, signifying the total autonomy of the narration. *Andiamo in processione* [Let us go in procession] is made up of 34 photographs that are organized into seven strips on six pages. Every now and again a photogram is filled by a brief explanatory text, comparable to the subtitles used in silent films. It is important to note that these are not sequences in the classical sense of the term but the "couplings" of total views, close-ups, fields and reverse shots, dictated by concrete rules of montage. On the other hand, the columns of the photographic narration on the pages alternate with those of a narration employing words (the authors being Vigoni and Questi), also with clarity indicating the intentional photography/literature comparison and confrontation. Crocenzi also worked on the photographic part of the 1953 edition of Vittorini's *Conversazione in Sicilia*. Only two years later one had the publication of *Un paese* with photographs by Paul Strand and texts by Cesare Zavattini.

È una composizione filtrata attraverso un vetro quadrettato: le forme mantengono in parte il loro aspetto naturalistico, in parte, schiacciate e dilatate, diventano elementi di un gioco ottico governato da uno schema visivo la cui impronta è industriale. Tale è infatti la natura della lavorazione di questo vetro. Il segno è forte – l'insieme percettivo richiama curiosamente una macchia di Rorschach – in questa immagine come in molte di Franco Grignani, caratterizzate da una sorta di "evidenza" che sembra precorrere la Optical Art.

Architetto e grafico, studioso dei meccanismi della percezione sui quali tanto si erano esercitate le avanguardie, Grignani ha sperimentato a lungo tutti quei codici della fotografia che maggiormente potevano dialogare con quelli della grafica: dal fotogramma alla stampa plurima, dall'addizione positivo più negativo al flou, dal mosso alle proiezioni e alle distorsioni. La sua ricerca si fonda principalmente sulla sottomissione dei dati della realtà a forti pattern di tipo astratto, sulla continua messa in discussione delle regole della prospettiva e sulla sperimentazione di possibilità di percezione altre da quelle canoniche, vuoi della macchina fotografica, vuoi dell'occhio stesso.

This is a composition filtered by way of a piece of glass subdivided into squares: the forms in part retain their naturalistic appearance while, in part, they are "squashed" and dilated, becoming elements of an optical play governed by a visual scheme whose imprint is industrial. This is in fact the nature of the working of this glass. The sign in this image is a strong one, as in many others by Grignani – the perceptive totality curiously calls to mind the marks by Rorschach – and is characterized by a sort of "evidence" which seems to anticipate Optical Art.

An architect and graphic artist, scholar of the mechanisms of perception at which the avant-gardes worked so much, Grignani at length experimented all of those photographic codes which to the greatest degree could dialogue with those of graphics: ranging from the photogram to the multiple print, from the positive plus negative addition to soft focus, from the out of focus to the projections and distortions. His research is principally based on the subjection of the data of reality to strong patterns of an abstract type, on the continuous questioning of the rules of perspective and the experimentation of the possibilities of perception other than those held to be canonical, be this of the camera or of the eye itself.

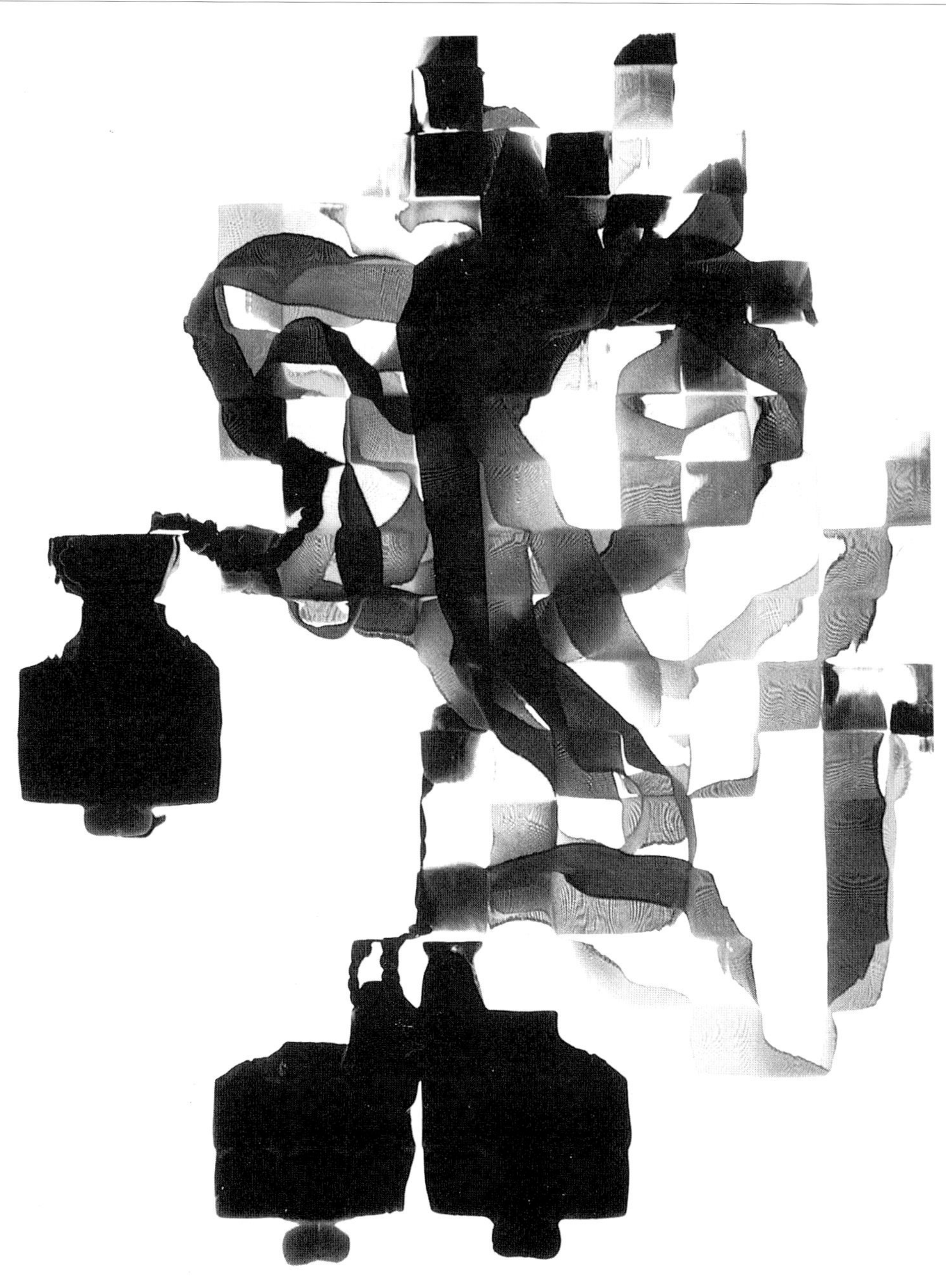

"Alcuni trovano nelle mie fotografie un eccessivo gusto per le forme e altri per l'astratto e forse con qualche loro seria ragione – scrive Monti – (...) Che lo si voglia o no apparteniamo tutti al nostro tempo e io sono sicuro che senza l'esperienza astratta non sarei giunto a certe ricerche fotografiche".

Dai muri scrostati di Venezia ai manifesti strappati di Milano tanto a lungo osservati, alle rocce, alle acque del Toce, ai legni e ai licheni della Val d'Ossola dove sempre tornava, fino alla pietra delle sculture di Michelangelo o di Bernini, Monti studiava instancabilmente il rapporto fra materia e forma, studiava l'azione trasformatrice e corrosiva del tempo.

Questo *uccello di pietra*, una sua opera famosa, è una fessura nella roccia. Sembra un antichissimo graffito. Le linee del becco lunghissimo, delle zampe, della coda toccano i limiti dell'inquadratura e ne escono, rendendo più astratto e indeterminato il disegno. Il fondo è materico e molto scuro, come è tipico della fotografia austera e al tempo stesso sensuale di Monti, il quale amava affondare lo sguardo nella materia profonda delle cose. In questa immagine egli parte da un processo di personificazione per cercare il segno, così come facevano artisti dell'Informale che egli sentiva vicini, Pollock, Klein, Soulages, oppure lo stesso Siskind. Sebbene Monti persegua una certa eleganza delle forme, nella sua opera non vi è compiacimento ma, sempre, interrogazione ossessiva sul divenire fisico dell'esistenza, sul procedere inarrestabile del tempo sia sulle cose della natura che su quelle costruite dall'uomo, quel tempo che egli in uno scritto del 1956 definì "consumatore di tutte le create cose", citando Leonardo.

As Monti wrote: "In my photographs some people find an excessive taste for forms and others for the abstract and perhaps with some good reasons on their part (...) Whether one likes it or not we all belong to our own time and I am sure that without the abstract experience I would not have achieved certain photographic research works".

Ranging from the chipped walls of Venice to the torn posters of Milan (so long observed), the rocks, the waters of the river Toce, the wood and lichen of the Val d'Ossola (where he always returned) and the stone of the sculptures by Michelangelo or Bernini, untiringly Monti used to study the relationship between matter and form, the transforming and corrosive action of time.

This *Uccello di pietra* [Stone Bird] – one of his famous works – is a crack in the rock. It seems a very ancient graffito. The lines of the extremely long beak, the legs and the tail touch the extreme borders of the framing, moving beyond it, rendering the drawing more abstract and indeterminate. The background is matteric and very dark, as is typical of the austere – yet at the same time sensual – photography by Monti who loved to sink his gaze into the profound matter of things. In this image he starts out from a process of personification in order to look for the sign (as did artists of the Informal with whom he felt an affinity: Pollock, Klein, Soulages or Siskind). Although Monti aimed at a certain elegance of the forms there is never self-satisfaction in his work. Rather, and always, there is the obsessive interrogation regarding the physical becoming of existence, regarding the inexorable advancing of time both on the things of nature as on those constructed by mankind – that time which, writing in 1956, he defined as "the consumer of all created things", quoting Leonardo.

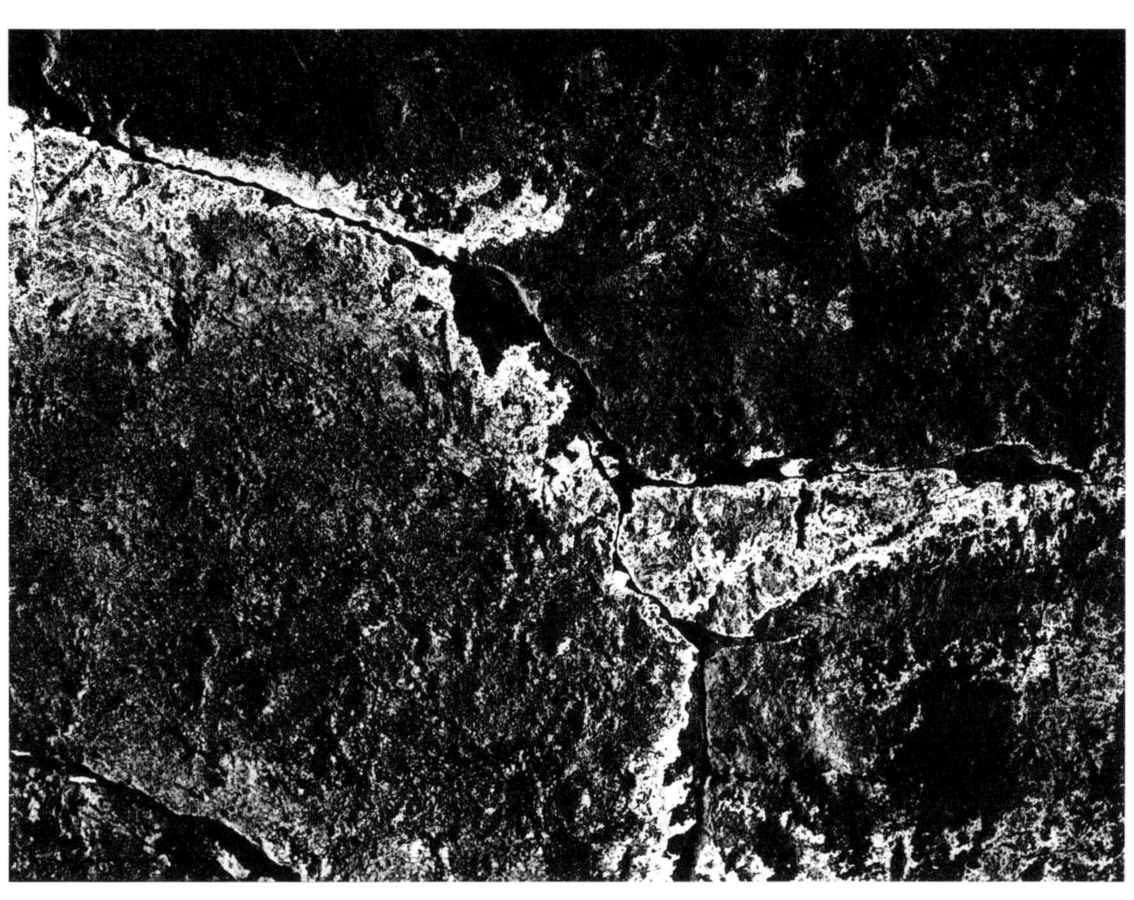

Questa fotografia è molto interessante esattamente perché indica una delicata dualità da sempre insita nel lavoro di De Biasi: da un lato il racconto del sociale, che ha fatto di lui uno stimato e amato maestro del reportage; dall'altro la costante ricerca di forme astratte, tendenza che ha caratterizzato fortemente un aspetto inizialmente più nascosto di questo fotografo ma che con il passare del tempo è diventato sempre più evidente.

In questa immagine milanese, il bianco della neve che è stata spalata così da aprire passaggi ai pedoni crea forme in contrasto con la più scura pavimentazione del sagrato del Duomo, decorata a riquadri di varie grandezze: due geometrie di natura diversa, l'una creata dalla storia e l'altra nata dall'esigenza pratica del momento, si trovano così contrapposte come in un positivo/negativo fotografico. Queste situazioni geometriche non sono però del tutto astratte, poiché in entrambe si svolgono piccole storie: sui disegni della pavimentazione stazionano o passano molte figure di uomini e di piccioni, tradizionali abitanti del luogo; nella neve troviamo una grande varietà di orme di gente che è passata, e, sovrapposti al bianco, piccioni in volo che la ripresa fotografica con il mosso trasforma in segni leggeri. Questa sovrapposizione del dato sociale e del dato astratto è resa possibile a De Biasi dall'adozione di un punto di vista dall'alto, scelta che consente un sufficiente allontanamento dalla realtà e una sua parziale trasfigurazione.

This photograph is very interesting precisely because it indicates a delicate duality which has always been intrinsic in De Biasi's work: on the one hand the narration of the social which has made him an esteemed master of reportage; and, on the other, the constant search for abstract forms, a tendency that initially and forcefully characterized De Biasi in a more hidden way but which over the years has become increasingly more evident. In this Milanese image the white of the snow – shoveled in order to open up corridors for the pedestrians – creates forms which are in contrast with the darker paving of the parvis of the Duomo (Cathedral), decorated in quadrangles of various size. Two different kinds of geometries, one created by history and the other the result of the practical need of the moment, in this way find themselves in contrast as in a photographic positive/negative. These geometrical situations are not totally abstract, however, given that "small stories" are unfolded in both. On the designs of the paving many figures of people and pigeons either stand or cross them, the latter traditional inhabitants of the place. In the snow we find a great variety of footsteps of people who have passed and, superimposing the white, there are pigeons in flight which the blurred photographic shot transforms into light signs. This superimposition of the social datum and the abstract datum is possible for De Biasi thanks to the adoption of a viewpoint from above, a choice which permits a sufficient drawing-apart from reality and a partial transfiguration of it.

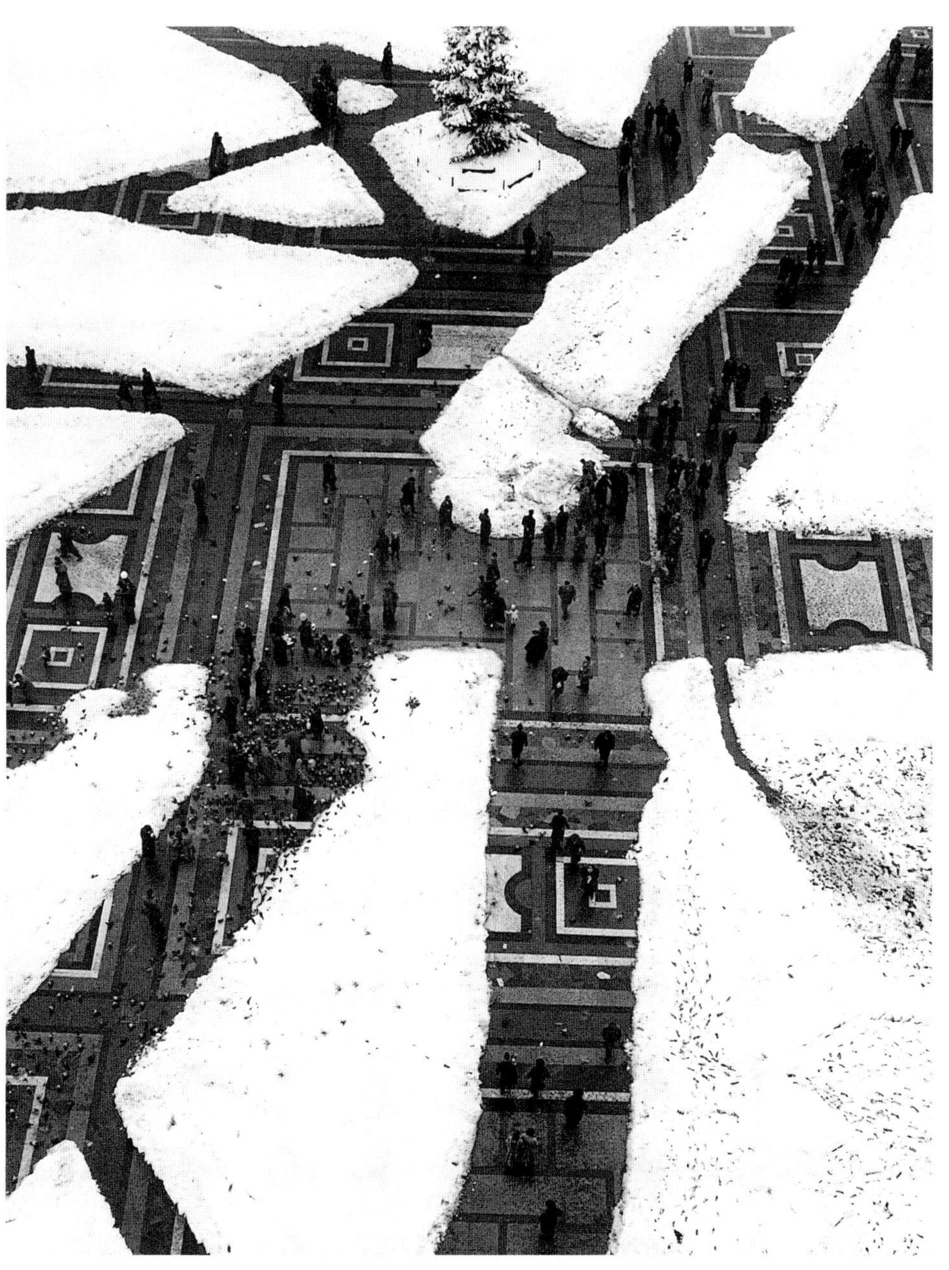

Che tenerezza questo cinema italiano all'aperto, a Pila, nelle estreme terre del delta del Po. Donzelli l'ha fotografato un poco dall'alto, come lo potremmo vedere in una ripresa cinematografica, e ha dolcemente decentrato il bianco quadrato del telone, così da raccontare, sulla destra dell'immagine, la campagna e la striscia del mare. Ai lati dello schermo, due scale a pioli: un senso di circo, di teatrino, di fondali scenici, di casupole di legno e case di contadini e di pescatori. Il cinema è vuoto, le panche e le sedie, sulle quali si sono seduti uomini, donne e bambini, anziani, famiglie degli anni Cinquanta che sono ancora anni del dopoguerra, sono vuote. Lo spazio è rappresentato con semplicità ed eleganza, e ci parla dell'importanza sociale del cinema in quegli anni, dei desideri e dei sogni legati alle storie di vita raccontate nei film.

Negli stessi anni nei quali Donzelli lavorava nelle zone del delta padano, Paul Strand a Luzzara realizzava le fotografie di *Un paese*, e Cesare Zavattini scriveva i testi del libro, e intanto le immagini dei fotografi della Farm Security Administration e quelle degli "umanisti" francesi cominciavano ad arrivare in Italia, anche ad opera di sensibili conoscitori e divulgatori come Donzelli stesso. La fotografia sociale viveva la sua stagione più schietta, trovando in Italia un fertile contesto nel neorealismo. Nei riguardi di quell'epoca questa immagine, che sceglie come soggetto proprio un modesto cinema sperduto nella campagna − luogo di piccole libertà e di socialità, speciale conquista di modernità − funge da vero e proprio simbolo.

What a feeling of tenderness is aroused by this open-air cinema at Pila, at the extremes of the Po Delta. Donzelli photographed it a little from above, as we could see it in a film shot, and he has gently decentralized the white square of the canvas screen in such a way as to narrate the countryside and the strip of the sea, on the right of the image. At the sides of the screen there are two rung-ladders: there is a sense of the circus, of the small theatre, of stage backdrops, wooden huts and the houses of peasants and fishermen. The cinema is empty, the benches and the chairs on which men, women and children, old people and entire families of the 1950's were seated − still the immediate post-war period − are vacant. The space is represented with simplicity and elegance and tells us about the social importance of the cinema in those years, about the desires and dreams tied to the stories of life presented in the films.

During the same years in which Donzelli worked in the various zones of the delta of the river Po, Paul Strand at Luzzara shot the photographs of *Un paese* and Cesare Zavattini wrote the texts of the book. And, in the meantime, the images by the photographers of the Farm Security Administration and those by the French "humanists" began to arrive in Italy (also thanks to the work of sensitive connoisseurs and "popularizers" like Donzelli himself). Social photography experienced its most unadulterated and open period, in Italy finding a fertile context in Neorealism. Regarding that period, this photograph acts as a veritable symbol, choosing as its subject a modest cinema "lost" in the countryside (a place of small freedoms and of gregariousness, special conquest of modernity).

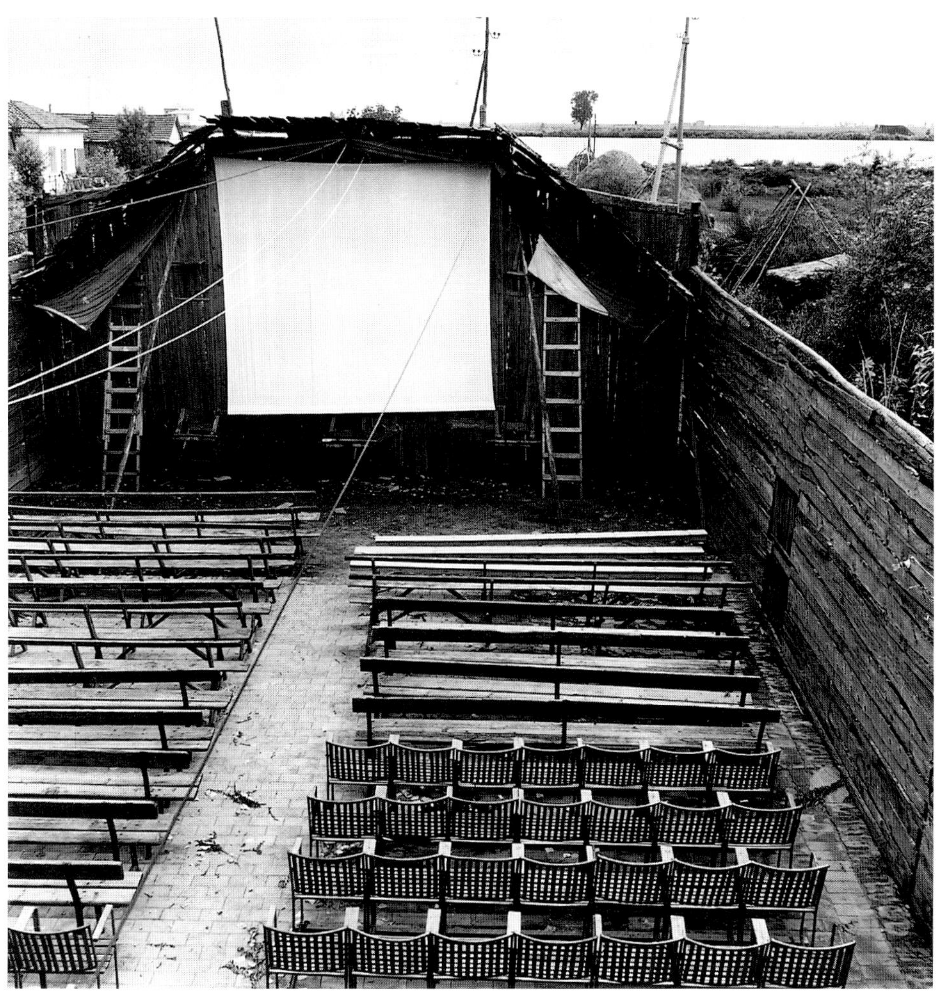

Umanissimo fotografo sociale, Franco Pinna fu sinceramente vicino alla vita delle classi povere, ai luoghi del lavoro, del rito e della religiosità, questioni antiche come la sua terra, la Sardegna. Condusse esplorazioni antropologiche con De Martino e Cagnetta nelle regioni dell'Italia meridionale, lavorò con Fellini, raccontò le borgate romane, la prostituzione, il mondo contadino, la Sardegna dei pastori, e pose il suo impegno morale nell'analisi della vita delle fasce sociali emarginate e legate alle economie arretrate: esattamente a queste egli cercò di dare volto restituendole alla storia attraverso la narrazione fotografica, secondo un'intenzionalità neorealista delle più pure.

Questa fotografia realizzata in Basilicata – Pinna ne eseguì numerose seguendo la stessa impostazione – risponde in pieno a uno dei criteri fondanti della fotografia antropologica, cioè che gli oggetti siano in grado di significare chiaramente le persone alle quali appartengono e il mondo al quale si riferiscono. Gli ex voto in argento, uno vicino all'altro, stanno appesi a una cordicella – arti, mani, volti – come panni ad asciugare; più sotto, appoggiate, stanno altre cose, una scatola con lampadine, un cane, un cappello: tutti insieme questi oggetti vivono dentro uno spazio proprio e formano una sorta di teatrino, e la ripresa ravvicinata li decontestualizza connotandoli di una magica autonomia. Costituiscono un mondo autosufficiente, ricco di significati e di valenza estetica. Danno rappresentazione simbolica al rito, alla ripetizione, alla durata e all'accumulo di cui esso si nutre.

A truly human social photographer, Franco Pinna was sincerely close to the life of the poor classes, to the places of work, the rite and to religiousnes, age-old questions such as his land (Sardinia). He carried out anthropological explorations together with De Martino and Cagnetta in the regions of Southern Italy, he worked with Fellini, he narrated the poor suburbs of Rome, he talked about prostitution, the world of peasants and the Sardinia of shepherds. He applied his moral commitment to the analysis of the life of the marginalized and socially estranged layers of society, bound to the "backward" economies of Italy. He exactly tried to furnish a "face" to these, returning them to the dignity of history by means of photographic narration and in accordance with the most pure intentions of Neorealism.

This photograph was taken in Basilicata – Pinna carried out numerous others which followed the same approach – and is fully concordant with one of the most fundamental criteria of anthropological photography: that is, that the objects are capable of clearly "meaning" the people to whom they belong and the world to which they refer. The silver votive offerings, each beside the other, are hung on a piece of string – limbs, hands and faces – like washing put out to dry. Below these, simply placed, we find other things: a box with light bulbs, a dog and a hat. Taken all together these objects live inside a space of their own, forming a sort of little theater, and the close-up shot removes their context, placing them within a state of magical autonomy. They constitute a self-sufficient world, rich in meanings and aesthetic importance-cum-content. They give a symbolic representation to the rite, to the repetition, duration and accumulation from which – and by which – it takes its essential nourishment.

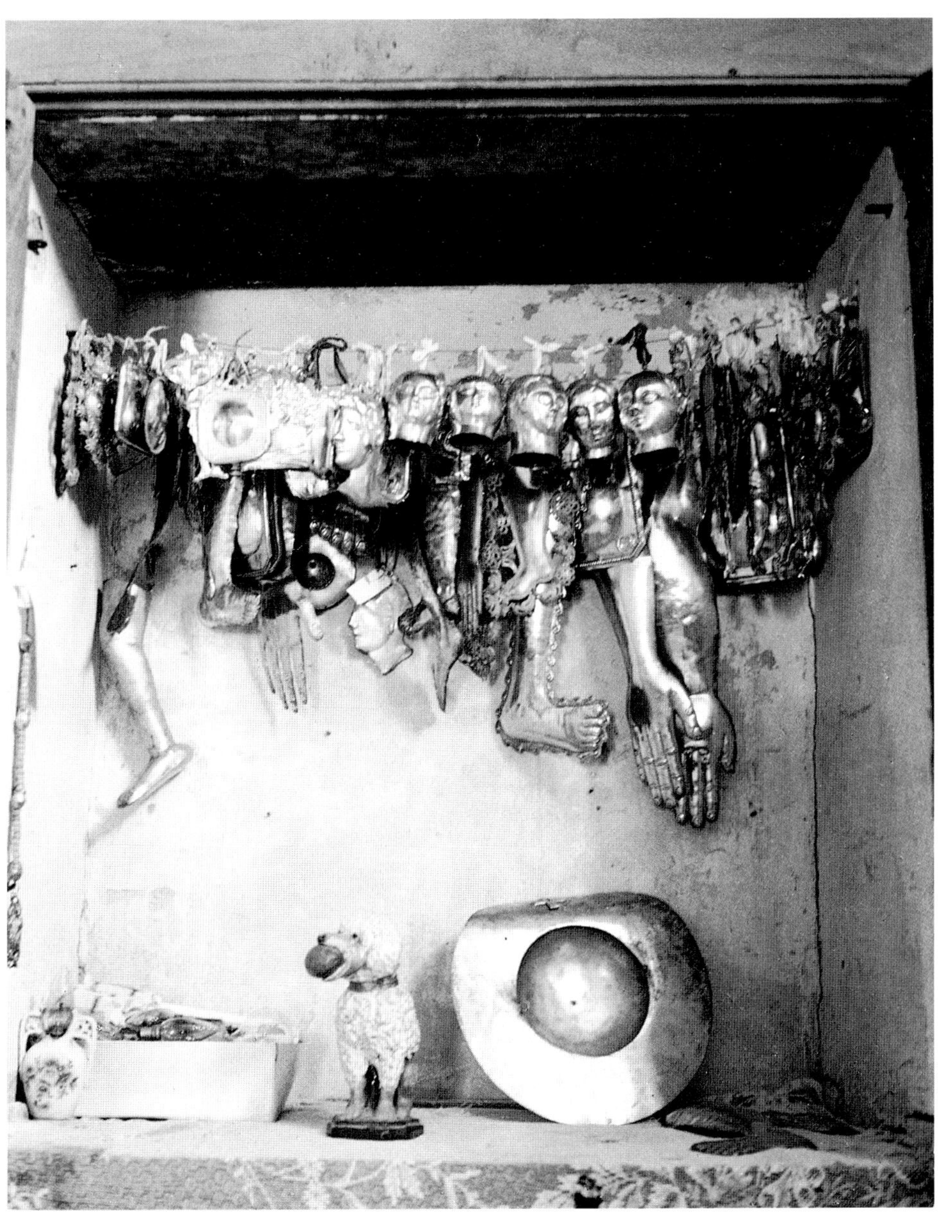

In fondo, la fotografia di Giacomelli è una lotta con la materia. Questa talvolta vince, trionfa e urla nell'immagine; talvolta viene uccisa, azzerata: la gradualità dei toni sparisce, sparisce la terza dimensione, restano solo il bianco e il nero, fra loro opposti e piatti. Fra l'una e l'altra soluzione, nell'opera di Giacomelli non può esistere via di mezzo, e quando c'è, la fotografia di Giacomelli muore.

In questa immagine famosa, appartenente al ciclo che Giacomelli realizza a Scanno nella seconda metà degli anni Cinquanta, la materia è assente. Vi è, invece, una ricerca del segno, una vicinanza con la grafica, con la calcografia, con la tipografia – che è vicinanza con la morte (chiunque dialoghi a fondo con la materia – o con la non-materia – dialoga con la morte). Poco importa se questa immagine ha un aspetto "grazioso", addirittura decorativo: essa è, al contrario, profondamente drammatica, piena di solitudine, vuota (non è raro che ciò che è decorativo sia anche drammatico). Le figure sono molto scure: la donna in primo piano, a causa di quel nero funebre che trasporta su di sé, non è né viva né morta; il gruppo di uomini col cappello, figurine incollate su quello che nonostante l'assenza di profondità pensiamo sia lo sfondo, non hanno concretezza alcuna (eppure un'aria di paese, di rituali di campagna, di storie antiche circola nell'immagine e la restituisce a una realtà italica, mediterranea). Ma l'elemento davvero più disperato di questa fotografia, come di altre fotografie di Giacomelli, non è il nero delle figure: è il bianco. Il bianco della pagina, del foglio da disegno, della tela: il vuoto con cui è necessario combattere per capire che cosa fare, che cosa dire, e perché.

All things considered, Giacomelli's photography is a struggle with matter. Sometimes it wins, it triumphs and screams in the image, and sometimes it is killed, zeroed: the gradualness of the tones disappears, the third dimension disappears, only the black and white remain, in opposition and flat. In Giacomelli's work between the one solution and the other a middle way cannot exist – and when it exists then his photography dies.

In this famous image, belonging to the cycle which Giacomelli realized at Scanno during the second half of the 1950's, the matter is absent. There is instead a research work concerning the sign, a closeness to graphics, copper-plate printing and with typography and which is closeness to death (whoever really and totally dialogues with matter – or with non-matter – dialogues with death). It matters little if this image has a "pleasing" – even decorative – appearance. On the contrary, it is profoundly dramatic, full of solitude, empty (and it is not something rare that what is decorative is also dramatic). The figures are very dark: the woman in the foreground, due to that funereal black which she "transports" on herself, is neither alive nor dead. The group of men with their hats, figurines glued to what – and notwithstanding the absence of depth – we think is the background, possess or embody no concreteness whatsoever (and yet a village atmosphere, country rituals and ancient stories circulate in the image, giving us an Italic, Mediterranean reality). Although the really most desperate element of this photograph, as in other photographs by Giacomelli, is not the black of the figures: it is the white. The white of the page, of the sheet of drawing paper, of the canvas: the emptiness with which it is necessary to struggle in order to understand what to do, what to say. And why.

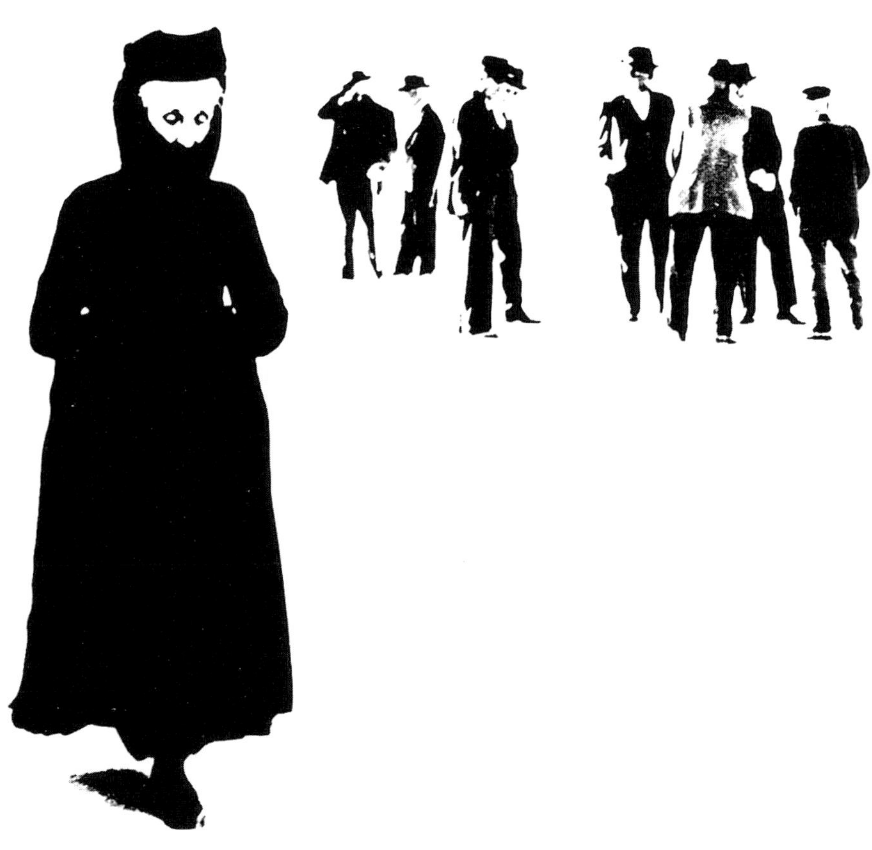

L'immagine fa parte di un importante lavoro sulla città di Milano realizzato da Carrieri nel 1958 e raccolto in *Milano, Italia,* uno dei più bei libri sulla città mai pubblicati. Il ruvido e intenso linguaggio espressionista ("Niente formalismi – scrive Carrieri nel risvolto di copertina del libro – Niente inchieste [...] All'origine una specie di rabbia nei confronti di ciò che è scontato"), rafforzato dalla stampa contrastata e granosa, restituisce un ambiente urbano e sociale pieno di tensioni chiaroscurali.

Carrieri – che più tardi sarebbe diventato un sapiente interprete della personalità degli oggetti – ha in più casi portato l'attenzione su alcuni oggetti trovati nella città. La testa di questo animale fotografata al macello è una natura morta di grande modernità, vicina al modo di Wols. Compatta ed evidente nella sua concretezza materica che il bianco e nero pietosamente ma violentemente rende astratta, quasi marmorea, sta appoggiata su un piano scuro leggermente inclinato contro un fondo chiaro maculato: è una scultura. Giunta a un pieno livello simbolico, l'immagine cambia di senso: smette di essere uno dei momenti narrativi di un reportage sul macello milanese, per trasformarsi in una riflessione sulla materia e sulla morte in assoluto, non importa se animale o umana, forse tanto più umana in quanto animale.

The image forms part of an important work dealing with Milan carried out by Carrieri in 1958 and grouped together in *Milano, Italia,* one of the most beautiful books about the city ever published. The coarse and intense expressionist language ("No formalisms, no investigations... At the origin a kind of anger regarding what is taken for granted", as Carrieri wrote on the book's jacket flap), strengthened by the contrasted and grained print, gives us an urban and social environment full of chiaroscuro tensions. Carrieri, who later was to become a sapient interpreter of the personality of objects, has on more than one occasion directed attention onto some objects found in the city. The head of this animal photographed at the slaughter house is a still life of notable modernity, close to the way of Wols. Compact and evident in its matteric concreteness which the black and white compassionately although violently render abstract, almost as if marble, the head lies on a dark and slightly inclined surface against a light stained background. It is a sculpture. On having reached a full symbolic level, the image changes meaning: it ceases to be one of the narrative moments of a reportage regarding the Milanese slaughter house in order to transform itself into a reflection upon matter and death in absolute terms, irrespective of whether the latter is animal or human – perhaps even more human in so far as it is animal.

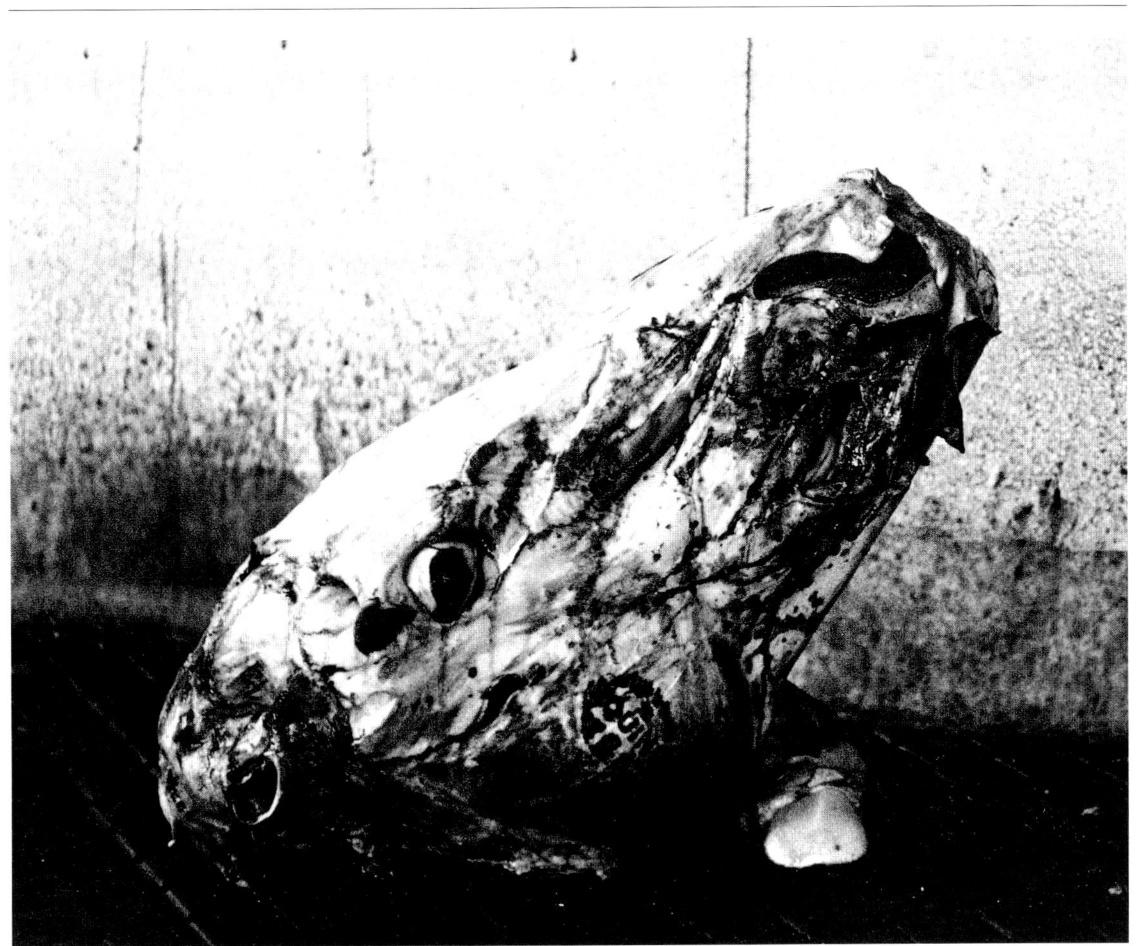

Appartenente alla celebre serie di fotografie di Venezia pubblicate nel noto *Venise des saisons* nel 1965, questa immagine costituisce un piccolo mondo a sé per complessità e anche per modernità. Berengo Gardin, un grande del reportage italiano, sembra qui elevare all'ennesima potenza il "momento decisivo" bressoniano facendo convivere una serie davvero fitta di coincidenze visive che trovano esatta corrispondenza nella strutturazione dell'immagine. Più situazioni spaziali e più esistenze si affollano e si incrociano fra loro in questa fotografia ponendo totalmente in discussione le regole della prospettiva che solitamente governano il funzionamento della macchina fotografica e spesso la visione fotografica stessa. Porte, finestre, vetri delimitano gli spazi in funzione di quinte o sipari; rispecchiamenti e trasparenze creano stratificazioni; traguardazioni da un piano all'altro e apparizioni di porzioni di realtà ri-inquadrate dentro altre inquadrature forniscono lo spunto per giochi ottici che in realtà sono "veri". Sulla superficie della fotografia staziona una realtà sfaccettata e congelata di sostanza curiosamente un poco cubista, un poco surrealista. Le persone ospitate nel rettangolo-contenitore si ignorano fra di loro e guardano tutte in direzioni diverse: le traiettorie dei loro sguardi creano incroci che costituiscono una seconda, invisibile ma ben percepibile, struttura dell'immagine.

Forming part of the famous series of photographs treating Venice and published in the volume of 1965 entitled *Venise des saisons*, this image is a small world apart due to its complexity (and also its modernity). Berengo Gardin, a great protagonist of Italian reportage here seems to elevate Bresson's "decisive moment" to the nth degree, causing the "cohabitation" of a truly dense series of visual coincidences which find exact correspondence in the structuring of the image. Diverse spatial situations and existences crowd and intersect among themselves in this photograph which completely questions the rules of perspective that usually govern the functioning of the camera and often the photographic vision itself. Doors, windows and glass of various kinds delimit the spaces by acting as theater wings or curtains. Mirrorings and transparencies create stratifications. "Peepings" from one floor to another and apparitions of portions of reality re-framed within other framings furnish the cue for optical plays which in reality are "true". Standing positioned on the surface of the photograph there is a faceted and frozen reality of substance that is curiously a little cubist, a little surreal. The persons housed in the rectangle-container ignore each other, all looking in different directions: the trajectories of their gazes create intersections which constitute a second – invisible but clearly perceptible – structure of the image.

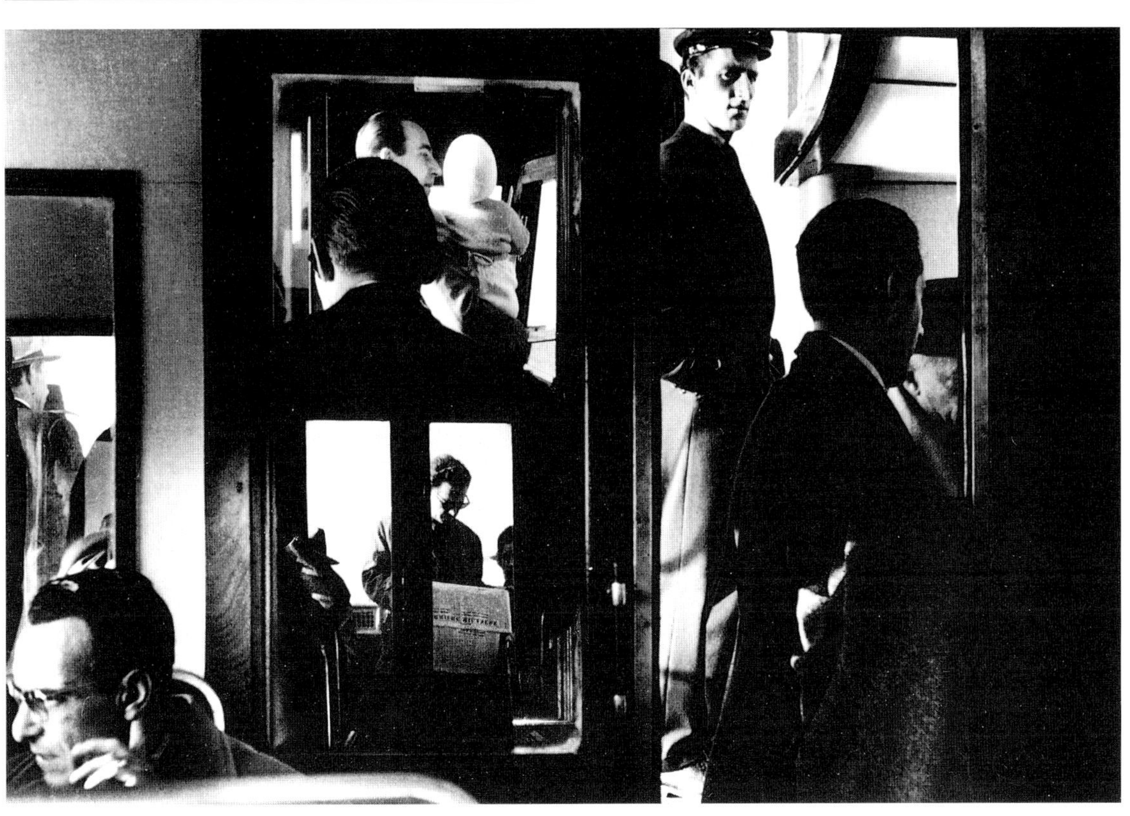

Un sacrificio umano sta per consumarsi. La piccola vittima, bambino agnello o altro animale, sta per essere immolata. Afferrata dalla mano rapace del sacerdote di cui non vediamo e non vedremo il volto ma solo la tonaca e i suoi nitidi ricami, la giovane, tenera creatura umana viene tirata verso l'alto, verso il suo destino. Donne di età diversa dal ghigno e dallo sguardo strano, complici del sinistro rito, si sono incaricate di porgere il piccolo corpo che, il capo riverso, mostra il bianco costato e divarica le braccia a formare una croce, come un vero Cristo in miniatura. Attento e istintivo reporter, Ferdinando Scianna, si è posto sapientemente nel giusto punto di vista che mette in evidenza tutto questo, e altro.

Al di sotto della scena che si sviluppa in diagonale in primo piano, una folla scorre via in bianco e nero, sembra occuparsi d'altro, guarda altrove, ignara dell'orrore – o a esso abituata – al quale noi, osservatori della fotografia, invece assistiamo. Una figura si stacca netta, minacciosa, dalle molte altre e richiama su di sé l'attenzione: quella di un uomo in giacca scura, camicia bianca e cravatta. Di lui, come del sacerdote, ci è negato vedere il volto, perfettamente coperto da un palloncino, simbolo di festa e invece, in questo caso, strumento di occultamento, quasi di censura, anonimato, omertà.

L'immagine, parte di un lavoro giovanile di Scianna e che in realtà rappresenta solo un momento di un rito che si svolge a Lentini secondo il quale i bambini vengono spogliati davanti al fercolo dei Santi Alfio, Filadelfo e Cirino per fare offerta dei vestiti, comunica un profondo senso di disagio nei riguardi di poteri che non conosciamo.

A human sacrifice is about to be made. The little victim, child, lamb or other animal, is about to be given. Grasped by the rapacious hand of the priest – whose face we neither see nor shall see, but only the cassock and its distinct embroideries – the child, tender human creature, is drawn upwards, towards its destiny. Women of various ages with strange leers and looks, accomplices of the sinister rite, have taken on the task to proffer the little body which with its head fallen back shows its white chest, spreading the arms to form a cross, like a real Christ in miniature form. An attentive and intuitive reporter, Ferdinando Scianna, has here sapiently positioned himself in the right prospect which evidences all of this – and more besides.

Below the scene which is diagonally developed in the foreground, a crowd flows away in black and white, it seems busy, it looks elsewhere, unaware of the horror – or else used to it – that we instead witress, observers of the photograph. A figure clearly separates itself – threatening – from the many others, focalizing attention: a man in a dark jacket, white shirt and tie. As with the priest, we are denied a view of the face, perfectly covered by a balloon, symbol of the holiday and instead, in this case, the instrument of occultation – almost of censorship, anonymity, tacit complicity. The image, part of a young work by Scianna – which, in reality, only represents a moment of a rite that is held in Lentini on the basis of which children are stripped before the tray of Saints Alfio, Filadelfo and Cirino in order to offer their clothes – communicates a profound sense of discomfort vis-à-vis powers we do not know.

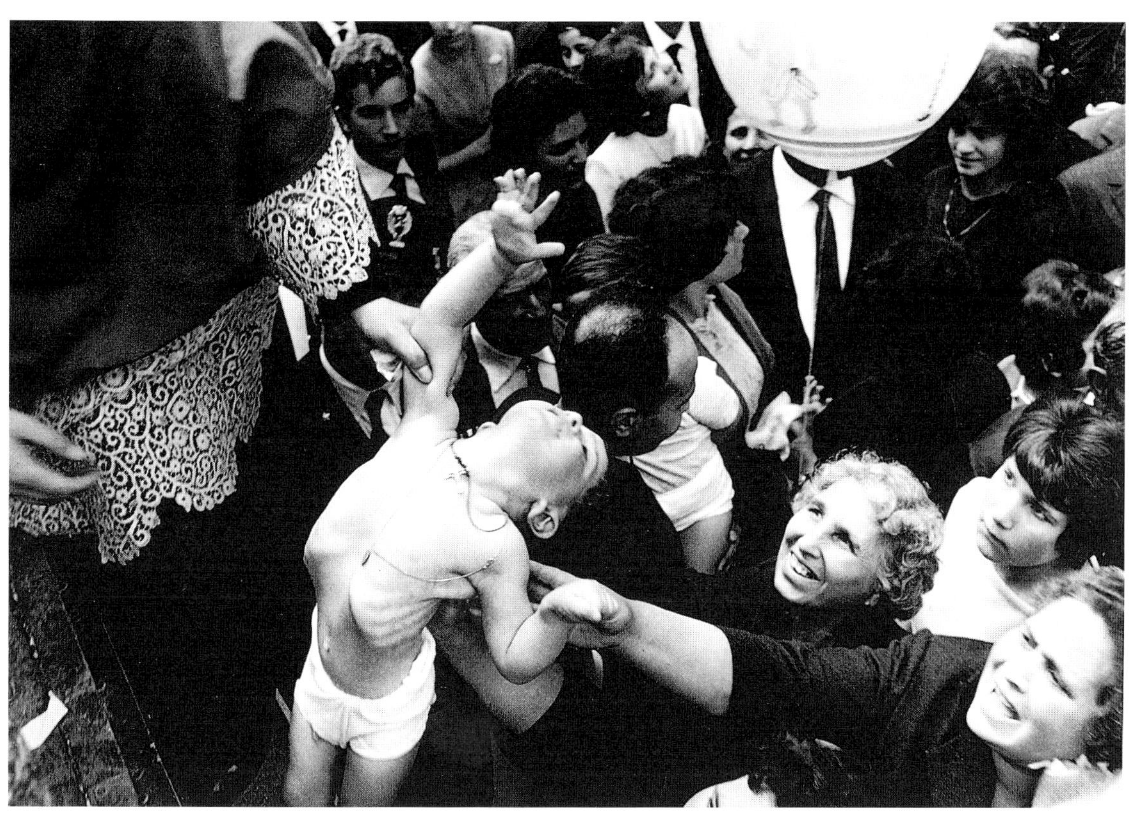

Una sirena fascinatrice. Figura antichissima e al tempo stesso quotidiana, questa donna di Sicilia ci guarda volgendo la testa verso l'obiettivo. I riccioli del balcone alla quale sta affacciata costituiscono lo straordinario proseguimento delle linee del suo corpo non più snello ma a suo modo flessuoso, forse intenzionalmente flessuoso: sono la proiezione di lei nell'aria, le sue braccia in movimento, i suoi capelli se volassero, la voce che esce dal suo seno, un richiamo che va nel cielo, una promessa. Il cielo chiarissimo appunto è un elemento molto importante in questa fotografia così aerea, così ironica; su di esso si stagliano netti pochi elementi grafici, tutti "di profilo", tutti collocati sul fondo e sulla destra dell'immagine a formare un angolo. Eppure, in tale leggerezza percepiamo un forte carico di storia e di mistero, un senso di tensione, quasi di minaccia. Non sappiamo chi sia costei e perché ci guardi sorridendo, perché sia così esatta la sua presenza nell'immagine. Con sorriso divertito e al tempo stesso amaro, una volta di più Sellerio, fotografo intelligente e raffinato editore sottolinea il fondamentale rapporto fra la figura umana e la geometria, indicando l'unicità di ogni esistenza, la solitaria precarietà della sua collocazione nel mondo.

A siren. An enchantress. A very ancient figure and, at the same time, a daily one. This Sicilian woman looks at us, turning her head towards the lens. The curls of the balcony on which she is leaning out constitute the extraordinary continuation of the lines of her body, no longer slim but lithe and sinuous in its own way, perhaps intentionally sinuous: these curls are the projection of her in the air, her arms in movement, her hair which flies, her voice that comes from her breasts, a call which rises to the sky, a promise. The very clear sky, in fact, is a very important element in this photograph which is so aerial, so ironic, and on it only few graphic elements are silhouetted in such an equally clear way, all "in profile", all found towards the bottom or else on the right of the image to form an angle. And yet, in this lightness we perceive a strong charge of story and mystery, a sense of tension, almost a threat. We do not know who she is and why, smiling, she looks at us, why her presence in the image is so exact. With the amused and contemporaneously bitter smile, once again Sellerio, an intelligent photographer and refined publisher, emphasizes the fundamental relationship between the human figure and geometry, indicating the unicity of every existence, the solitary precariousness of its collocation within the world.

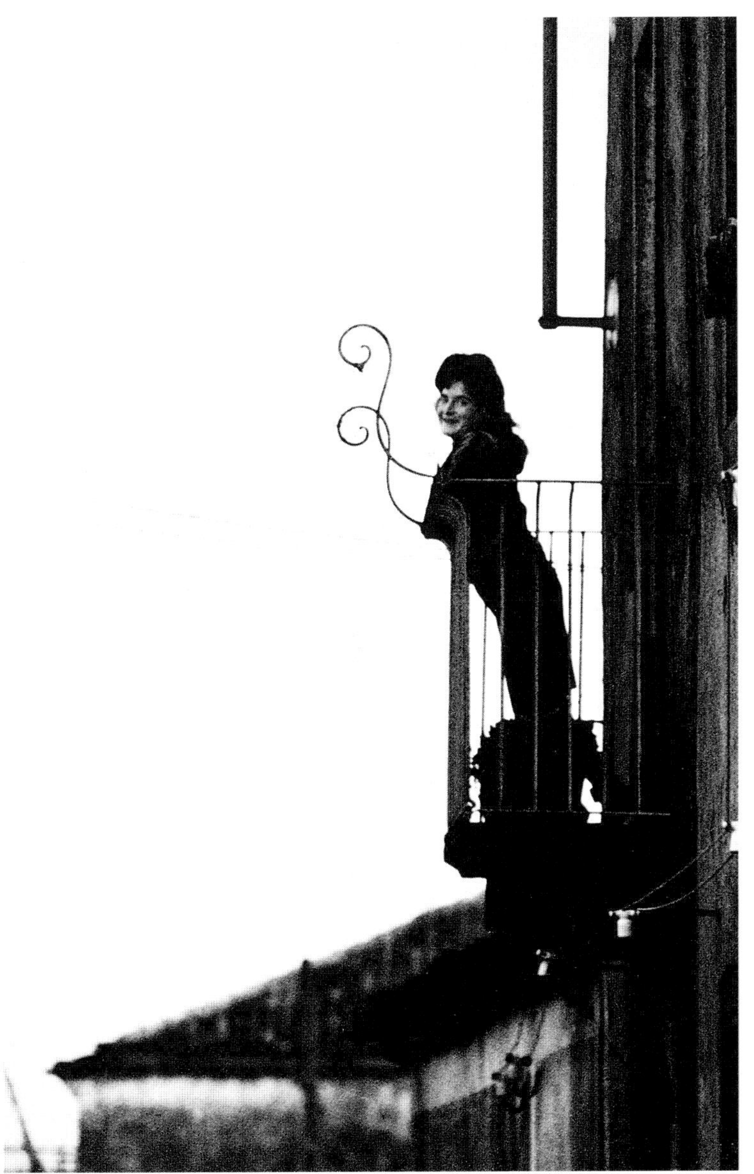

Questa fotografia semplice, bellissima, è stata pubblicata nel 1964 sul numero 17 del settimanale "Il Mondo", che Mario Pannunzio animò e diresse dal 1951 al 1966. Come molte immagini che Pannunzio prediligeva, è una foto-simbolo, fortemente evocativa e capace di raccontare da sola un'intera situazione, senza bisogno di ricorrere alla sequenza.

Mario Dondero, uno dei più grandi fotoreporter italiani, compagno di strada di Ugo Mulas ai tempi del Bar Giamaica a Milano, presenta qui un gruppo di operai in tuta che si muovono in fila contro un fondale di strada essenziale, poverissimo: un fondale operaio esso stesso, si potrebbe dire, che simbolizza la scena urbana. La serietà e la purezza dei volti, la bonarietà delle espressioni, il sorriso leggero di fronte al fotografo, verso il quale alcuni di loro rivolgono lo sguardo, il senso di modestia che la loro gestualità comunica, colpiscono veramente chi guarda questa immagine. Siamo a metà degli anni Sessanta, le speranze e le energie della classe operaia hanno ancora un pieno significato nella società italiana. Nel nord il boom economico sta compiendo il suo corso e fra pochi anni le grandi lotte operaie segneranno la storia del nostro paese. L'immagine di Dondero ha qualcosa di indimenticabile e antonomastico, nulla di retorico. Una dolcezza silenziosa la riveste e la consegna alla storia e contemporaneamente all'arte.

This photograph, simple and very beautiful, was published in 1964 in no. 17 of the weekly magazine "Il Mondo" that Mario Pannunzio promoted and directed from 1951 until 1966. Like many of the images for which Pannunzio had a preference, this is a photo-symbol, extremely evocative and capable by itself of narrating an entire situation, without need of making recourse to the sequence.

One of the greatest Italian photoreporters, "fellow traveler" with Ugo Mulas at the time of the Bar Giamaica in Milan, Mario Dondero here presents a group of workers in their overalls who, in line, move against a backdrop of an essential and very poor road: this is itself a workers' backdrop – one could say – that symbolizes the urban scene. The seriousness and purity of the faces, the good-naturedness of the expressions, the slight smile before the photographer (towards whom some of the workers look), together with the sense of modesty their gesturalness communicates - all of this really strikes the person looking at this photograph. We are at the middle of the 1960's. The hopes and energy of the working class still embodied a real meaning within Italian society. In the north of the country the economic boom was running its course and, only a few years later, the great workers' struggles were to mark the history of Italy. Dondero's photograph possesses something that is both unforgettable and antonomastic. There is nothing rhetorical. A silent softness imbues the image, consigning it to history and, contemporaneously, to art.

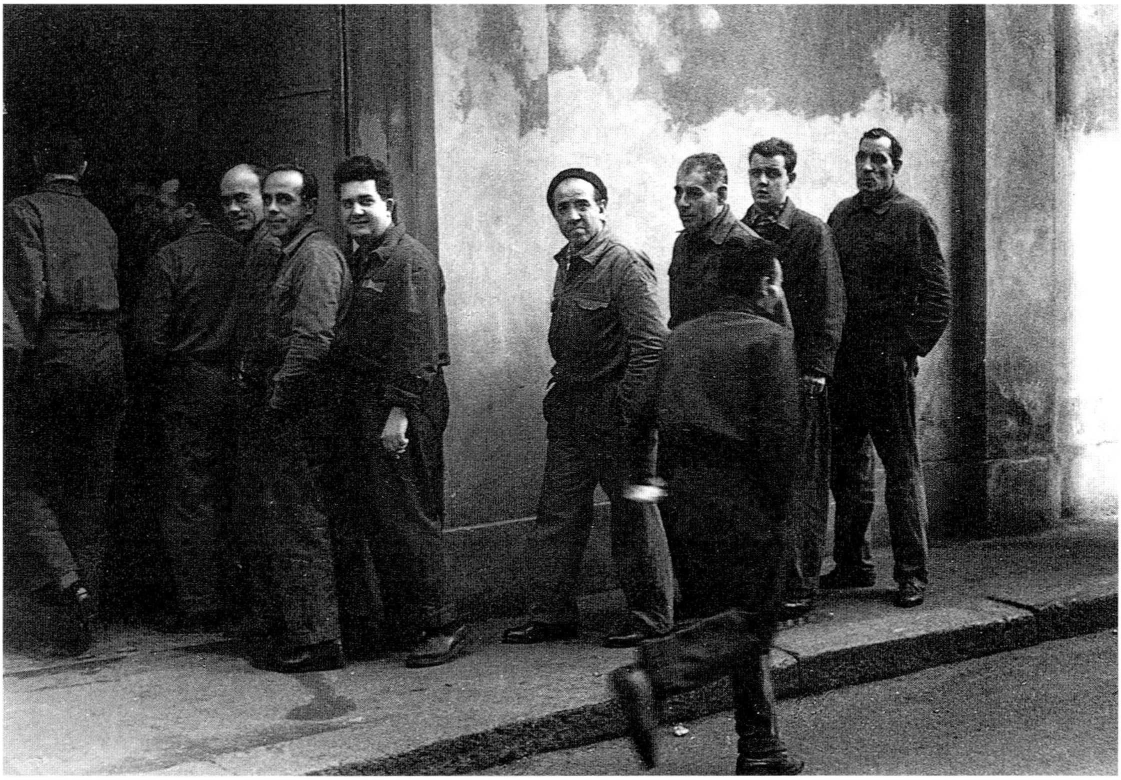

Per chi ha visto anche una sola volta questa fotografia di Ugo Mulas, immagine finale di una sequenza nella quale Lucio Fontana procede a uno dei suoi tagli, è assolutamente impossibile guardare le *Attese* senza pensare alla "rappresentazione" che Mulas ne ha dato. Lo sfociare nel gesto della complessità dell'operazione mentale di Fontana si trova qui drammaticamente sintetizzato. Drammaticamente in senso etimologico: nel senso che l'azione sta esprimendo il suo significato. Sappiamo da uno scritto di Mulas che per realizzare la sequenza egli chiese a Fontana di simulare l'atto ("ho pregato Fontana di fingere di fare dei tagli"), e questa scelta di finzione è importantissima in quanto cambia di senso alla sequenza stessa, spostandola dal livello della documentazione a quello di un progetto già di natura concettuale. Ciò che viene rappresentato è il concetto stesso di "attesa", ed esso è applicato sì al lavoro di Fontana, ma anche all'atto fotografico. Vediamo perché. Le immagini che presentano Fontana prima del taglio sembrano in un certo senso preparatorie rispetto all'immagine finale che, privando il soggetto del suo contesto e trasformando la figura quasi in silhouette, appare più assoluta, simbolica, "esplosiva" rispetto a quelle che la precedono, invece molto più realistiche. Mulas dunque ci sta parlando dei rapporti di forza esistenti fra le immagini che si trovano all'interno di una sequenza fotografica e del destino finale della sequenza fotografica stessa. Che Mulas nutrisse un grande interesse verso questa sintassi della fotografia è provato non solo dall'uso assai frequente che egli ne fece nel reportage, ma anche dal fatto che essa costituisce l'ossatura linguistica prevalente nelle *Verifiche* che egli realizzò nei primi anni Settanta sia nella forma dell'intera sequenza dei 36 fotogrammi del rullino, sia nella forma del dittico o del trittico.

For the person who has only once seen this photograph by Ugo Mulas, the final image of a sequence in which Lucio Fontana sets himself to carrying out one of his cuts, it is absolutely impossible to look at any of the *Attese* [Expectations] without thinking of the "representation" which Mulas has given to them. The outflow into the gesture of the complexity of Fontana's mental operation is here dramatically synthesized. And dramatically in the etymological sense: that is, in the sense that the action is expressing its meaning. We know from something written by Mulas that in order to carry out the sequence he asked Fontana to simulate the act ("I begged Fontana to pretend to do the cuts") and this choice of feigning is extremely important in that it changes the sense itself of the sequence, shifting it from the level of documentation to that of a project of an already conceptual nature. What is represented is the very concept itself of "expectation", applied – it is true – to Fontana's work although also to the photographic act. Let us see why. The images which present Fontana prior to the cut seem, in a certain sense, as being preparatory with respect to the final image which in depriving the subject of its context, and almost transforming the figure into a silhouette, appears more absolute, symbolical and "explosive" vis-à-vis those that precede it (which are instead much more realistic). Mulas is therefore talking to us about the relationships of force that exist between the images – to be found within a photographic sequence – and the ultimate destiny of the photographic sequence itself. That Mulas nursed considerable interest for this syntax of photography is not only confirmed by the quite frequent use he made of it in the reportage, but also by the fact that it constitutes the prevalent linguistic framework in the *Verifiche* [Verifications] which he carried out during the opening years of the 1970's (both in the form of the entire sequence of the roll's 36 photograms as, indeed, in the form of either the diptych or the triptych).

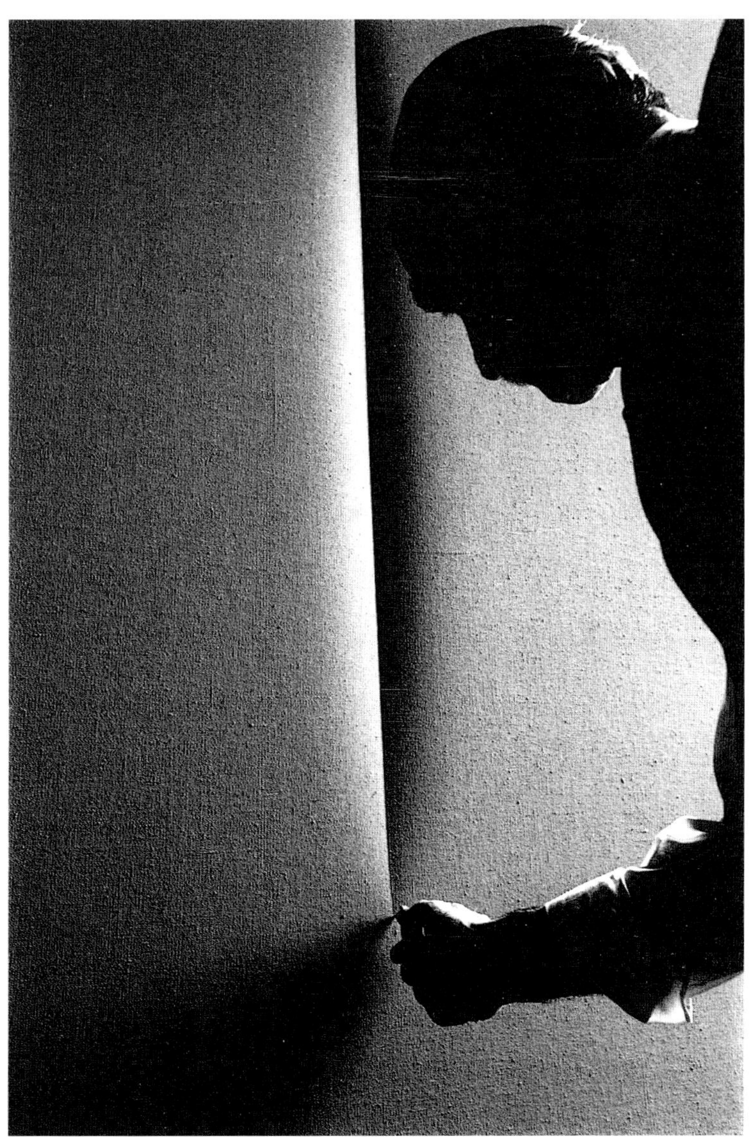

Questa fotografia di così chiaro impatto visivo è la metafora di una condizione sociale ben precisa: nella nitida texture delle finestre del grattacielo milanese si annidano figurine di impiegati al lavoro. Milano, città di operai e poi anche di impiegati, città per lavorare a testa bassa. Molte delle figurine che vediamo qui stanno lavorando a testa bassa – scrivono, leggono, analizzano, parlano.

L'immagine è fortemente analitica, vediamo tutto di questi uffici, gli spazi, le scrivanie e ciò che vi sta sopra, le sedie, e ciò che le persone stanno facendo e i loro gesti. Cesare Colombo ci presenta l'edificio in sezione, una scacchiera, una sorta di teatrino su più piani, una gabbia, anche, approfittando delle ampie finestre e di un punto di vista favorevole. Spesso Colombo, fotografo narratore metropolitano, in molti anni di lavoro, per vedere e per raccontare di più si è alzato da terra e ha scelto punti di vista non usuali. Vorremmo, a questo punto, andare oltre, vorremmo entrare nei particolari di questi uffici e di queste esistenze – la tentazione è quella di usare almeno una lente d'ingrandimento – come fa il fotografo di *Blow up* di Antonioni penetrando nel segreto della vicenda che la sua fotografia va via via rivelando, come fa Georges Perec ricostruendo quali possibili vite si svolgano dentro le stanze di uno stabile parigino al quale sia stata tolta la facciata, nel suo geniale *La vita. Istruzioni per l'uso*.

This photograph of such clear visual impact is the metaphor of a very precise social condition: in the "nitid" texture of the windows of the Milanese skyscraper little figures of office workers at work seem to lurk. Milan, city of laborers and then of office workers, a city for working with a lowered head. Many of the little figures we see here are working with their heads bowed: they write, read, analyze and talk. The image is forcefully analytical. We see everything of these offices: the spaces, the desks and what lies on them, the chairs and what the persons are doing and their gestures. Cesare Colombo gives the building "sectioned", a chessboard, a sort of little theater on various levels, a cage also by profiting from the large and numerous windows and from a favorable viewpoint. In his many years of work as a photographer, as a metropolitan narrator, in order to see and narrate more he has lifted himself from the ground and has chosen unusual viewpoints. At this point we would like to go further, we would like to enter the details of these offices and these existences. The temptation is that of using – at least – a magnifying glass, like the photographer of Antonioni's *Blow Up*, penetrating the secret of the affair, which his photography gradually reveals – as does Georges Perec in reconstructing what possible lives are unfolded inside the rooms of a Parisian building from which the façade has been removed, in his genial *Life. Instructions for Use*.

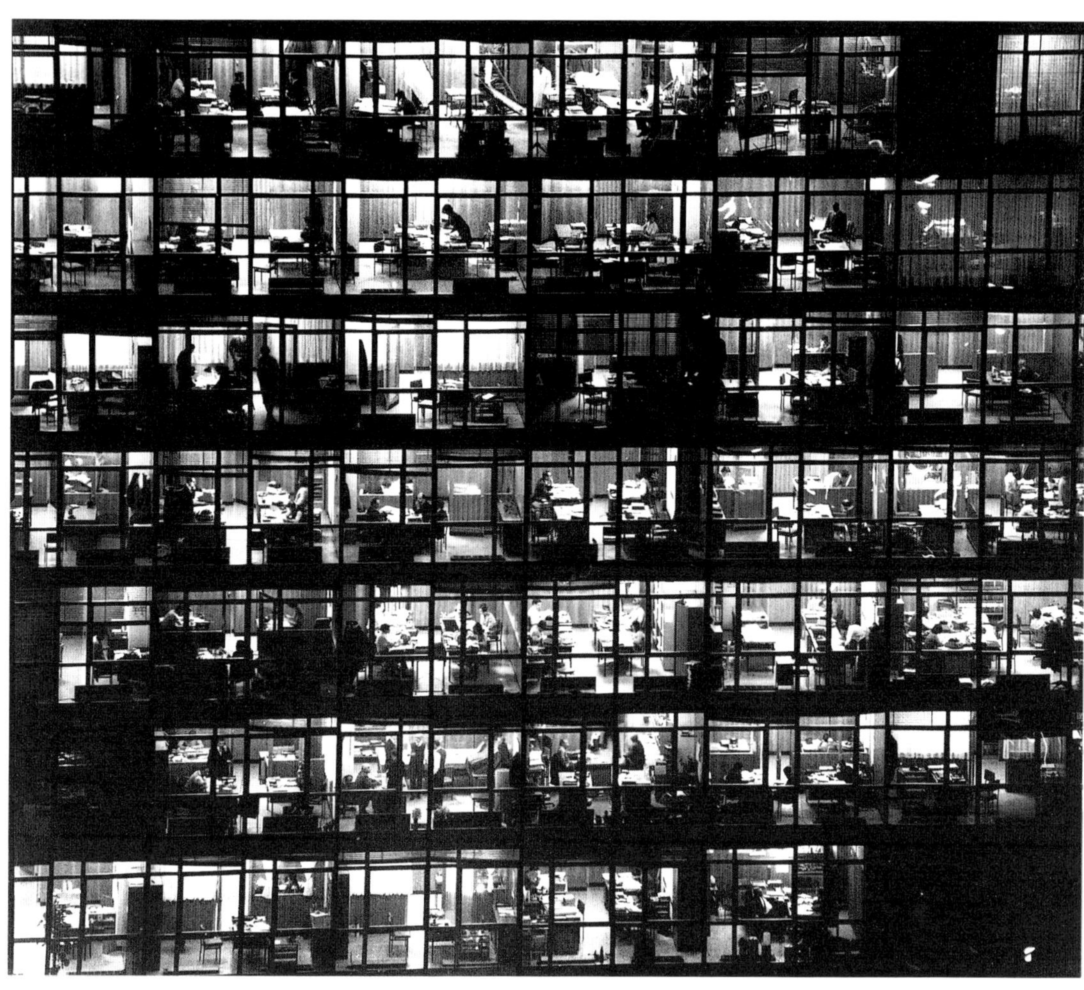

Fra le molte fotografie sul tema della condizione manicomiale realizzate negli anni, questa è importantissima. Pubblicata nel 1969 in *Morire di classe,* fondamentale album di fotografie di Carla Cerati e Gianni Berengo Gardin curato da Franco Basaglia e Franca Ongaro Basaglia, è una immagine-concetto. Quest'uomo non ha volto, non ha nulla: la sua testa-mondo fra le mani è tutto ciò che gli resta. Le dita delle belle mani richiamano le sbarre di una prigione, e se le fissiamo quasi aumentano di numero. Dietro e intorno non c'è contesto, non c'è nulla: solo un muro che pesa su di lui nell'inquadratura verticale. Guardiamo meglio. La testa rasata, bassa rispetto alle spalle, sembra staccata dal corpo, sembra una palla tenuta dalle mani. La linea spalla-collo della camicia-spalle fa pensare a una figura priva di testa, decapitata si può dire. Un surreale uomo senza testa che tiene una palla fra le mani. In questo strano gioco ottico risiede l'estrema sintesi racchiusa in questa fotografia.

La malattia mentale, la più importante fra le malattie dell'uomo, si sottrae alla narrazione, e Carla Cerati, fotografa ma anche sensibile scrittrice, si astiene dal raccontare e affida invece a una silenziosa coincidenza di tipo plastico tutto il senso di questa immagine implosa.

From among the many photographs treating the theme of asylum conditions, carried out over the years, this one is extremely important. Published in 1969 in *Morire di classe,* a fundamental album of photographs by Carla Cerati and Gianni Berengo Gardin, edited by Franco Basaglia and Franca Ongaro Basaglia, this is an image-concept. This man does not have a face, this man has nothing: his head-world between his hands is all that remains of him. The fingers of the beautiful hands recall the bars of a prison, and if we look hard at them then they almost grow in number. Behind and around there is no context, there is nothing: only a wall that weighs upon him in the vertical framing. Let us look a little closer. The shaved head, low with respect to the shoulders, seems detached from the body, it seems a ball held by the hands. The shoulder-collar line of the shirt-shoulder makes one think of a figure lacking the head – decapitated, one could say. A surreal man without a head who holds a ball between his hands. In this strange optical play lies the extreme synthesis that is closed within this photograph.

Mental affliction, the most important from among mankind's illnesses, eludes narration and Carla Cerati, photographer but also sensitive writer, abstains from narrating, instead entrusting the whole sense of this implosive image to a silent coincidence of a plastic type.

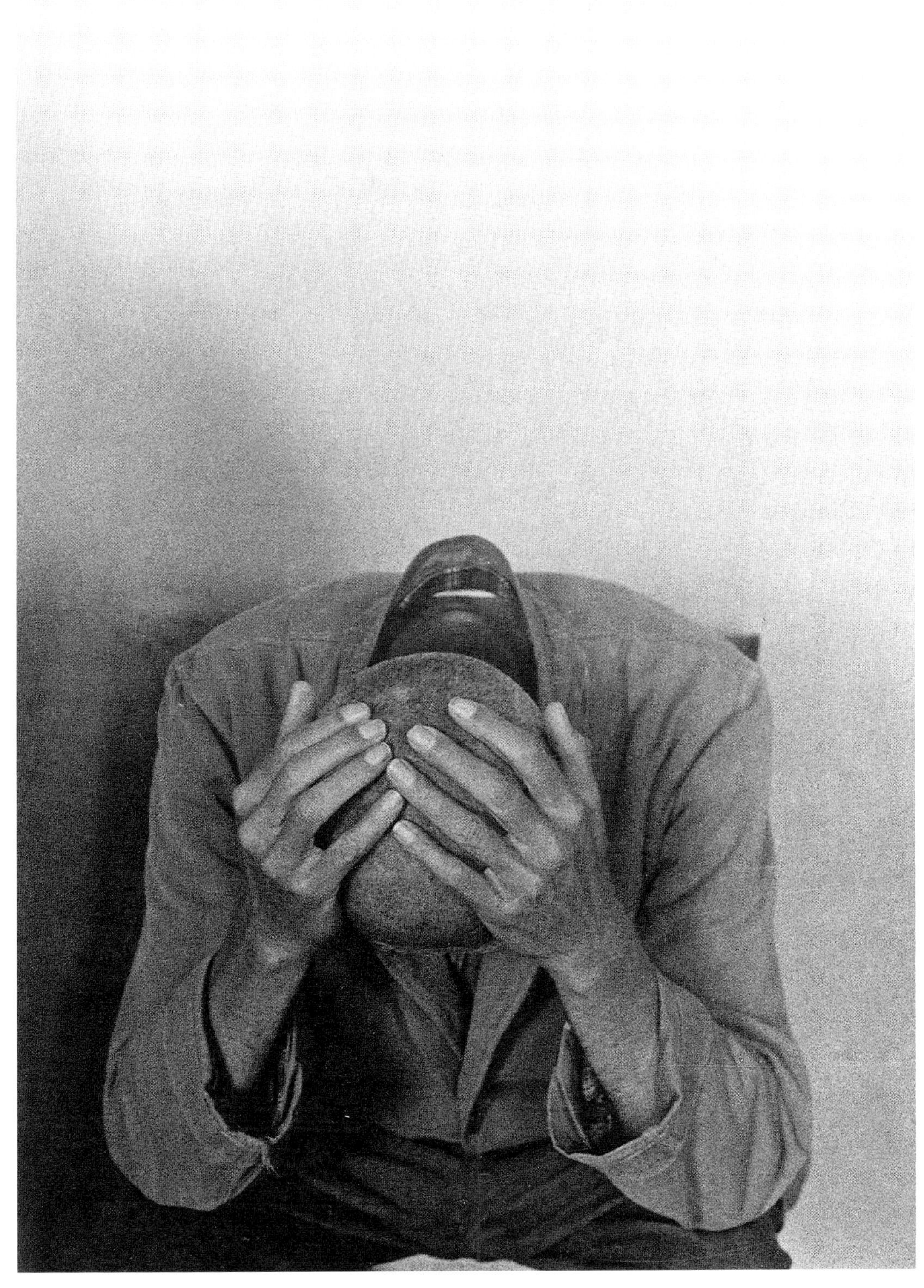

È una fotografia semplice, un poco antica, malinconica. Una donna, una zingara, il capo coperto da un fazzoletto, la lunga gonna fiorata, guarda dolcemente verso l'obiettivo di quel grande ritrattista che fu Enzo Nocera; con una mano tocca l'altra, come spesso fa chi posa per un ritratto. La figura sta tutta sulla destra dell'immagine, il gatto scuro che è ai piedi della donna è ai limiti del taglio: infatti tutto il resto del rettangolo fotografico è occupato da un prato dall'aria stanca e abbandonata – quasi un fondale, per certi aspetti simile a quelli che il fotografo avrebbe a lungo usato in seguito per i suoi ritratti in studio. È la stagione fredda, e in questa immagine il grigio del paesaggio si confonde con il grigio della materia fotografica, la nebbia coincide con la grana grossa tipica della stampa di quegli anni, il chiarore creato da Nocera attraverso le mascherature ha tutto l'aspetto della brina: così non sappiamo più che cosa sia realtà e che cosa sia, invece, fotografia. L'immagine parla di periferia, di margini territoriali e umani al tempo stesso. Sulla sinistra della donna una grande zona scura occupa una parte del prato, assumendo il significato di un'altra figura: ombra, macchia, cavità. A poca distanza dal bordo superiore della fotografia, una strada, che rappresenta il resto del mondo, la città vicina, delimita il prato, e alcune piccole automobili vanno. Sono proprio sulla testa della donna, come pensieri. Potrebbero essere pecore, e invece sono automobili.

This is a simple photograph, a little "old fashioned" and melancholy. A woman, a gypsy, her head covered by a handkerchief, in a long floral skirt, looks softly and gently towards the lens of that great portraitist who was Enzo Nocera. With one hand touching the other, as is often true on the part of the person who poses for a portrait. The figure stands completely to the right of the photograph while the dark cat at the woman's feet is at the limit of the cut. In fact, all the rest of the photographic rectangle is occupied by a field with a tired and abandoned air to it – almost a backdrop similar in certain respects to those which the photographer was to have subsequently used consistently for his studio portraits. It is the cold season and in this image the gray of the landscape becomes confused with the gray of the photographic matter, the fog which coincides with the coarse grain typical of the printing of those years and the faint light created by Nocera by way of maskings has the manifest appearance of frost: in this way we no longer know what is reality and what, instead, is photography. The image talks about the outskirts of the city and about territorial and human confines at one and the same time. To the left of the woman a large dark zone fills a part of the field, taking on the meaning of an other figure: shade, mark or cavity. At a short distance from the upper border of the photograph there is a road which represents the rest of the world, the nearby city, it delimits the field while some motorcars pass by. They are on the head of the woman, like thoughts. They could be sheeps. Instead they are cars.

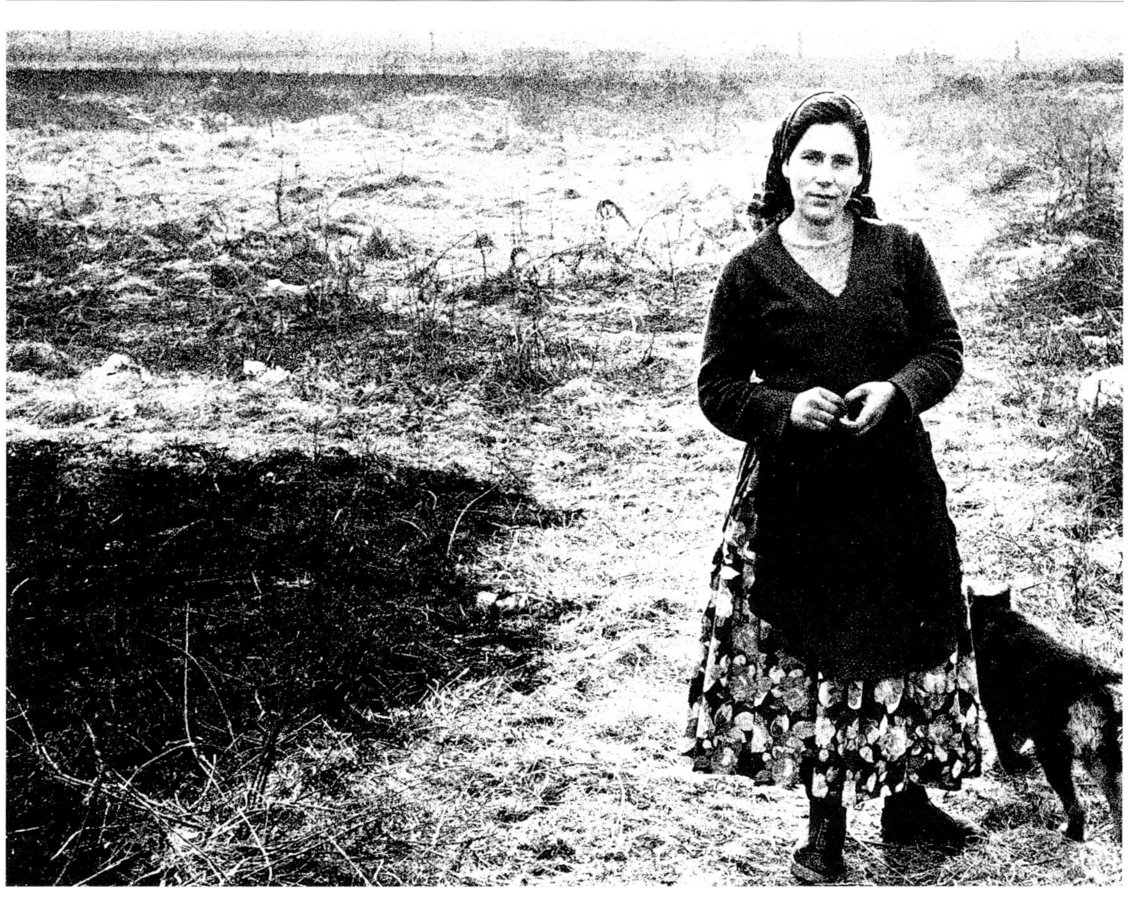

Alcune bambine hanno costruito sull'erba con sassi e mattoni la pianta completa di una casa, con tutti i locali che la compongono. C'è la porta d'ingresso, sono stati ricreati alcuni elementi dell'arredamento, c'è anche il televisore con un volto femminile disegnato, forse un'annunciatrice. Il lavoro non è stato ancora completato e restano da arredare alcuni locali. È un appartamento ideale, probabilmente più grande di quelli nei quali vivono queste bambine del Gallaratese, grande quartiere popolare di Milano sorto negli anni Sessanta – e il fotografo taglia di lato, sulla sinistra, così da renderlo più indeterminato. La casa ha anche un giardino esterno con piante e proprio in questa zona, davanti alla porta d'ingresso, troviamo tre bambine assorbite da operosa complicità, mentre una quarta ragazzina sta entrando da destra nell'inquadratura per unirsi alle amiche. La pianta della casa è contemporaneamente, su un piano simbolico, il progetto di una vita domestica e l'indiretto progetto di un'area urbana, le strade e le piazze progettate là, sull'erba. La città è l'espansione della casa.

Noi, oggi, guardando questa fotografia, vorremmo sapere in quali case vivono queste bambine di allora e in quale città, se sono sposate e se hanno figli, e quale è stato il loro destino. Se sono ancora amiche, se sono vive, se sono felici.

L'autore dell'immagine è Gianfranco Mazzocchi, maestro per tanti giovani e tanti anni ai corsi di fotografia dell'Umanitaria di Milano, e delicato narratore di storie di campagna e storie di città. A cavallo fra gli anni Sessanta e Settanta ha realizzato questo lavoro sul Gallaratese, pezzo di campagna milanese che di colpo diventava città.

On the grass, with stones and bricks, some little girls have constructed the complete plan of a house and with all the rooms that form it. There is the front door, some furnishing elements have been recreated. There is even the television set with a drawn female face, perhaps that of an announcer. The work has not yet been completed and some rooms remain to be furnished. It is an ideal apartment, probably larger than those in which these little girls actually live, girls from Gallaratese, a large popular quarter of Milan built in the 1960's. And the photographer cuts the side, on the left, in this way making it even more indeterminate. The house also has an outside garden with plants and it is precisely in this area, before the front door, that we come across three little girls engrossed in their industrious complicity, whereas a fourth is entering the shot from the right to join her friends. The plan of the house is contemporaneously - on a symbolic plane - the project of a domestic life and the indirect project of an urban area, the streets and squares planned there, on the grass. The city is the expansion of the house.

Today, in looking at this photograph, we should like to know in what houses those little girls live in now, and what town, whether they are married and if they have children, and what their destiny has been like. Whether they are still friends, alive, whether they are happy.

The author of the image is Gianfranco Mazzocchi, a master for many youngsters and of many courses of photography for many years at the Umanitaria in Milan, delicate narrator of stories of the countryside and stories of the city. Spanning the 1960's and the 1970's he produced this work regarding the zone of Gallaratese, a piece of the Milanese countryside which, suddenly, became city.

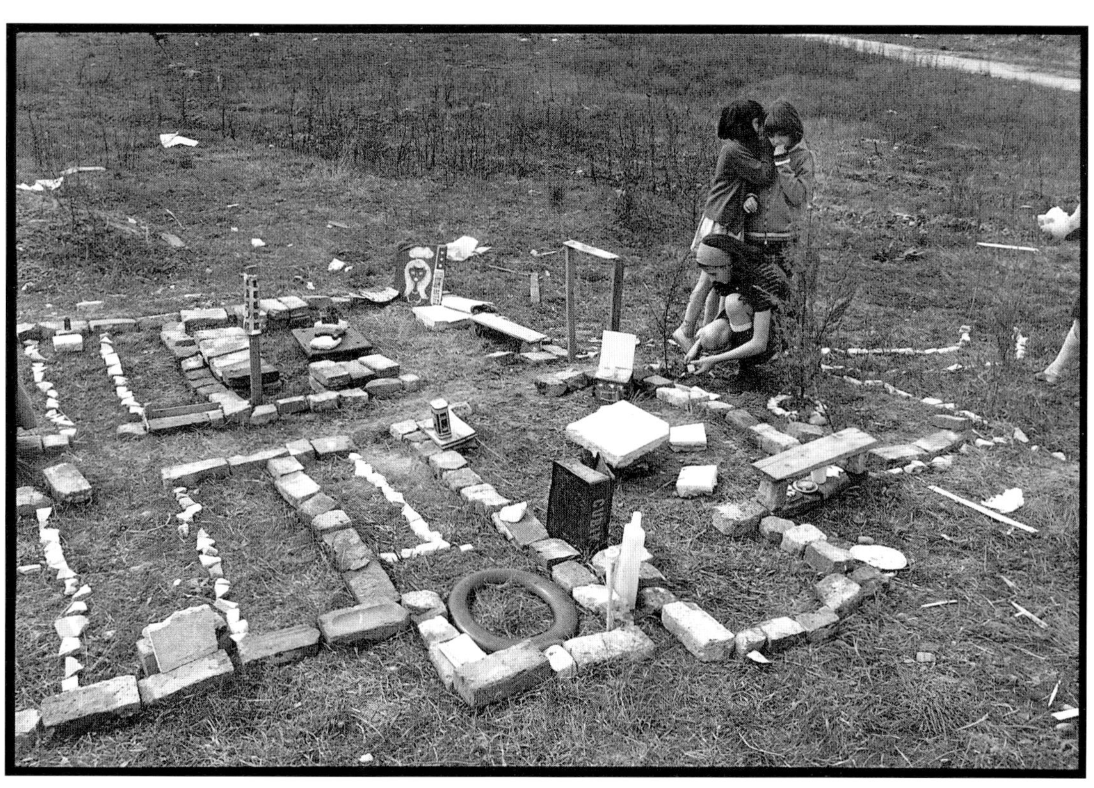

Come tre punti sono sufficienti a individuare un volto, allo stesso modo due fasce sovrapposte significano terra e cielo (o mare e cielo), la linea che le divide significa orizzonte. Una volta ottenuto un acuto grado di astrazione, la realtà perde importanza e ciò che resta in vita è solo il segno.

La fotografia di Franco Fontana si muove nella direzione di un distacco del paesaggio e degli oggetti dalla loro propria realtà, su piani diversi però solo in apparenza: talvolta mantenendo in vita un'evidente percentuale di descrittività, talvolta spingendo con più vigore verso l'astrazione, talvolta cercando di porre in equilibrio questi due livelli dell'immagine. Questo lavoro – essendosi svolto sempre sul piano visivo e non, piuttosto, come ci si aspetterebbe, su quello concettuale – non è pervenuto mai alla piena astrazione. La fotografia sembra infatti essere per Fontana il luogo di un ininterrotto esercizio cromatico e formale che può definirsi "ingenuo", anche giocoso, non dedicato prevalentemente alla realtà e non mirato unicamente all'astrazione. L'autore sembra piuttosto lavorare sulla stilizzazione.

Anche questo bel paesaggio dell'inizio degli anni Settanta, costituito di due soli colori piatti e irreali organizzati nel rettangolo in due fasce orizzontali uguali, giunge certamente vicino all'astrazione ma, chissà perché, il pensiero che quelli che vediamo siano tuttavia il colore della terra e il colore del cielo non ci abbandona. Una sorta di naturalismo rimane imprigionato dentro l'immagine, conferendole quella *naïveté* che connota così fortemente il lavoro del fotografo modenese.

In the same way that three points are sufficient in order to indicate a face so, in the same way, two superimposed bands signify earth and sky (or sea and sky), the line which divides them connoting the horizon. On having obtained an acute degree of abstraction, reality loses importance and what remains "alive" is only the sign.

The photograph by Franco Fontana moves in the direction of a detachment of the landscape and objects from their own reality, although only apparently on different planes: at time maintaining operative an evident percentage of descriptiveness, at times pressing towards abstraction with more vigour and, at yet other times, attempting to place these two levels of the image in equilibrium. This intense, continuous work – in being always carried out on the visual plane and not, as one would expect, on the conceptual plane – has never arrived at complete abstraction. In fact, for Fontana the photograph seems to be the place of an uninterrupted chromatic and formal exercise which can be defined as being "ingenuous", also playful, not prevalently dedicated to reality and not solely aimed at abstraction. Rather, the author seems to work on stylization.

Also this fine landscape dating to the beginning of the 1970's, made up of only two flat and unreal colors organized in the rectangle in two equal horizontal bands, certainly comes close to abstraction and yet – and who knows why – the thought that what we see are nevertheless the color of earth and the color of the sky does not desert us. A sort of naturalism remains imprisoned inside the image, giving it that *naïveté* which so strongly connotes the work of this photographer from Modena.

L'*Atlante* è un'operazione fotografica di peso fondamentale non solo per lo studio dell'opera ghirriana ma anche per la comprensione degli sviluppi di tutta la fotografia di paesaggio italiana da vent'anni a questa parte (stagione inaugurata ufficialmente proprio dal suo progetto *Viaggio in Italia*, che porta che porta la data 1984).

L'*Atlante* è contemporaneamente una riflessione sulle capacità analitiche della fotografia e sulla sua impossibilità di rappresentare il mondo; sul legame fra fotografia e segno, sul rapporto fra descrizione e astrazione, sull'immagine riprodotta, sul retino tipografico, sull'ingrandimento e sulla riduzione, sull'idea stessa di libro, sulla scrittura, sulla comunicazione, sul concetto di paesaggio, sul viaggio, sul sogno. L'elenco potrebbe proseguire, poiché i piani di lettura presenti in quest'opera concettuale sono moltissimi, gli uni sovrapposti agli altri.

Scrive Ghirri: "L'atlante è il *libro*, il luogo in cui tutti i segni della terra, da quelli naturali a quelli culturali, sono convenzionalmente rappresentati: monti, laghi, piramidi, oceani, città, villaggi, stelle, isole. In questa totalità di scrittura e descrizione, noi troviamo il posto dove abitiamo, dove vorremmo andare, il percorso da seguire".

In queste fotografie pastellate, molto semplici e invece altamente simboliche, troviamo tracce della Pop Art o dell'Informale e, insieme, tutta l'ingenuità e la familiarità affascinante dei codici dell'atlante della scuola elementare, dietro le quali si cela una complessità enorme. L'*Atlante* ghirriano è l'opera di un intellettuale che pensa il mondo come un indecifrabile geroglifico, e il gioco di un bambino che, semplicemente, guarda il mondo – o le sue rappresentazioni.

The *Atlante* is a photographic operation which is of fundamental importance not only for the study of Ghirri's work but also for the understanding of the developments of all Italian landscape photography over the last twenty years (a period officially inaugurated by his project *Viaggio in Italia* of 1984).

The *Atlante* is at the same time a reflection on the analytical capabilities of photography and its impossibility to represent the world; on the connexion between photography and sign; on the relationship between description and abstraction; on the reproduced image; on the typographic screen; on enlargement and reduction; on the very idea itself of the book, on writing and on communication; on the concept of landscape, the journey and the dream. The list could continue in so far as the planes for reading to be found in this conceptual work are innumerable, the one superimposing the others.

As Ghirri wrote: "The atlas is the *book*, the place in which all the signs of the earth, ranging from those natural to those cultural ones, are conventionally represented: mountains, lakes, pyramids, oceans, cities, villages, stars and islands. In this totality of writing and description we find the place where we live, where we would like to go, the itinerary to follow".

In these "pastelled" photographs, very simple and instead highly symbolic, we find traces of Pop Art or the Informal and, together with these, all the ingenuousness and the fascinating familiarity of the codes of the atlas as used in primary school, within which an enormous complexity is hidden. Ghirri's *Atlante* is the work of an intellectual who thinks the world as an undecipherable hieroglyphic. And also the game of a child who, quite simply, looks at the world – or at its representations.

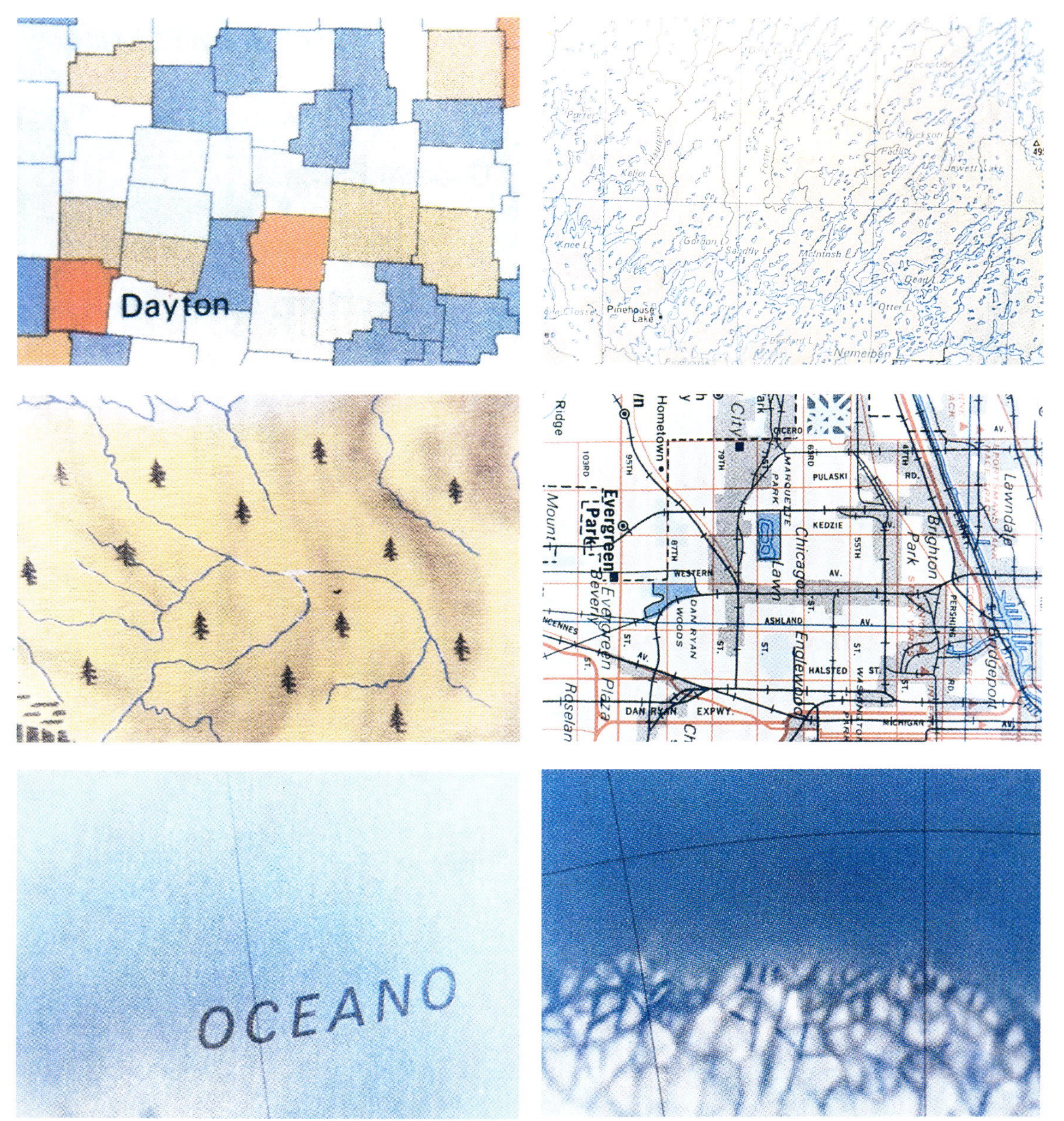
Dayton
OCEANO

È un insieme di cartoline su ognuna delle quali è incollata una Polaroid del frammento di un luogo; sopra, un timbro: "Franco Vaccari – Omaggio all'Ariosto". La serie è "raccontata" da una cartolina della quale è presentato il retro: da esso apprendiamo il destinatario, la Galleria d'Arte Moderna di Ferrara, il titolo completo dell'opera e la firma dell'autore, e deduciamo che ognuna delle cartoline è stata effettivamente scritta e inviata.

Per sviluppare questo omaggio all'Ariosto, Vaccari mette in atto una sua "esposizione in tempo reale", operazione da lui praticata a più riprese a partire dalla fine degli anni Sessanta. Il lavoro si costruisce infatti lungo il percorso Modena-Ferrara attraverso più azioni congiunte, non prive di valore rituale: individuare il percorso, fermarsi nei luoghi, acquistare le cartoline, scattare le immagini Polaroid, incollarle, scrivere le cartoline, dotarle di francobollo/espresso e spedirle, proseguire. L'omaggio devia radicalmente da qualunque tipo di possibile "celebrazione" fondandosi con "normalità" sul tempo realmente vissuto di un vero viaggio, che come tale prevede anche l'impiego di tipi di fotografie saldamente radicate nel comportamento di massa e nell'utilizzo sociale: la cartolina e lo scatto-ricordo. L'omaggio deriva inoltre la sua esistenza da tempi, azioni ulteriori, eventi del tutto esterni al lavoro dell'artista, appartenenti al vissuto sociale – quelli dei ritiri e delle consegne postali, per esempio – non determinabili a priori. L'esito finale è definito, di fatto, dalla complessa interazione delle funzioni, delle situazioni, dei significati che hanno strutturato l'operazione nel suo farsi.

Ciò che l'"esposizione in tempo reale" ci ha lasciato è una scacchiera di cartoline – fra Narrative Art e comportamento – la cui immagine consolidata viene turbata, sconnessa ma anche in un certo senso riconfermata da provvisori scatti Polaroid che, timbrati e poi spediti a loro volta, hanno vissuto lo stesso destino delle cartoline. Sono, queste immagini sovrapposte, tracce di un viaggio, quello stesso che l'Ariosto compì un giorno venendo "a Ferrara in pianelle, perché non aveva pensato di far cammino", come ricorda lo stesso Vaccari. Il quale invece ha viaggiato da Modena a Ferrara con gli zoccoli ai piedi: lo provano le Polaroid.

It is a "set" of postcards on each of which a Polaroid of the fragment of a place is glued. On it a stamp: "Franco Vaccari - Omaggio all'Ariosto" [Franco Vaccari - Homage to Ariosto]. The series is "narrated" by a postcard with a presentation on its back: from this we learn the receiver (the Galleria d'Arte Moderna in Ferrara), the complete title of the work and the signature of the author, and we also deduce that each of the postcards was effectively written and sent.

In order to develop this homage to Ariosto the author carries out his own "exhibition in real time", an operation practiced on various occasions by him starting out from the end of the 1960's. The work is in fact constructed along the itinerary of Modena-Ferrara by way of a number of unified actions (not lacking in a ritual value): to individuate the itinerary, stop off at places, buy the postcards, take the Polaroid photographs, glue them, write the postcards, give them the stamps for express post, send them and then continue. The homage is radically different from whatever type of possible "commemoration", with "normality" basing itself on the time really lived of a real trip which, as such, also foresaw the use of types of photographs firmly rooted in mass behavior and social use (the postcard and the photo-souvenir). The homage also draws its existence from times, further actions and events that totally lie outside the artist's work, belonging to the socially lived (such as the postal collection and delivery), elements not determinable *a priori*. In fact, the final result was defined by the complex interaction of the functions, situations and meanings which structured the operation in its unfolding.

What the "exhibition in real time" has left us with is a "checkerboard" of postcards – between narrative art and behavior – the consolidated image of which is disturbed, disjointed although also, in a certain sense, reconfirmed by provisional Polaroid shots which on being postmarked, and then sent, lived the same destiny of the postcards. These superimposed images are the traces of a journey, the same as the one which Ariosto undertook one day in going "to Ferrara in heelless slippers, because he had not thought of starting out", as Vaccari himself reminds us (who instead travelled from Modena to Ferrara wearing clogs: and the Polaroids provide proof of this).

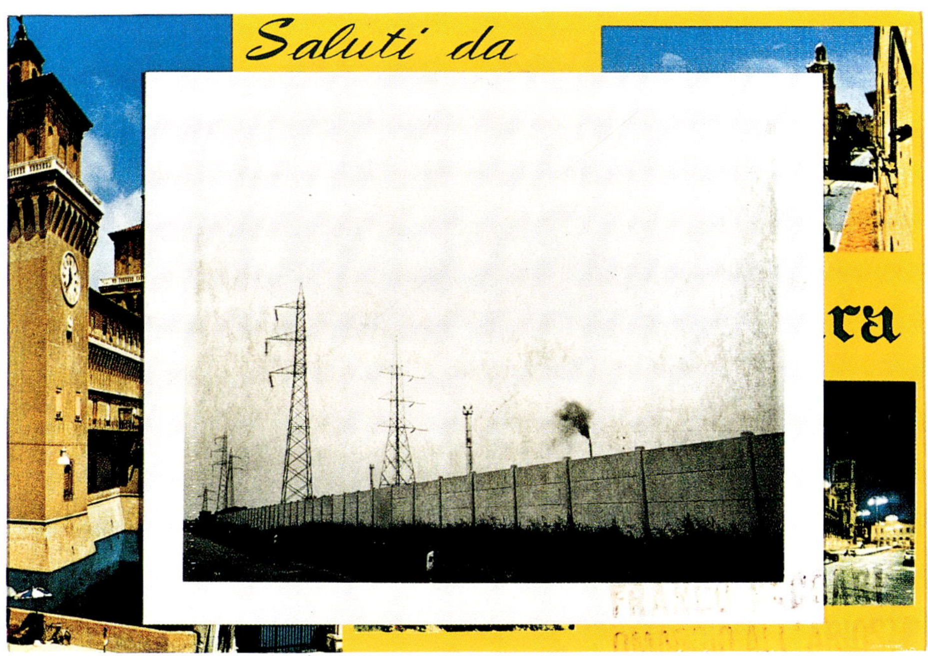

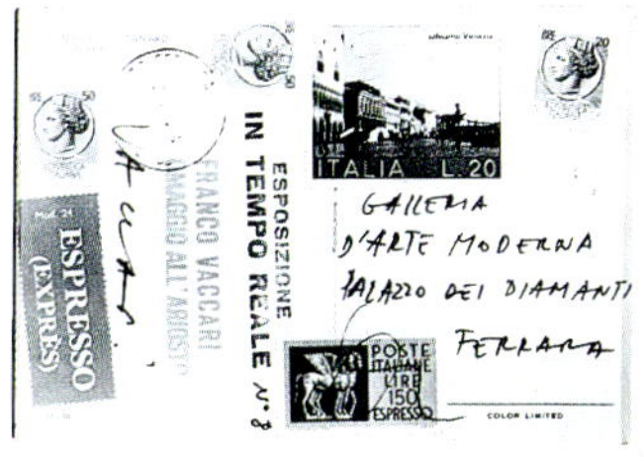

ESPOSIZIONE IN TEMPO REALE n° 8
Omaggio all'Ariosto
22 Maggio 1974

Ero stato invitato alla mostra "Omaggio all'Ariosto" che doveva essere allestita al Palazzo dei Diamanti di Ferrara. Come "omaggio" ho percorso lo stesso cammino che il poeta aveva fatto distrattamente a piedi; raccontano infatti le cronache che "l'Ariosto, partendosi da Carpi, venne un giorno a Ferrara in pianelle, perché non aveva pensato di far cammino".
Durante il viaggio ho fatto delle fotografie con la Polaroid; le ho incollate alle cartoline dei paesi che attraversavo e le ho spedite per posta alla Galleria.

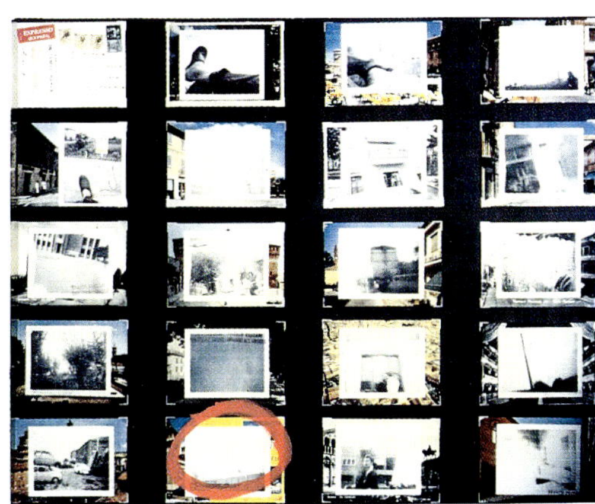

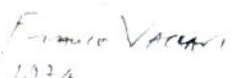

Un'attesa, un sonno, un uscire dall'esistenza. Questa figura maschile verticale, seduta, la testa piegata in avanti – una posa che nasconde la bocca e mette in evidenza la fronte, la stempiatura, il naso chiaro, e annulla gli occhi, aperti o chiusi che siano, assimilati in un'ombra che è un'unica cosa con le sopracciglia – le braccia l'uno sull'altro in grembo e le mani che le tengono, le gambe accavallate – sembra rappresentare un'umanità opaca, oppressa da qualcosa di grave e al tempo stesso indeterminato. Richiama certe figure stanche che troviamo nella grande fotografia di Robert Frank. L'orizzontalità della panchina, con le sue fasce, su cui l'uomo sta seduto (sala d'attesa di una stazione, di un luogo pubblico), compone con la verticalità della figura una sorta di croce; anche l'orizzontalità della linea mani-polsini compone con la verticalità della linea camicia-cravatta quasi una croce. Ai due angoli superiori un effetto leggero di vignettatura conferisce all'immagine la vaga curvatura di un'icona. Questa fotografia di Salbitani finisce per possedere una lontana, seppure involontaria connotazione religiosa. Il netto taglio in basso che esclude del tutto i piedi dall'inquadratura spinge l'attenzione in su, verso le mani, che costituiscono il vero fulcro dell'immagine. E infatti è da qui che lo sguardo si muove: la mano sinistra tiene una borsa a rete contenente oggetti che non sappiamo: forse sono semplicemente il frutto di acquisti avvenuti; forse è la casa stessa che questo individuo così solo porta con sé; forse sono i suoi sogni stanchi, ripiegati e prigionieri, uguali a lui.

Roberto Salbitani, presenza importante nella fotografia italiana contemporanea, da anni dedica la sua attenzione al tema della solitudine.

A wait, a sleep, an exit from existence. This vertical male figure, seated, his head bent forward (a pose that hides the mouth and evidences the forehead, the balding at the temples, the clear nose, annulling the eyes – whether open or closed – absorbed within a shadow which is at one with the eyebrows), the arms folded on his lap and held by his hands, his legs crossed: all seems to represent an opaque humanity, oppressed by something serious and, at the same time, indeterminate. We are reminded of certain tired figures which we find in the great photography by Robert Frank. The horizontality of the bench with its strips on which the man is seated – station waiting room, of a public place – together with the verticality of the figure, composes a sort of cross. Also the horizontality of the hands-cuffs line with the verticality of the shirt-tie almost composes a cross. A slight effect of vignetting at the two upper corners gives the image the vague curvature of an icon. This photograph by Salbitani ends up by possessing a distant, even if involuntary religious connotation. The clear-cut "slicing" at the base of the image which totally excludes the feet from the framing forces attention upwards towards the hands that constitute the real fulcrum of the image. And in fact it is from here that the gaze moves. The left hand holds a string bag containing objects we know nothing about: perhaps they are simply fruit of purchases he had made; perhaps it is his home that this individual – so alone – takes with him; or perhaps they are his own tired dreams, folded over and prisoners, like the person himself.

Roberto Salbitani, an important figure in contemporary Italian photography, has for years dedicated himself to the theme of solitude.

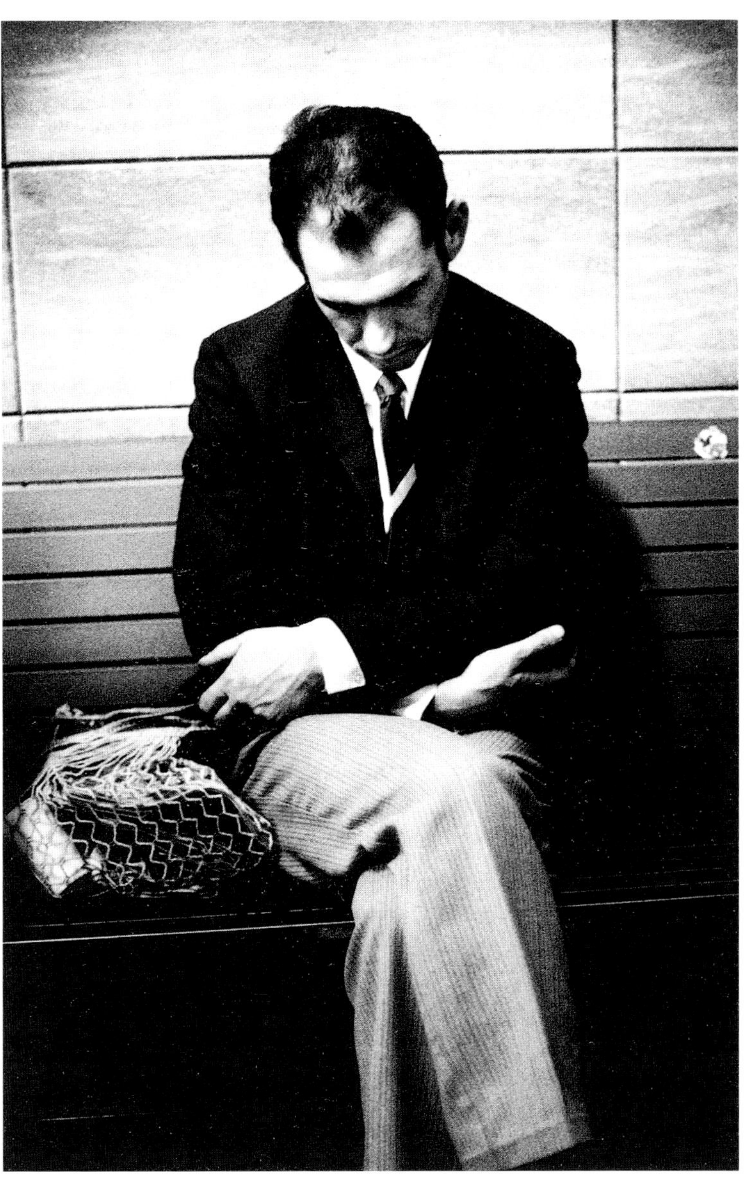

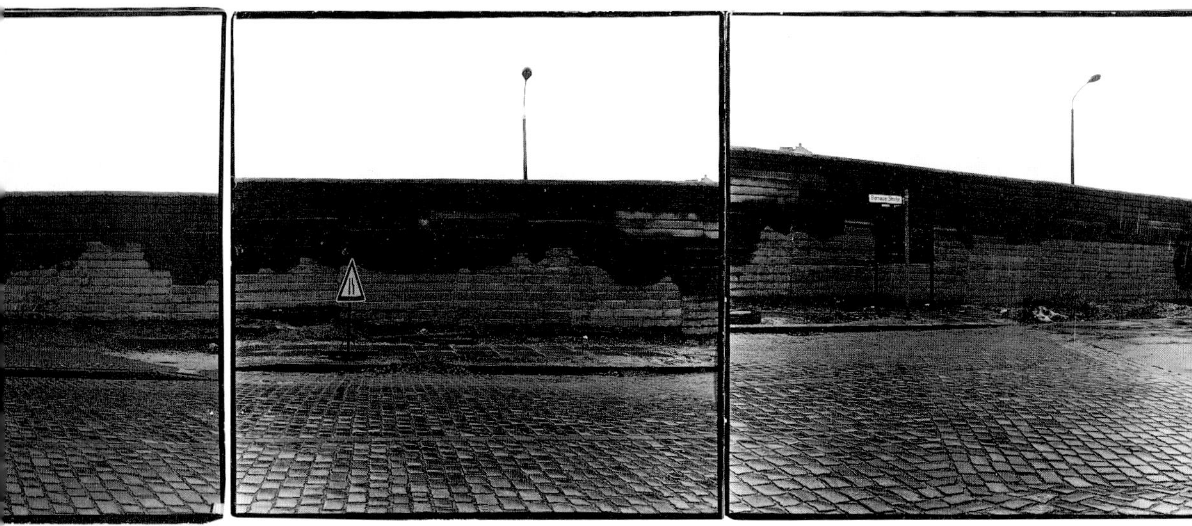

Il *Muro di Berlino* è una sequenza fotografica lunga molti
metri, idealmente lunga tanto da coprire tutto lo sviluppo
del muro. Antonia Mulas lo ha ripreso a tratti nel suo ripe-
tersi monotono all'interno della struttura della città, leggen-
dolo come un segno: non tanto dunque un lavoro di documentazione, ma piuttosto una sorta di misurazione di un
luogo e soprattutto di un concetto.

La striscia di fotografie corre ossessiva e assurda come il
muro, ripetendo gli stessi elementi: sopra una fascia di cielo
bianco, subito sotto il grigio del muro e poi la strada, con
segnaletica stradale, lampioni, qualche albero spoglio, tom-
bini, pavimentazioni diverse, i segni della città. Il formato
quadrato scelto da Antonia Mulas è molto importante, perché contribuisce espressivamente a irrigidire i frammenti che
si susseguono, ognuno dentro la sua cornice nera. La ripeti-
tività delle inquadrature, all'interno delle quali gli elementi
del paesaggio cambiano lentamente e di poco, fa sì che, da
un punto di vista concettuale, la sequenza sia paragonabile a
una sola ripresa, a un'unica immagine totale, simbolica: l'immagine del muro che cambia ed è sempre uguale, percepi-
to come una statica concrezione di tipo archeologico, qualcosa di molto greve che, ricorda l'autrice, "divideva due
angosce".

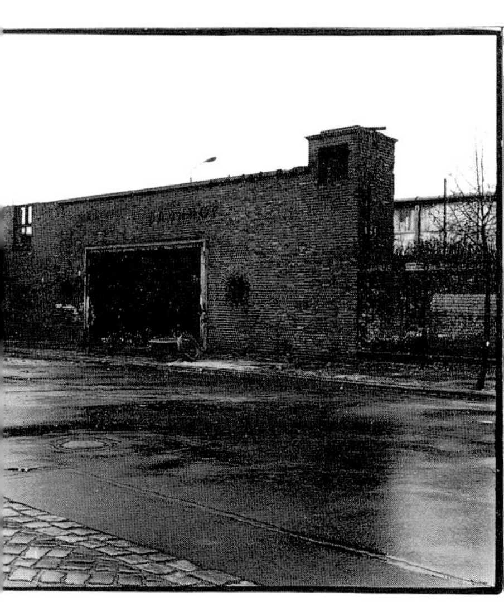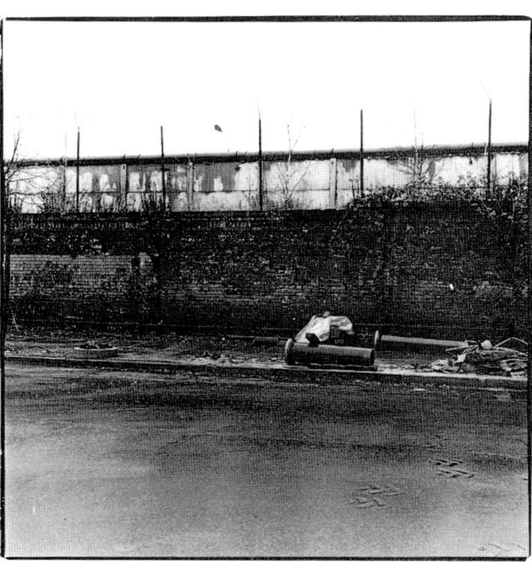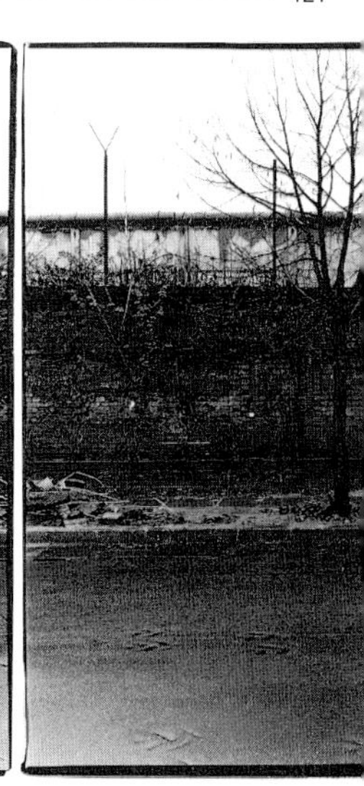

The *Muro di Berlino* [Berlin Wall] is a photographic sequence measuring many meters which is ideally as long as to have covered the entire wall itself. Antonia Mulas shot it here and there in the monotonous repetition of itself within the structure of the city, reading it like a sign: not so much a work of documentation, therefore, but rather as a sort of measuring of a place and – above all – of a concept.

The strip of photographs obsessively and absurdly runs like the wall, repeating the same elements. Above there is a band of white sky. Below there is the gray of the wall. And then the road with the street signs, lamp-posts, some bare trees, manhole-covers, diverse types of paving or tarmac, the signs of the city. The squared format chosen by Antonia Mulas is very important because it expressively contributes towards "stiffening" (and making harsher) the fragments which follow, each within its black frame. The repetitiveness of the framings – within which the elements of the landscape change slowly, but little – from a conceptual point of view produces the effect that the sequence is comparable to a single shooting, to a sole and total image, symbolic: the image of the wall that changes and is always the same, conceived as a static deposit of an archaeological type, something that is very heavy and coarse and which, as the authoress notes, "divided two forms of distress".

Dal nero, abbraccio totale, ogni cosa emerge e nel nero ogni cosa riaffonda.

In fotografia, il buio è ciò che dà misura all'immagine e le permette di vivere: infatti la luce, origine e nutrimento stesso della fotografia, se non sottoposta a controllo la distruggerebbe.

Il teatro è, tipicamente, apparizione dal buio di realtà illuminate: buio che è tutto intorno allo spazio scenico, e nel quale il pubblico stesso è immerso.

Questa è una fotografia-simbolo per Maurizio Buscarino fotografo di teatro: rappresenta totalmente la fotografia e totalmente il teatro. Un volto femminile, quello di una attrice dell'Odin Teatret, si fa fotografia affiorando da un nero che è teatrale, fotografico ed esistenziale al tempo stesso: il processo fotografico ne ex-trae i lineamenti dal buio e lo trasforma in ri-tratto. Ecco, il volto sta diventando ritratto: gli occhi brillano, la linea del naso si delinea, la bocca, il mento, il collo stanno prendendo forma (la non frontalità indica il passaggio da una condizione ad un'altra). Sta diventando fotografia: l'immagine inizia a impressionarsi sulla pellicola, oppure, immaginiamo, inizia a definirsi durante lo sviluppo, o, ancora, affiora dalla carta durante la stampa. Deve la sua stessa esistenza all'equilibrio fragilissimo fra luce e buio, fra chiaro e scuro: come nel disegno, nella grafica, nell'antico e instabile dagherrotipo, in bilico fra il giorno e la notte.

From the black – a total "embrace" – every thing surfaces and, into the black, everything sinks back again.

In photography darkness is what gives measure to the image, permitting it to live. In fact light, which is the origin and the nutriment of photography, if not subjected to control would destroy it.

Typically speaking, the theater is apparition from darkness of illuminated realities: darkness that totally surrounds the scenic space and in which the public itself is immersed.

This is a photograph-symbol for Maurizio Buscarino, a photographer of the theater, and totally represents photography as it equally represents the theater. A female face, that of an actress of the Odin Teatret, "becomes a photograph" in surfacing from a black which is theatrical, something both photographic and existential. The photographic process extracts her features from the darkness, transforming these into portrait. And here we are: the face is becoming a portrait. The eyes are shining, the line of the nose is delineated, the mouth, chin and neck are taking form (the non-frontality indicates the transition from one condition to another). It is becoming a photograph: the image begins to be exposed on the film. Or else let us imagine that it begins to define itself during the development, or that it "surfaces" from the paper during its being printed. It owes its very existence to the extremely fragile equilibrium between light and darkness, between *chiaro* and *scuro*: as in the drawing, in graphic works, in the old and unstable daguerreotype, poised between day and the night.

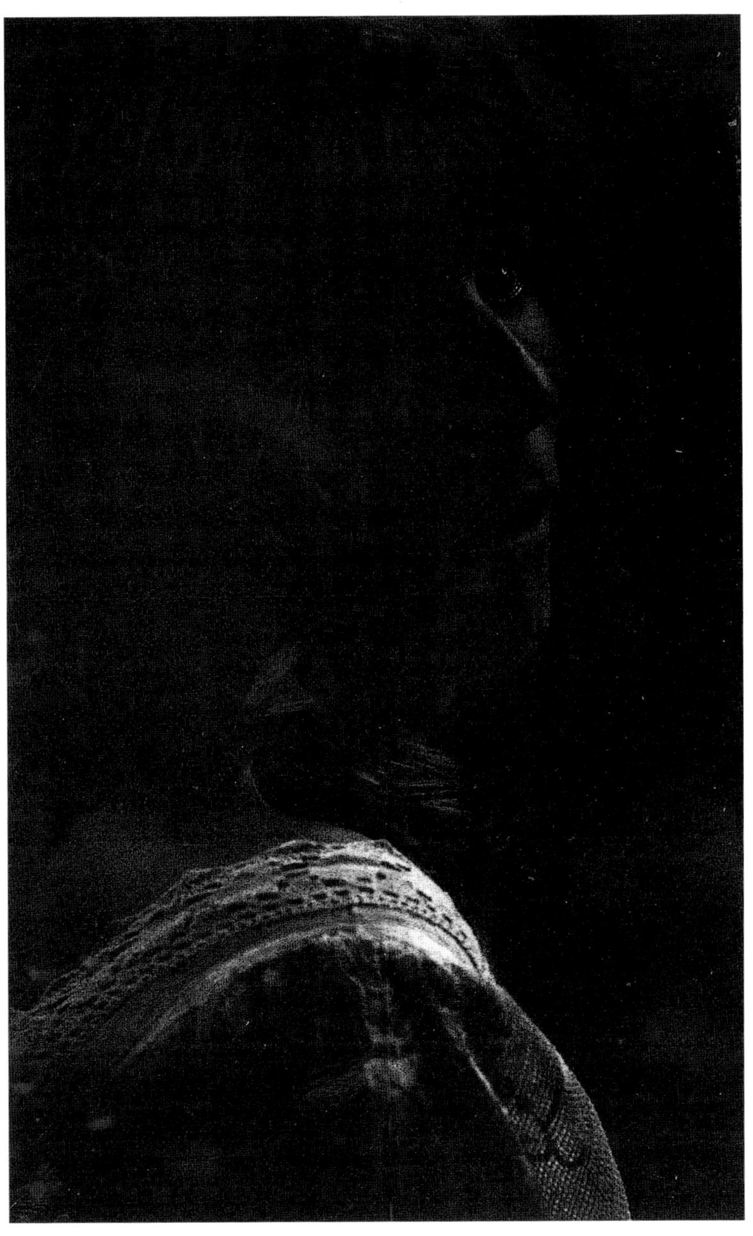

Il lavoro di Ciam presenta una straordinaria compattezza tematica: consiste, negli anni, in una serrata analisi delle trasformazioni, degli spostamenti, delle lacerazioni che hanno luogo all'interno della sua personalità, delle sue personalità. Gli insistenti tentativi di accerchiamento della sua identità sfuggente, trovano sbocco naturale nella forma dell'autoritratto – in esso l'artista propone, anzi espone se stesso come performer – e nella fotografia il mezzo ideale: questa diviene infatti per lui specchio, duplicazione, finzione, riconoscibilità e al tempo stesso continua messa in crisi del concetto di realtà. Ciam, come altri artisti negli anni Settanta, individua nella fotografia il linguaggio elastico che consente non solo di registrare l'azione artistica, ma anche di porla continuamente in discussione grazie alle innumerevoli soluzioni tecniche che il mezzo offre, dal fotomontaggio all'impressione multipla, dal mosso alle proiezioni di immagini su immagini, alle cancellazioni. Dentro questa foresta di possibilità Ciam si aggira dolorosamente per anni, operando decomposizioni e metamorfosi, costruendo sipari, scatole, gabbie, schermi per il suo volto e il suo corpo, insomma ventri in cui fare ritorno. La sua ricerca, intrisa di profumi baconiani, fa uso della fotografia come verifica dell'esistenza di se stesso.

In questo scuro *Autoritratto* vediamo il suo volto "trascorrere" orizzontalmente al di sotto di una texture di plastica, imballato nel materiale industriale (impedito) e confuso (protetto), vero (parzialmente scoperto) e invece irreale (in quanto ripetuto). Ciam, dopo aver imballato la fotografia l'ha fissata (crocefissa) su un pannello con quattro puntine e ha poi messo a tacere la realtà rifotografando pannello, fotografia, plastica, ora azzerati in una stessa unica materia.

The work by Ciam presents an extraordinary thematic compactness. Over the years it consisted in a terse and coherent analysis of the transformations, changes and lacerations which took place within his personality, within his personalities. The insistent attempts at "encircling" his elusive identity found a natural outlet in the form of the self-portrait (in it the artist proposes or, rather, exhibits himself as a performer) and in photography itself as being an ideal means. In fact, for the author this became a mirror, duplication, fiction, recognizability and, at the same time, also the continuous bringing about of a crisis in the concept of reality. Like other artists of the 1970's, in photography Ciam found the elastic language which permits not only recording the artistic action but also of continuously questioning it thanks to the innumerable technical solutions offered by the means: the photomontage, the multiple impression, the blurred, the projection of images on images and cancellations. Ciam tormentedly roved for years inside this forest of possibilities, carrying out decompositions and metamorphoses, constructing curtains, boxes, cages and screens for his face and body: in short, wombs to return (in)to. His research work, imbued with "atmospheres" *à la* Bacon, made use of photography as the verification of the existence of himself.

In this dark *Autoritratto* [Self-portrait] we see his face horizontally "pass" beneath a plastic texture, packed in the industrial material (impeded) and confused (protected), real (partially uncovered) and instead unreal (in so far as it is repeated). After having packed the photograph Ciam fixed (crucified) it onto a panel using four tacks. He then made reality be silent by rephotographing the panel, the photograph and the plastic, at this point zeroed in a sole and in the same matter.

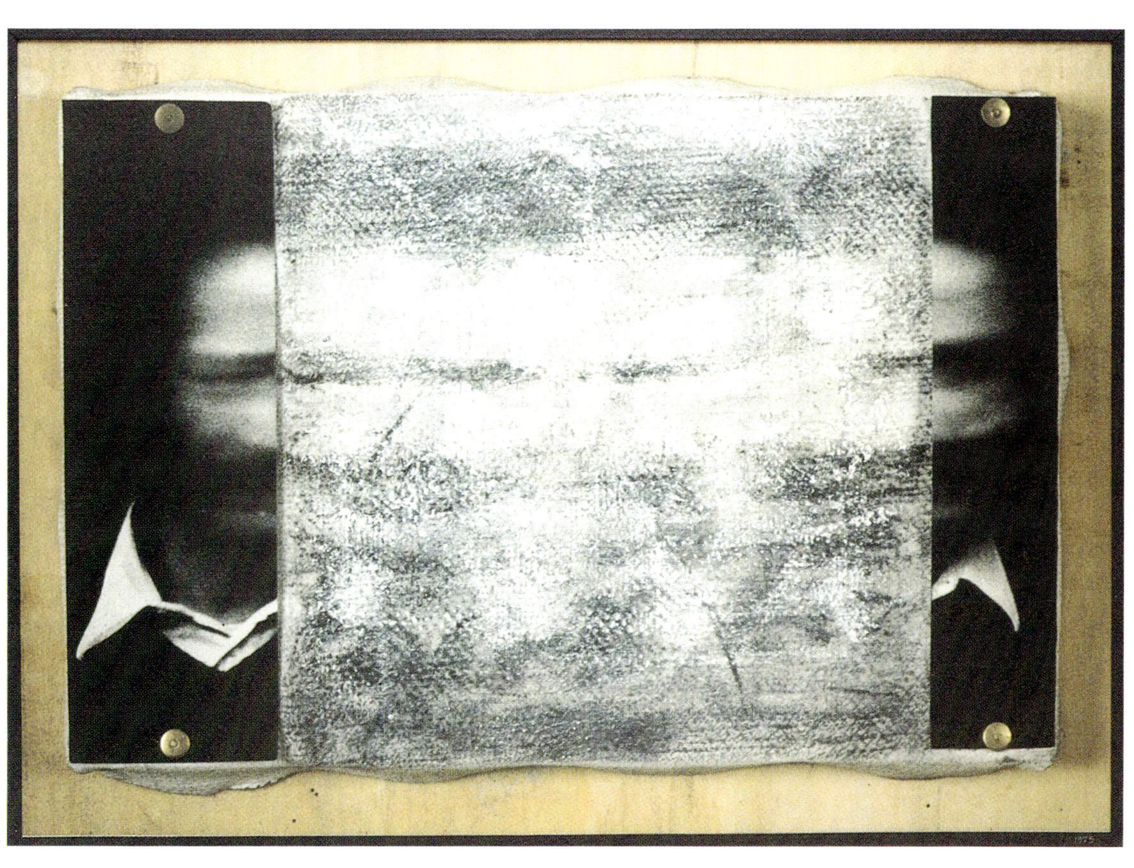

"Cercare sulla superficie punti, luoghi, e colpirli con la luce. Praticamente, letteralmente, armato cioè di lampadina. [...] Mi sono dato un programma minimo, elementare: cominciare laddove ha effettivamente inizio la forma figurativa: dal punto e dal punto che si mette in movimento". Così scrive Bruno Di Bello di un nutrito ciclo di opere dal titolo *Punti di luce* e *Segni di luce* realizzate a metà anni Settanta, anni importanti nei quali diversi artisti, a volte anche ignorando l'uno il lavoro dell'altro lavorano allo smontaggio dei codici fotografici, andando alle radici del mezzo attraverso ricerche estreme (negli stessi anni Gioli realizza le sue prime fotografie stenopeiche e scrive sul punto generatore dell'immagine pensieri singolarmente vicini a quelli di Di Bello, ma anche Agnetti e Paolini operano sintesi sui concetti fondanti della fotografia, e lo stesso Mulas sviluppa le sue *Verifiche*).

In questa tela fotografica Di Bello sintetizza il gesto del segnare, dello scrivere, del dipingere creando un unico punto di luce. Vi è una coincidenza concettuale fra fotografia e pittura, l'esito visivo non è sottolineato – solo un piccolo cerchio nero in campo bianco, al centro del quadrato – e non evidenzia né l'una né l'altra ma, laconicamente, allude a entrambe. Il luogo infatti nel quale il gesto si esprime è la tela ma l'azione si svolge per tramite della luce, elemento del tutto immaterico.

L'idea del punto come origine del segno e dell'operare artistico, di lontana ascendenza kandinskiana, è presente a Di Bello, il quale sviluppa una serie davvero ampia di lavori fotografici avendo fra le sue aree di riferimento privilegiate l'Astrattismo (molte le opere che si riferiscono a Klee e a Mondrian).

"To look on the surface for points and places, and strike them with light. Practically, literally armed, that is, with a light bulb. (...) I have given myself a minimum, elementary programme: to start with, effectively speaking, where the figurative form has its beginning: from the point and from the point that sets itself in motion". This is what Bruno Di Bello has written regarding a copious cycle of works entitled *Punti di luce* [Points of Light] and *Segni di luce* [Signs of Light] carried out in the middle of the 1970's. These were important years in which various artists - at times also ignoring the results of the others - worked on the dismantling of photographic codes, going to the roots of the means by way of extreme research works (during the same years Gioli produced his first pinehole photographs and wrote about the generative point of the image, thoughts singularly close to those of Di Bello; and also Agnetti and Paolini carried out syntheses concerning the underlying concepts of photography, while Mulas developed his *Verifiche* [Verifications]).

In this photographic canvas Di Bello synthesizes the gesture of making the sign of writing and of painting by creating a sole point of light. There is a conceptual coincidence between photography and painting: the visual result is not emphasized - only a small black circle in a white field, at the centre of the square - and it evidences neither the one nor the other although, laconically, it alludes to both. In fact, the place in which the gesture expresses itself is the canvas although the action is carried out by means of the light, an element that is totally 'immatteric'.

Di Bello is fully aware of the idea of the point as being the origin of the sign and of the artistic operation, remote evocation of Kandinsky, and he has developed a truly extensive series of photographic works having Abstraction from among his favoured areas of reference (many of the works refer to Klee and Mondrian).

Studioso della complessità del paesaggio laddove esso è ancora naturale oppure minimamente toccato dalla civiltà; osservatore della personalità di alberi, cieli, pianure; cultore degli intricati misteri dei boschi e delle magie dei giardini inventati dagli uomini, Fulvio Ventura immagina l'apparizione di una luminescente figura femminile fra la vegetazione di un parco, luminosa a tal punto da gettare chiarore sui cespugli intorno a sé. La bianca presenza (divinità, spirito del luogo, sconosciuto personaggio nascosto nelle sembianze di una scultura) racconta, in un certo senso, le costruzioni dei rami e delle foglie, e tutto il magnifico tessuto vegetale, vera e propria scrittura – e come tale oggetto di grande interesse per il fotografo. Ignaro del misterioso fenomeno che sta svolgendosi alle sue spalle, un uomo anziano spende il suo tempo e i suoi pensieri su una panchina del viale. Due piani di realtà convivono nella stessa scena: l'eccezionale, che si svolge nell'ideale fronzuto quadrato a sinistra, e il quotidiano, tutto contenuto nella porzione verticale della fotografia che si trova a destra del tronco dell'albero in primo piano. Lungo l'estrema fuga prospettica degli alberi altre figure si perdono nelle loro vite, con il perdersi dell'immagine.

Scholar of the complexity of the landscape where this is still natural, or else has only minimally been touched by civilization. Observer of the personality of trees, skies and plains. Cultivator of the intricate mysteries of woods and the magic of the gardens invented by men, Fulvio Ventura imagines the apparition of a luminescent female figure among the vegetation of a park, luminous to such a degree as to throw a brightness on the bushes around her. The white presence – divinity, spirit of the place, unknown personage concealed in the features of a sculpture – in a certain sense narrates the constructions of the branches and leaves and all the magnificent vegetal fabric, true writing. And, as such, object of great interest for the photographer. Unaware of the mysterious phenomenon taking place behind him, an old man spends his time and thoughts on a bench of the avenue. Two planes of reality cohabit within the same scene: the exceptional, which unfolds in the ideal leafy square to the left, and the everyday, all contained within the vertical portion of the photograph which is found to the right of the tree trunk in the foreground. Along the extreme perspective vanishing point of the trees other figures are lost in their lives with the loss of the image.

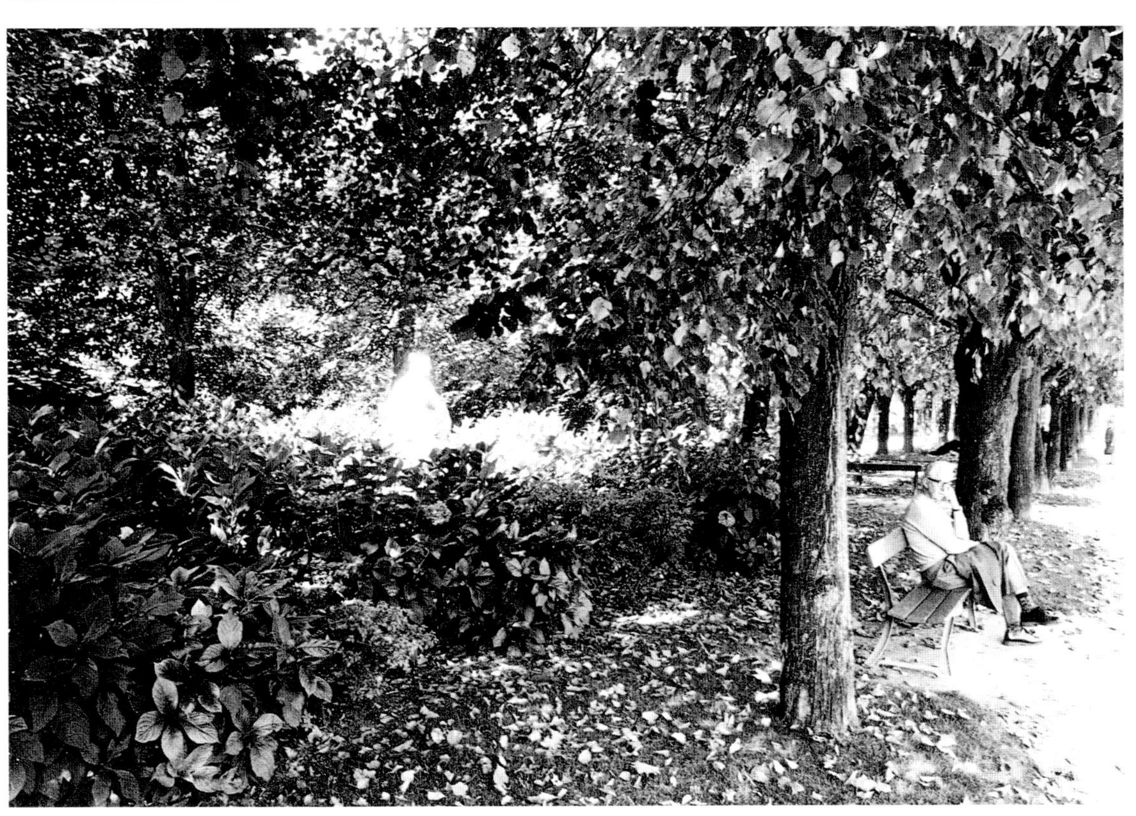

Una fotografia del fotogiornalista Mauro Galligani, ormai famosa, presenta una bambina piangente ripresa in primo piano: è Stefania Senno, il suo volto è sfigurato dalle piaghe provocate dalla diossina fuoriuscita dall'Icmesa, una fabbrica di Seveso, cittadina dell'hinterland milanese. È diventata l'immagine simbolo di una delle prime grandi tragedie dell'inquinamento in Italia.

In questa fotografia meno nota, due donne si chinano su Stefania, che ha il volto coperto da una maschera di garza. Braccia e mani femminili attente procedono alla medicazione del viso della bambina: una delle donne porta al collo una catena con un ciondolo che nell'immagine funziona da freccia indicante la bianca maschera; l'altra indossa, come molte donne non più giovani, un grembiule a piccoli motivi floreali. Sulla destra c'è un'altra "madre", una bambina che, gli stessi gesti, è intenta a sua volta ad accudire la sua bambola, forse ammalata, sdraiata su una copertina di lana accanto a Stefania. Le tre "madri" e le due "figlie" sono poste in diagonale, in una continuità figurativa e generazionale di segno tutto femminile – silenzioso, antico – che ci dice che la vita continua e tutto procede, e che il dolore insegna a fare le cose. Ci dice quale funzione fondamentale abbia il gioco nell'esistenza umana, e come esso possa mescolarsi alla sofferenza.

A photograph by the photoreporter Mauro Galligani, by now famous, shows a little girl in tears taken in a close-up mode: this is Stefania Senno, her face disfigured by the scars provoked by the dioxin which escaped from Icmesa, an industrial plant in Seveso, a small town on the outskirts of Milan. She has become the image-symbol of one of the first great tragedies in Italy as the result of industrial pollution.

In this less well-known photograph two women are bending over Stefania whose face is covered by a mask of gauze. Careful female arms and hands see to the medication of the little girl's face: one of the women wears a chain around her neck with a trinket which in the image acts as an arrow, indicating the white mask. The other woman – like many who are no longer young – wears a house-coat with small floral motifs. On the right there is another "mother", a little girl who with the same gestures is in her turn intent on taking care of her doll, perhaps ill, lying on a small woolen blanket next to Stefania. The three "mothers" and the two "daughters" are placed diagonally, in a figurative and generational continuity that is entirely female – silent and ancient – which tells us that life continues, proceeds, and that pain teaches to do things. It tells us what fundamental function play has in human existence and how it can be amalgamated with suffering.

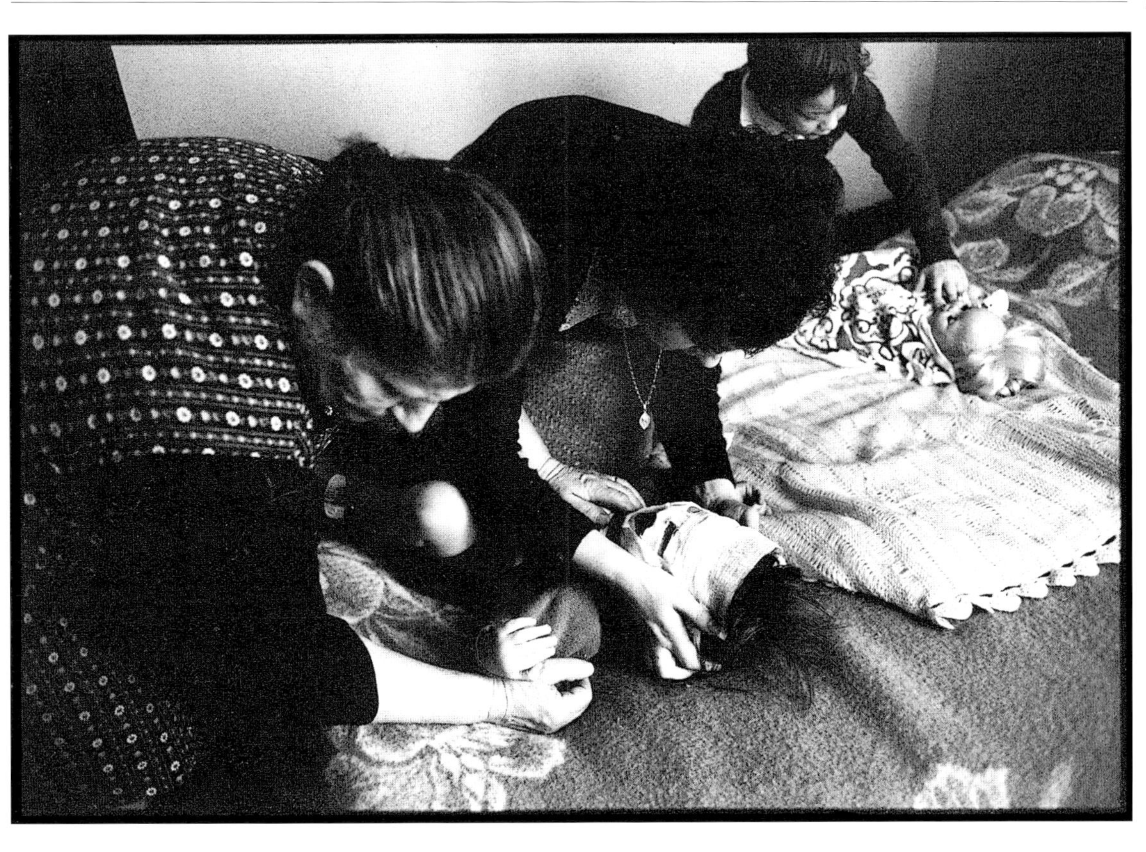

Quale delle due luci illumina di più questa stanza? Lo schermo televisivo con la fissità del suo geometrico monoscopio, o la lampada la cui luce irradiandosi sembra quasi produrre delle pieghe nella tappezzeria? La lampada dialoga con un piatto decorato, che pare a sua volta un sole. La "tastiera" del monoscopio sta in compagnia degli oggetti che, antropomorfizzati, vivono, camminano o sostano sopra il televisore.

Ogni cosa è in fiore, in questo ambiente carico di ricordi, e non vi è nulla che sia privo di decorazioni, di scritture. Ognuno degli oggetti occupa con esattezza la sua posizione e sta inquadrato in una gerarchia formatasi nel tempo. Certamente tutti gli elementi della stanza preesistevano al televisore, che è arrivato per ultimo e ora sta inserendosi in questa società di oggetti, trovando un proprio ruolo che sappia rispondere non solo a esigenze di carattere pratico, ma anche estetico: fra le molte immagini che questo ambiente già possedeva, ha portato la sua, quella del suo stesso aspetto tecnologico, e le infinite che escono dal suo schermo. Siamo alla fine degli anni Settanta a Barbarano Romano – Cresci vi condusse una lunga ricerca nelle case e sugli oggetti, così come aveva fatto per molti anni in Lucania – e questo processo di "ambientazione" è ancora in atto. La fotografia ha dunque, insieme a quella concettuale, una fortissima valenza antropologica.

Con l'arrivo del televisore, una delle due lampade, quella ad esso più vicina, è stata spenta. Quella un poco più lontana è accesa e, appunto, compete con quello schermo domestico che qualche anno più tardi sarebbe stato da molti paragonato a un caminetto.

Which of the two lights illuminates this room to a greater degree? The television screen with the fixity of its geometrical monoscope or the lamp whose light, in being irradiated, almost seems to produce creases in the wallpaper? The lamp "holds dialogue" with a decorated plate which in its turn appears to be a sun. The "keyboard" of the monoscope is in the company of the objects – anthropomorphized – which live, walk or simply linger on top of the television. In this environment charged with memories everything is in flower, and there is nothing lacking in decoration, in writing. Each of the objects exactly occupies its position and is framed within an hierarchy come to be formed in time. Certainly all of the room's elements existed before the television set which was the last to arrive and is now incorporating itself in this society of objects, finding a role of its own, able not only to answer practical but also aesthetic demands: from among the many images that this environment already possessed it has brought its own, that of its own technological aspect – together with the infinite ones which come out from its screen. We find ourselves at the end of the 1970's in Barbarano Romano – Cresci carried out a lengthy work of research in homes regarding objects, as he had done for many years in Lucania – and this process of "coming to terms" with the setting is still under way. In consequence, together with a conceptual one the photograph possesses a very strong anthropological content.

With the arrival of the television set one of the two lamps (the one closer to it) had been switched off. The one a little further away is lit and therefore competes with that domestic screen which a few years later would by many people become comparable to a hearth.

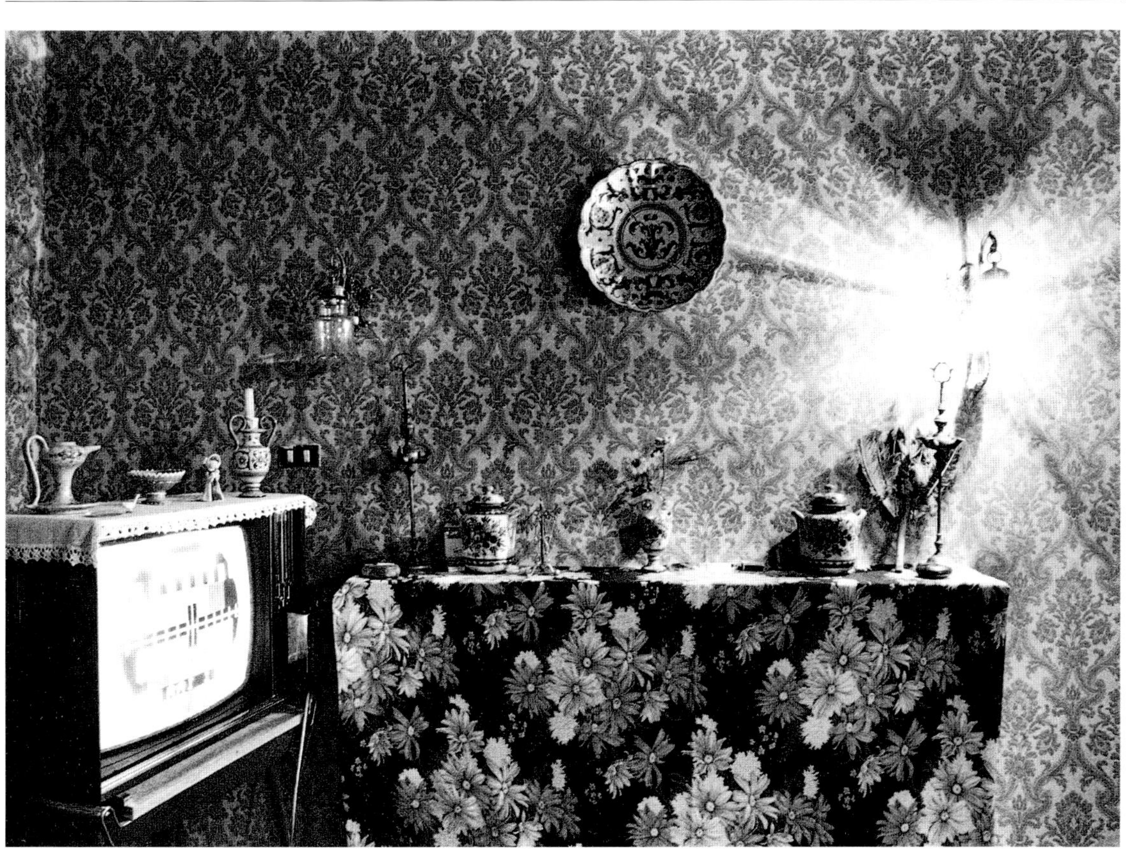

Un'automobile coperta da un bianco lenzuolo, come una salma, ferma – forse da poco arrivata in volo, forse ancora sollevata da terra – sta in uno scuro vicolo materico di Napoli, sola. Ha tutta l'aria di un'apparizione. Una luce irreale la illumina, e una macchia chiara sul muro le sta accanto.

Nell'evoluzione del lavoro di Mimmo Jodice questa fotografia, come altre del periodo a cavallo fra anni Settanta e Ottanta, è molto importante: segna il passaggio da un prevalente interesse dell'autore verso un reportage socio-antropologico tutto incentrato sulle azioni e sui riti della comunità napoletana, a una fotografia di tipo più riflessivo prevalentemente orientata verso il paesaggio urbano privo di figure umane. Nell'immagine di quest'auto coperta – pubblicata nel 1980 nel volume *Vedute di Napoli* – percepiamo quel senso di vuoto di matrice metafisica che caratterizzerà fortemente l'opera di Jodice paesaggista: ma anche se la figura umana è sparita, la sua presenza si fa sentire comunque in modo indiretto eppure forte, magico in un certo senso. Il primitivo amore di Jodice per la fotografia surrealista di Bill Brandt; la vicinanza con l'opera di Giuseppe Pagano ricca di accenti metafisici; la conoscenza del linguaggio di Walker Evans che legge l'uomo attraverso i segni di cui i luoghi sono carichi – e altri elementi ancora – si fondono nei bagliori della luce del sud e concorrono ad animare la fotografia senza persone di Jodice. Il presentarsi improvviso di quest'auto in un frammento disabitato di ambiente napoletano è davvero il simbolo della fotografia che verrà.

A motorcar covered by a white sheet, like a corpse. Motionless – perhaps only just arrived by air, perhaps still raised from the ground – it stands in a dark matteric alley in Naples, alone. It really seems to have the air of an apparition. An unreal light illuminates it. A clear patch on the wall stays beside it.

In the evolution of Mimmo Jodice's work this photograph is very important (like others of the period bridging the 1970's and 1980's). It marks the "passage" by the author from a prevalent interest in a socio-anthropological reportage, all centered upon the actions and rites of the Neapolitan community, to a photography of a more reflective type and primarily orientated towards the urban landscape void of human figures. In the image of this covered motorcar – published in 1980 in the volume entitled *Vedute di Napoli* – we perceive that sense of emptiness of metaphysical matrix which so forcefully characterizes the work by Jodice as a landscapist. And yet even though the human figure has disappeared it nevertheless makes its presence felt in an indirect, albeit strong way – magical in a certain sense. Jodice's primitive love for the surreal photography by Bill Brandt, his affinity with the work by Giuseppe Pagano (rich in metaphysical inflections), his knowledge of the language used by Walker Evans who reads mankind by way of the signs with which places are charged – and one could mention other elements – all of these are fused in the glare of southern light, contributing towards animating Jodice's photography that lacks people. The unexpected presentation of this motorcar within an uninhabited fragment of the Neapolitan environment is quite truly the symbol of the photography that would come later.

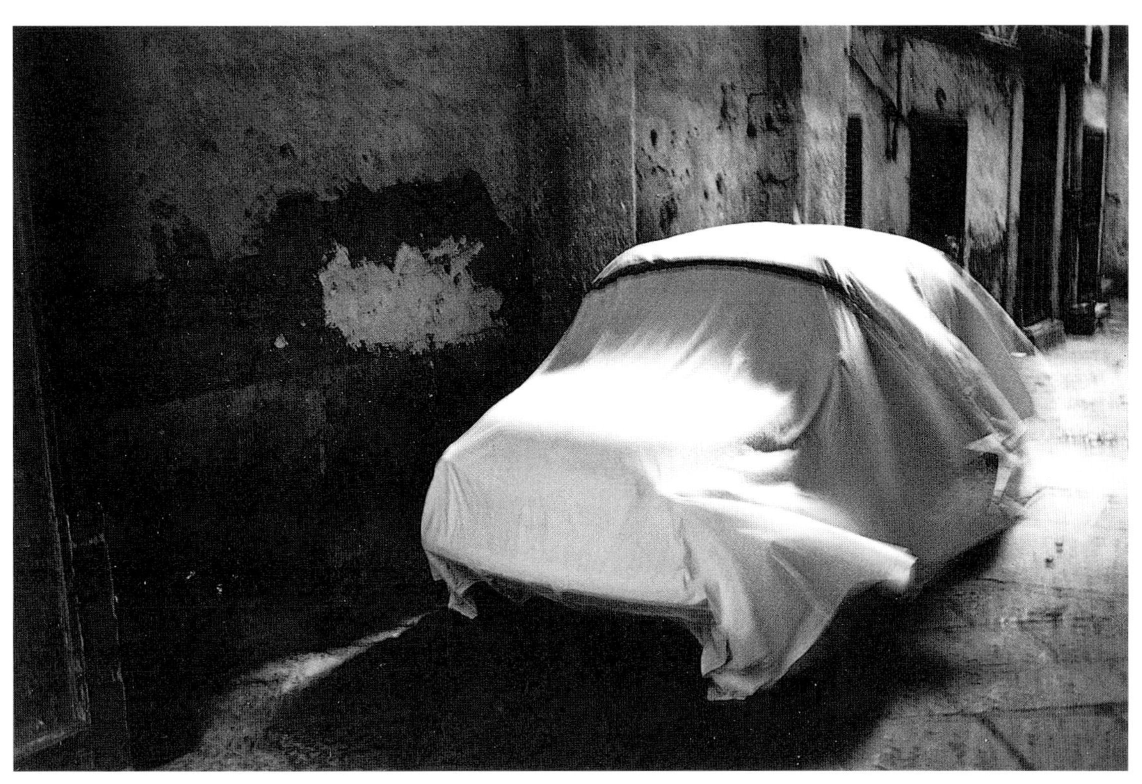

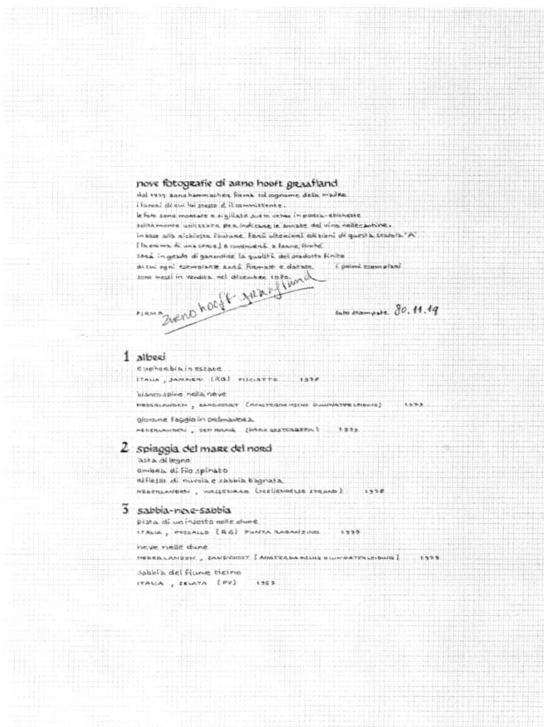

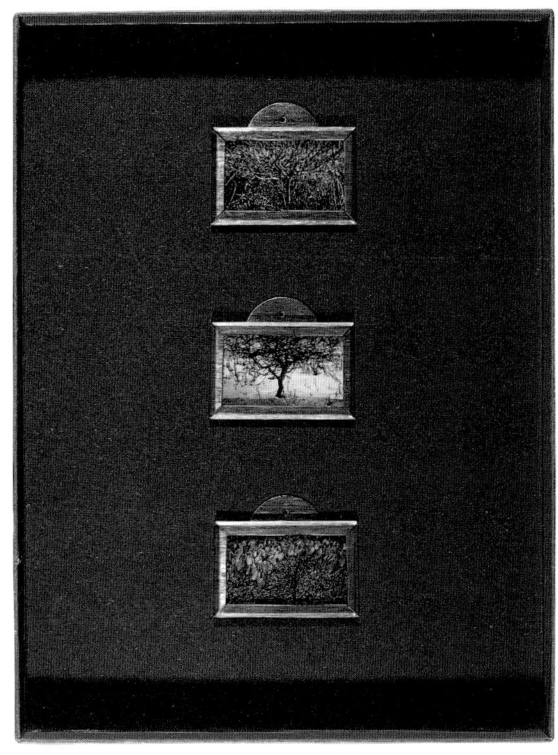

Questa scatola di Arno Hammacher ospita al suo interno, sulle due parti che la compongono e su un cartone che, quando è chiusa, sta dentro di essa, nove piccole immagini, diciamo miniature fotografiche, incorniciate in etichette metalliche solitamente usate nelle cantine: oggetti minimi che rimandano a valori di quotidianità e di convivialità, di amicizia e ricomposizione. Una volta aperta e "dispiegata", la scatola si trasforma in un elegante trittico che parla della natura. L'autore ha anche unito una particolareggiata legenda delle fotografie. L'esatta struttura di 3 x 3 immagini e la meticolosa didascalizzazione ci invitano a leggere il possibile nesso fra i contenuti delle nove immagini. Appare chiara l'alternanza di paesaggi caldi e paesaggi freddi. Più precisamente: Hammacher ha scattato le nove fotografie in tempi diversi (dal 1967 al 1979) in Olanda, paese dove egli è nato, e in Italia, paese dove da molti anni vive. Nella prima "tavola" del trittico troviamo tre alberi diversi, uno italiano e due olandesi, in tre stagioni diverse; la seconda è tutta olandese e presenta dei netti segni in frammenti di paesaggi; nella terza troviamo alternate la sabbia italiana, la neve olandese e la sabbia italiana.

Una natura fatta di elementi semplici sembra dunque fungere da *trait d'union* fra le due "patrie" di questo solitario artista. Il suo mite discorso è affidato al linguaggio del minimalismo: quanto più piccolo è il segno, quanto più silenziosa è l'immagine, tanto più importanti saranno le parole che l'artista ci sta dicendo. Il calore del vino confermerà il discorso e salderà le due culture e le due viti (nonostante i segni verticali presenti nelle immagini della "tavola" centrale ancora indichino una separazione). La discrezione di una scatola chiusa, che solo una curiosità rispettosa farà aprire di tanto in tanto, lo renderà più prezioso e delicato.

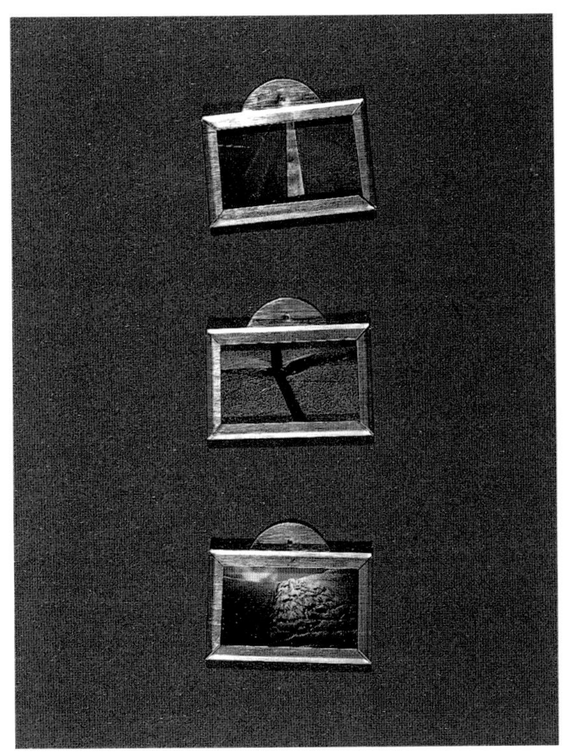

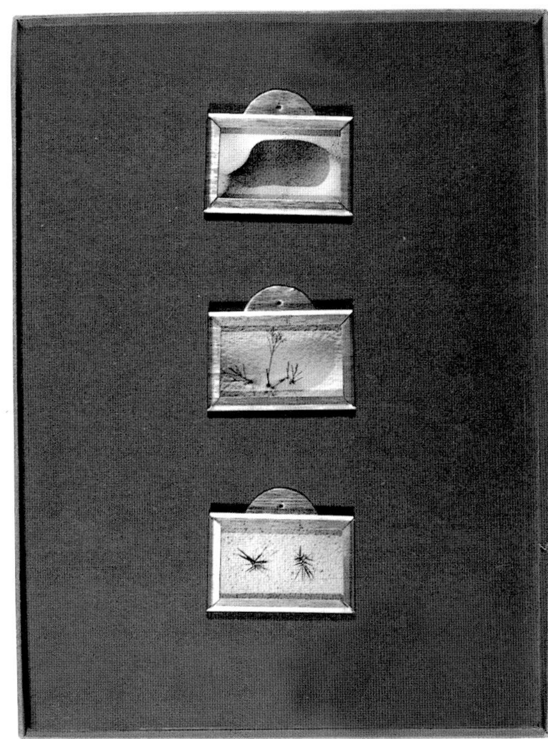

The inside of this box by Arno Hammacher, on the two parts that compose it and on a piece of cardboard that when closed lies inside it, houses nine small images (let us say miniature photographs), framed in metallic labels normally used in wine cellars: minimum objects which refer to the values of daily life and conviviality, friendship and recomposition. Once opened and "unfolded" the box is transformed into an elegant triptych that talks about nature. The author has also added a detailed legend of the photographs. The exact structure of 3 x 3 images and the meticulous caption treatment invites us to read the possible nexus between the contents of the nine photographs. The alternation between the warm and cold landscapes appears clear. More precisely: Hammacher shot the nine photographs during different periods (from 1967 to 1979) in Holland (where he was born) and in Italy (his country of residence for many years). In the first "panel" of the triptych we find three diverse trees, one Italian and two Dutch, during three different seasons. The second is entirely Dutch and presents clear signs in landscape fragments. In the third we find the alternation of Italian sand, Dutch snow and Italian sand.

A nature made up of simple elements therefore acts as a *trait d'union* between the two "homelands" of this solitary artist. His gentle discussion is entrusted to the language of Minimalism: the smaller the sign and the more silent the image then the more important will the words be that the artist is telling us. The warmth of the wine will confirm the discussion and weld the two cultures and the two lives (notwithstanding the fact that the vertical signs to be found in the images of the central "panel" still indicate a separation). The discretion of a closed box - which only a respectful curiosity will open from time to time - makes it more precious and delicate.

Il torso affiora dalle dense pennellate e dalle macchie di una materia fotografica blu cupo, colore che non appartiene alla vita umana – le labbra un poco rosate, e così alcuni punti del volto, la gola, un braccio – qualche segno verde-marrone qua e là sul corpo. Una fascia chiara cancella lo sguardo; una sorta di fiamma giallastra brilla a destra del volto; altre fiamme chiare salgono dalla cintura, sottolineata da un gesto materico netto che quasi tronca il corpo. Più sotto, una strisciata finissima, come una scia, pone irrimediabilmente termine all'immagine.

È uno degli *Omaggi a Bayard*, Polaroid di grande formato impressionate con camera a foro stenopeico e trasferite su carta da disegno, un ciclo di opere molto importanti che Paolo Gioli realizza nei primi anni Ottanta. L'artista, che utilizza da anni l'immagine positiva immediata Polaroid, sovrappone concettualmente e creativamente se stesso a Hyppolite Bayard, ottocentesco pionieristico inventore di un primo processo fotografico positivo. La figura maschile sta nella stessa posizione rigida e al tempo stesso abbandonata – spossata – in cui Bayard pose se stesso in forma di annegato in un autoritratto nel quale si fingeva e si autodichiarava morto agli occhi della storia che pareva ignorare il suo lavoro. Ma questa posa, che consente a Gioli di indicare una precisa condizione fisico-esistenziale, non si riferisce solo a quella antica fotografia ormai famosa con cui Bayard dimostrò di aver intuito l'importanza fondamentale del concetto di finzione: appartiene anche e profondamente alla storia dell'arte, e richiama quella del corpo del Cristo di molte Deposizioni e Pietà del Rinascimento italiano – per esempio quelle di Giovanni Bellini – le membra livide e appesantite riportate alla loro più tangibile e mondana fisicità.

The torso "surfaces" from the dense brush-strokes and from the marks of a dark blue photographic matter, a colour which does not belong to human life – the lips somewhat pinked, as also some points of the face, the throat and an arm, with some green-brown signs here and there on the body. A light band cancels sight. A sort of yellowish flame flares to the right of the face. Other light flames rise from the height of the belt, emphasized by a clear-cut matteric gesture which almost severs the body. Below there is an extremely fine streaking, like a wake, which irremediably terminates the image.

It is one of the *Omaggi a Bayard* [Homages to Bayard], a Polaroid of large size exposed with a camera having a stenopeic hole and transferred onto drawing paper. A very important cycle of works which Paolo Gioli carried out in the opening years of the 1980's. The artist, who has for years used the immediate Polaroid positive image, conceptually and creatively superimposes himself on Hyppolite Bayard, nineteenth-century pioneering inventor of a first positive photographic process. The male figure remains in the same rigid and, at the same time, abandoned position "exhausted" in which Bayard "self-posed" in the form of the drowned in a self-portrait in which he feigned and declared himself dead to the eyes of a history which appeared to ignore his work. Although this pose, which allowed Gioli to indicate a precise physical-existential condition, does not only refer to that by now famous old photograph with which Bayard demonstrated to have intuited the fundamental importance of the concept of fiction. It also belongs, and profoundly so, to the history of art, and calls up the reference to that body of Christ of many Depositions and Pietà of the Italian Renaissance – those, for example, by Giovanni Bellini – with the limbs livid and heavy, reproduced in their most tangible and worldly physicalness.

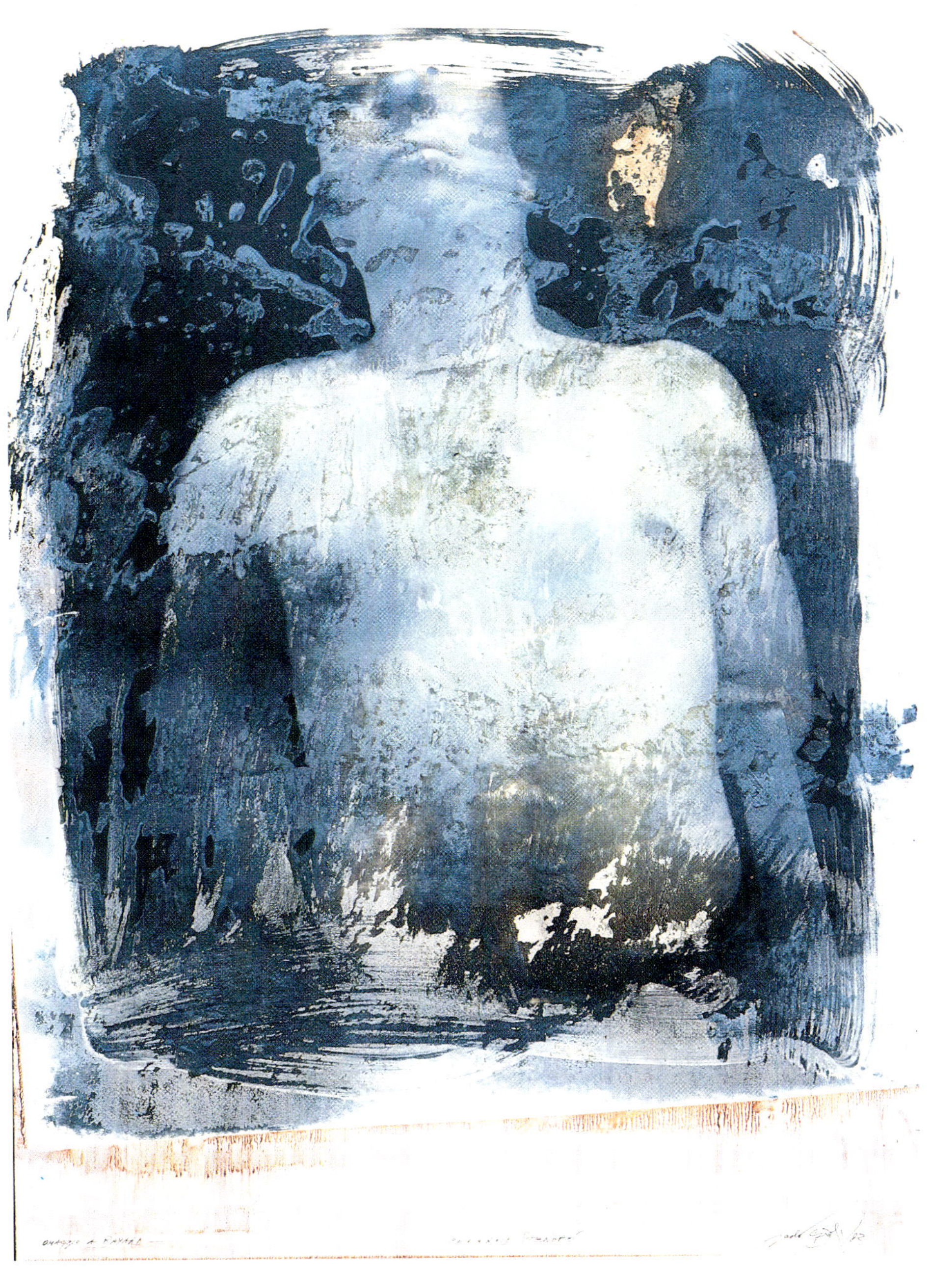

Le migliori fotografie di Giovanni Chiaramonte sono apparizioni: immagini di stupore e interrogazione di impronta metafisica. Risolte nella maggior parte dei casi dentro il formato quadrato, figura geometrica che sta in equilibrio assoluto, si basano spesso su una struttura simmetrica basata su un elemento principale che abita il centro dell'immagine. Tutto questo ha un senso molto preciso: attraverso un controllo formale forte, "totale", degli elementi che si presentano alla macchina del fotografo, Chiaramonte mette in piena evidenza la sua necessità di sintonizzare le parti di realtà che di volta in volta seleziona per trasformarle in fotografie, con una realtà più grande e perfetta, trascendentale: la sua necessità di "spiritualizzare" l'immagine e di connotarla in senso dichiaratamente religioso.

Ecco qui, in un angolo di casa, un pianoforte aperto ripreso frontalmente, un quadrato nel quadrato. Lo spartito, netto rettangolo bianco in una fotografia fondamentalmente scura, indica qualcosa che è di per sé astratto, spirituale, visivamente irrappresentabile: la musica. A questa si congiunge un altro elemento incorporeo, la luce, che entra nell'inquadratura a determinare forme in diagonale: forme dinamiche, dunque, influenti, capaci di orientare i significati, eppure in questa fotografia stranamente statiche. Le concrete materie del pianoforte, del pavimento, del muro, degli abiti appesi, assistono all'evento.

The best photographs by Giovanni Chiaramonte are apparitions: images of amazement and stupor and an interrogation of a metaphysical stamp. Resolved in most cases within the squared format, a geometrical figure which is in absolute equilibrium, they are often founded upon a symmetrical structure based on a principal element that "lives" the center of the image. All of this has a very precise sense. By way of a strong – "total" – formal control of the elements that present themselves to the camera, Chiaramonte fully evidences his need to syntonize the parts of reality which from time to time he selects in order to transform them into photographs, with a greater and more perfect reality – one that is transcendental: his need to "spiritualize" the image and connote it in a declaredly religious sense.

Here, in a corner of the house, an open piano is shot frontally, a square within the square. The score, a clear white rectangle in a fundamentally dark photograph, indicates something which is abstract in its own right, something spiritual and visually unrepresentable: music. This is joined by another incorporeal element, that of light, which enters the shot determining diagonal forms: dynamic and influential forms, therefore, capable of orientating the meanings (and yet, in this photograph, strangely static). The concrete matters of the piano, the floor, the wall and the hung clothing take part in – and tend to – the event.

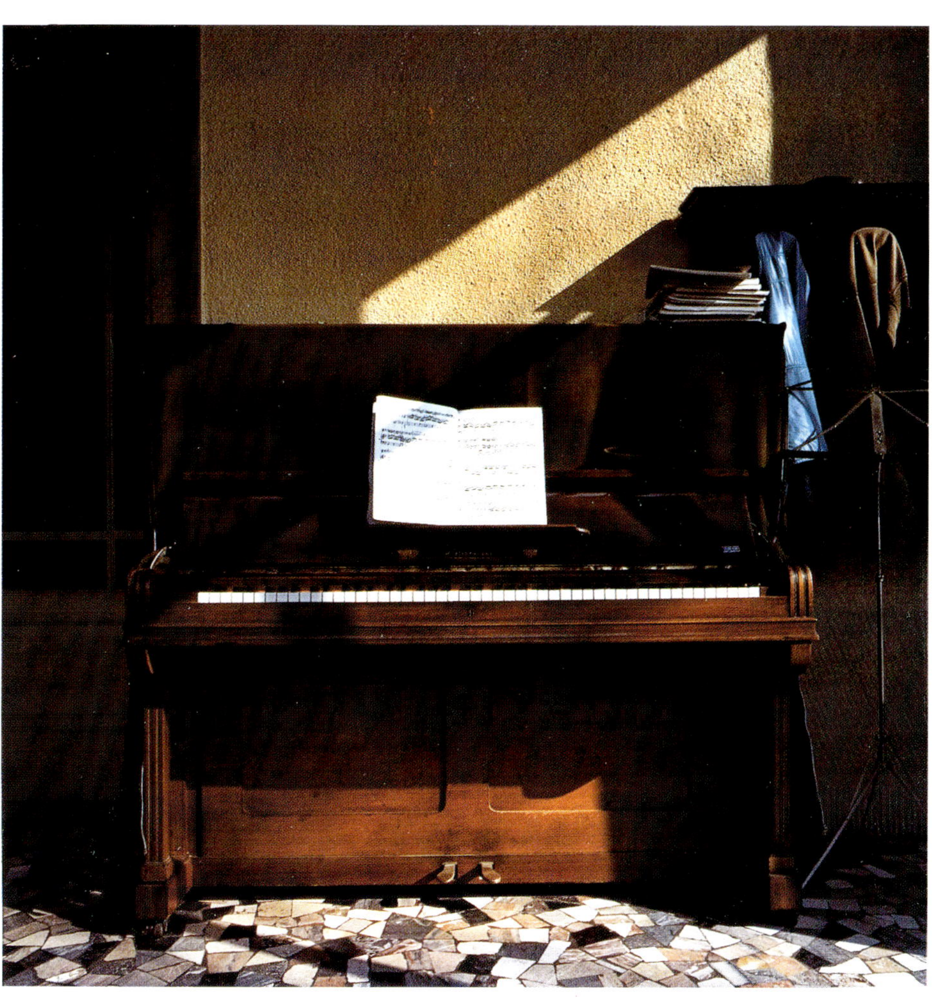

Il senso di questa immagine si costruisce non sulla base degli elementi che la compongono – peraltro minimi: le montagne, la strada, i due paletti di legno, uno dei quali rotto – ma sul vuoto. L'arco della vignettatura nella parte bassa dell'inquadratura contribuisce a definire uno spazio circolare, avvolgente, di natura precipuamente fotografica: rimanda a immagini antichissime stampate in ovale o in tondo e dunque simili a icone; ricorda alcune raffinate fotografie di Atget e di Sudek; ma soprattutto indica l'esistenza di un obiettivo e quindi di uno sguardo che non è quello dell'occhio ma quello della macchina. La rotondità d'altro canto è anche quella dell'occhio, e ci parla dunque della visione in assoluto (del cono della visione), della visione mentre avviene. Questo concetto unito al senso di vuoto che l'immagine di Guidi comunica significa che la fotografia è un atto che si esplica nello sguardo continuo rivolto verso il mondo esterno: per esistere non ha bisogno di soggetti speciali né evidenti ma di continuità e di attesa. Il gesto del fotografare, ci dice Guidi, uno dei maestri della fotografia italiana contemporanea, va al di là del soggetto e penetra in una dimensione che è oltre il reale e la sua visibilità; di conseguenza quanto meno "speciale" sarà il soggetto, quanto più esiguo, tanto più significativo e profondo sarà l'atto stesso del fotografare. Se osserviamo ancora quest'immagine di montagna vediamo che il "paesaggio" ripreso ha un suo volto e un suo sguardo con il quale sta rispondendo al nostro: l'occhio sinistro è più piccolo e quello destro più grande.

The sense of this photograph is not constructed on the basis of the elements that compose it, minimum moreover: the mountains, the road and the two wooden pickets, one of which broken, but on emptiness. The arc of the vignetting, in the lower part of the shot, contributes towards defining a circular and enveloping space which is essentially photographic: it refers us to very old images stamped ovally or in the round and, consequently, similar to icons. It reminds one of certain refined photographs by Atget and Sudek. Although above all it indicates the existence of a lens and therefore of a "looking" which is not that of the eye but of the camera. On the other hand, the rotundity is that of the eye and therefore talks to us absolutely about the vision (of the cone of the vision), about the vision while it takes place. This concept – when joined to the sense of emptiness which Guidi's image communicates – means that photography is an act which is expressed in the continuous looking directed towards the outside world: in order to exist it needs neither special nor evident subjects but instead has need of continuity, expectation and waiting. The gesture of photographing – Guidi, one of the "masters" of contemporary Italian photography, tells us – goes beyond the subject, penetrating a dimension which is beyond the real and its visibility. Consequently, the less "special" the subject, the more exiguous, then so much more meaningful and profound will be the very act itself of photographing. If we once again observe this mountain image we see that the "landscape" shot has a face and sight with which it is answering our own: the left eye is smaller and the right larger.

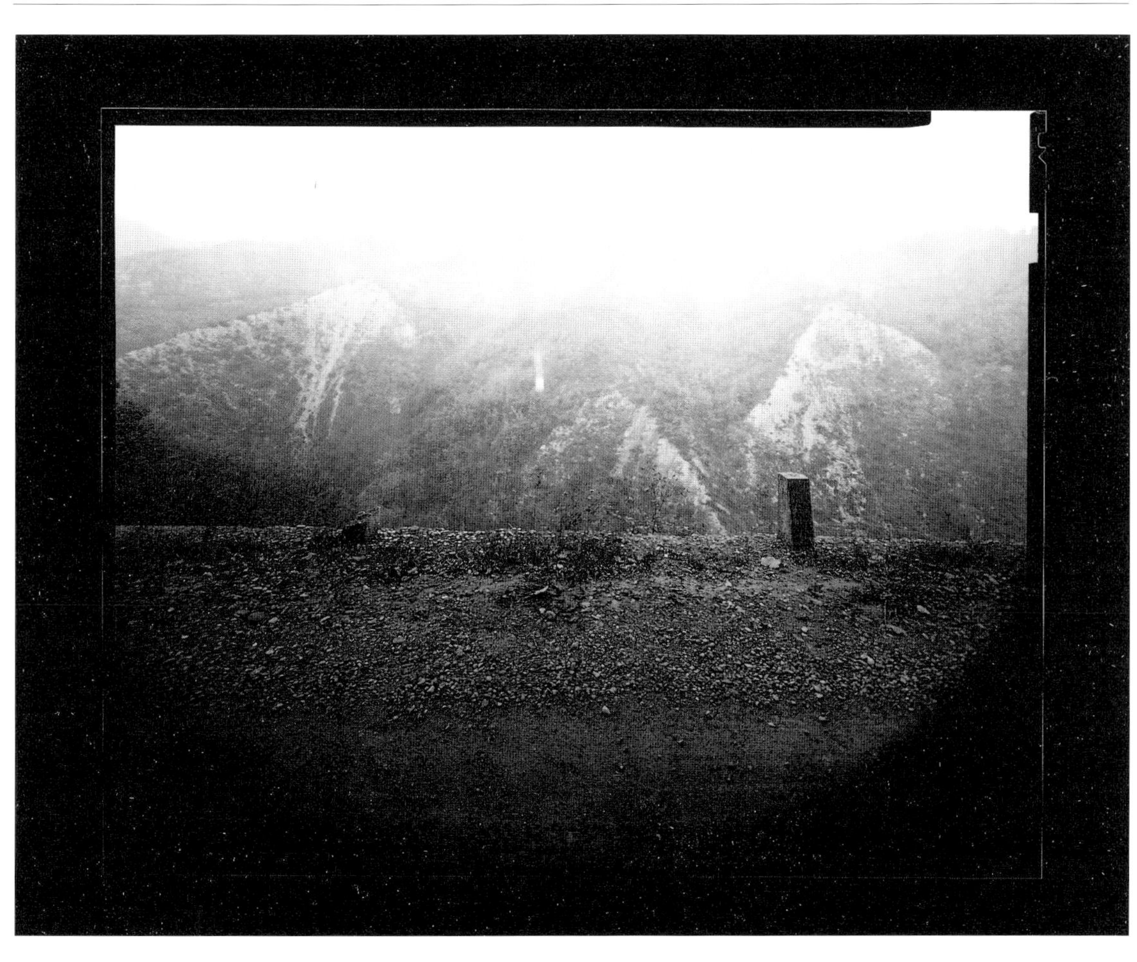

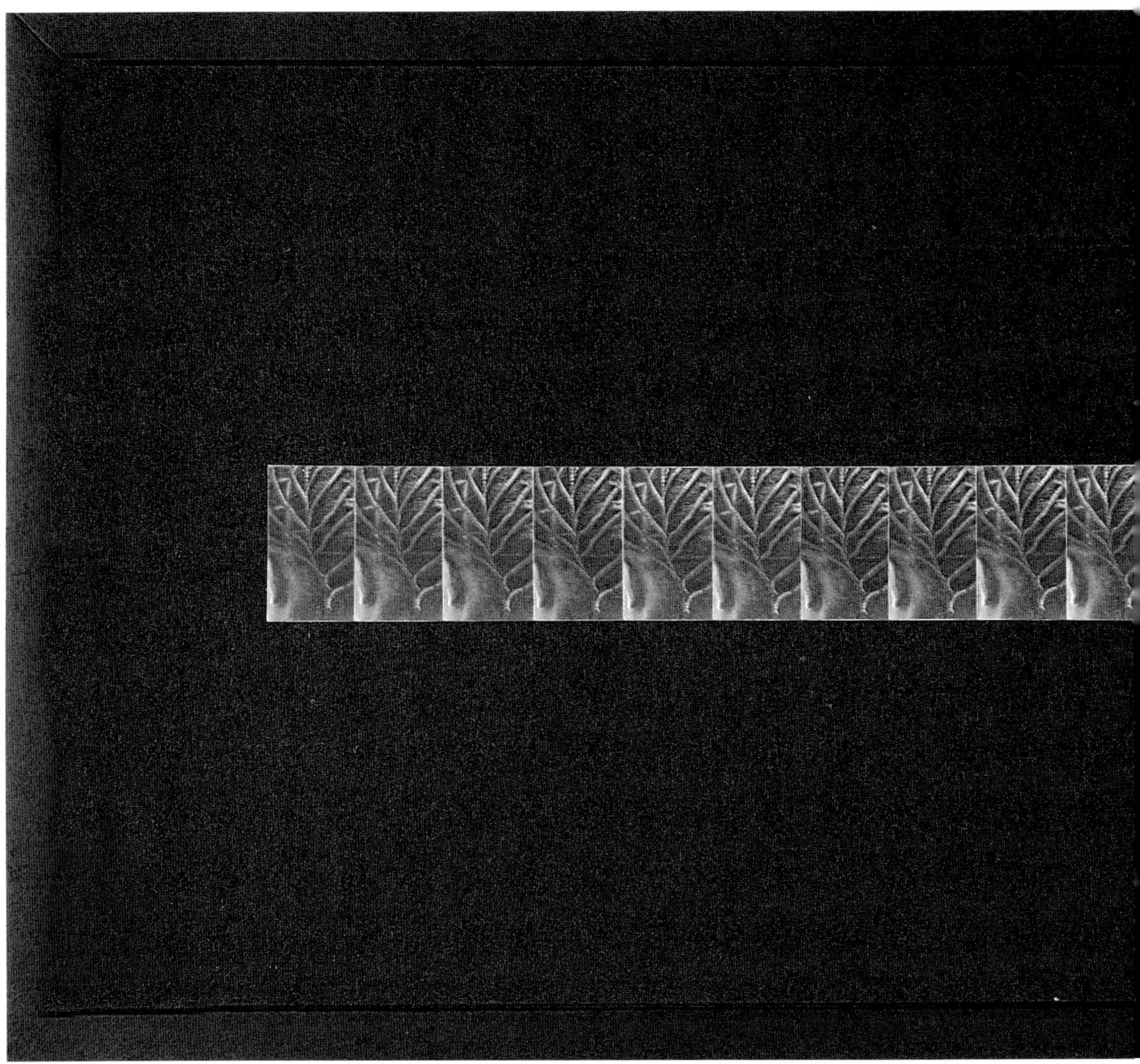

L'opera è parte di un ampio ciclo che prende spunto dalla pettinatura africana: di questa, nata come codice sociale mirato a indicare l'appartenenza a una etnia o a una sua componente, Tagliaferro sottolinea esattamente la struttura segnica trasformandola in vera e propria scrittura. L'immagine fotografica, dopo essere stata "realisticamente" registrata, viene staccata dal suo contesto originario, resa leggera e scheletrica anche se non privata dei suoi valori tattili, e riportata al suo schema essenziale. In questo caso, attraverso la ripetizione di una parte di una testa femminile Tagliaferro giunge a una sorta di gentile eppure netta scrittura orizzontale, a un insieme di segni che procedono concatenati richiamando "figure" diverse: il fitto di una foresta di alberi, le nervature di un organismo vegetale oppure animale, forse un insetto, la trama decorativa di uno scudo, di uno stemma, l'impronta di un timbro o di un sigillo, lo schema grafico di un elettrocardiogramma. Nella prima "striscia" i segni si ripetono assolutamente ugua-

li secondo il ritmo di un codice scandito da delicati tagli di luce; nella seconda i segni si susseguono invece a coppie speculari e formano, nel loro congiungersi, figure in prospettiva e cavità: ricordano nuovamente insetti, o strutture ossee, vene, gabbie toraciche ma, soprattutto, la forma ripetuta del sesso femminile. Su questa varietà di possibili letture si misura il concetto stesso di scrittura e tutto il suo mistero. All'antica segnaletica tribale africana si è sovrapposta un'indagine creativa che ha assunto liberamente i segni in funzione astratta, interrogativa. In molte opere di questo ciclo, testimone di questa sovrapposizione è un fondo bianchissimo, che è insieme spazio e tempo; in alcune, come questa, il nero più profondo risponde alla stessa funzione.

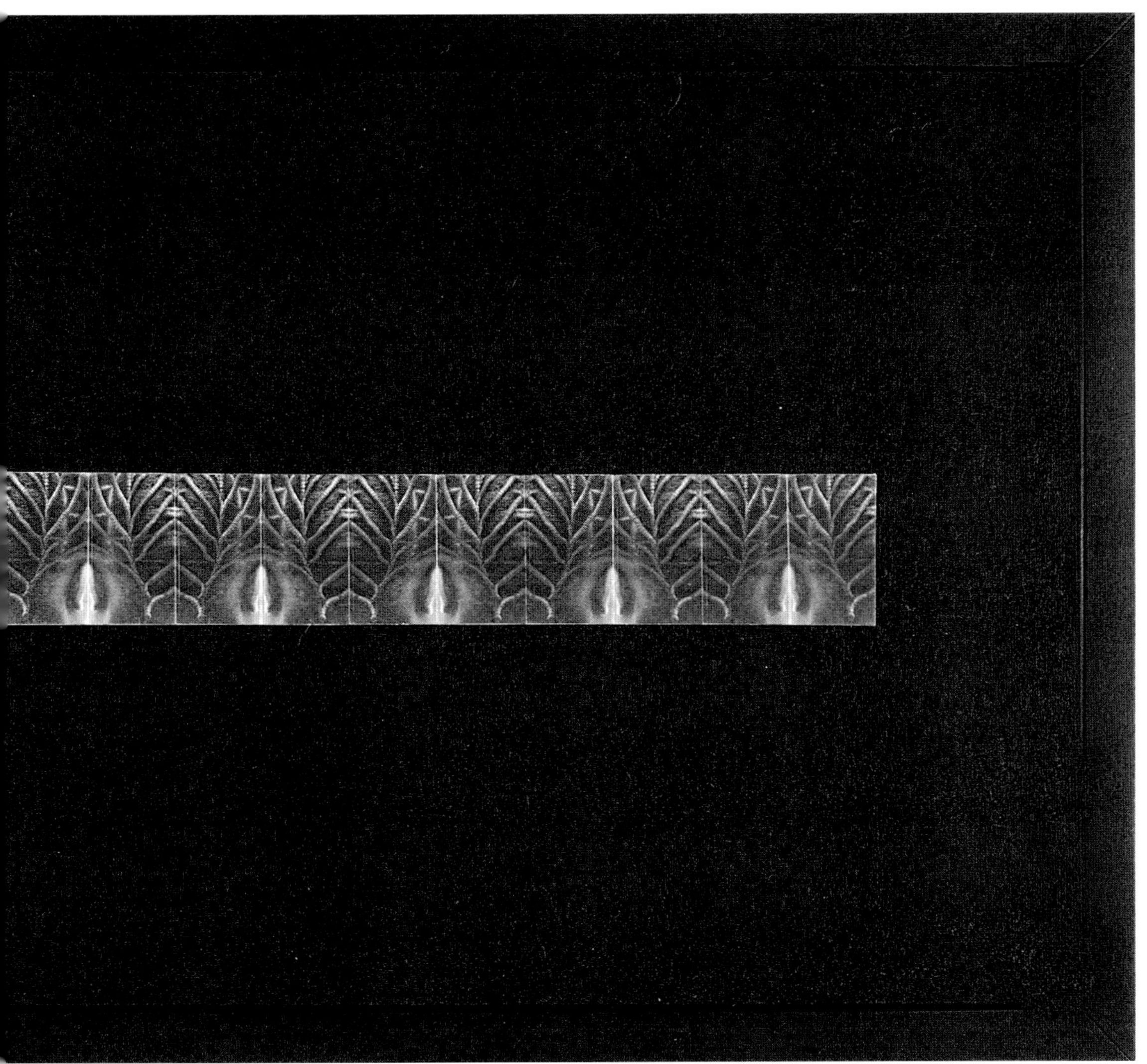

The work forms part of an extensive cycle which takes its cue from the African hairstyle: created as being a social code aimed at indicating the fact of belonging to an ethnic group or to a component of the same, Tagliaferro exactly underlines the sign structure by transforming it into a true form of writing. The photographic image, after having been "realistically" recorded, is detached from its original context, rendered light and skeletal even if not deprived of its tactile values, and is then once again ascribed to its essential scheme. In this case, and by way of the repetition of a part of a female head, Tagliaferro arrives at a sort of gentle and yet clear-cut horizontal writing, he achieves an assembly of signs which proceeds in a concatenation, referring to diverse "figures": the compactness of a forest of trees; the nervation and nervous system respectively of a vegetal or animal organism, perhaps an insect; the decorative motif of a shield, of a coat of arms; the mark of a rubber stamp or a seal; or the graphic diagram of an electrocardiogram. In the first "strip" the signs repeat themselves in an absolutely matching way following the rhythm of a code with a scansion formed by delicate cuts of light. In the second, instead, the signs follow each other in specular couples, in their joining together forming figures in perspectives or else cavities: they again remind one of insects, bone structures, veins, thoracic cages although, and above all, the repeated form of the female sexual organ. Upon this variety of possible readings the very concept itself of writing and all of its mystery takes measure of itself. The old African tribal sign system is superimposed by a creative investigation which has freely taken up the signs as an abstract, interrogatory operation. In many of the works of this cycle the "testimony" of this superimposition is a very white background which is both space and time. In some of them, such as this one, the darkest black fulfills the same function.

Una texture materica che ci parla immediatamente della natura. L'elemento del significante prevale nettamente, e non sappiamo se quel che vediamo sia erba, cespuglio, terra, roccia, acqua, superficie piatta oppure in salita o in discesa. Ogni ordine di grandezza è perso: è questo un vasto territorio oppure una minuscola porzione di paesaggio? Al di là di ogni misurazione e al di là di ogni possibilità di riconoscimento del soggetto, sappiamo però con certezza che si tratta di natura. Il bagno nel mallo di noce – natura che si aggiunge alla natura – ha lasciato sull'immagine la traccia di un'altra texture che si sovrappone alla prima, rafforzandola, e la materia è visibile sull'intera superficie della fotografia, anche sulla fascia "bianca" intorno. Un rafforzamento di natura tautologica che costituisce l'anima stessa di questa fotografia, fra le prime prodotte da Filippo Maggia.

È un lavoro minimalista, che nasce dalla presa di contatto con un luogo ma non mira nel modo più assoluto a descriverlo: ci dice solo che un contatto è avvenuto. Un segno verticale chiaro divide l'immagine per la sua lunghezza in due parti equivalenti: sembra un lieve oggetto posto nella natura, come in un'opera di Land Art; oppure un graffio sul negativo fotografico che ha asportato un poco di emulsione e insieme ad essa un poco di immagine; oppure ancora un vero ramo che attraversi l'inquadratura, a interrompere la continuità dello spazio reale e, insieme, quello del campo percettivo.

A matteric texture which immediately talks to us about nature. The element of the signifier clearly prevails and we do not know whether what we see is grass, a bush, earth, rock, water, a surface that is flat, climbing or else with a downwards inclination. Every order of greatness is lost: is this a vast tract of territory or a minute portion of landscape? Irrespective of whatever measurement or whatever possibility of recognition of the subject, we know however with certainty that it deals with nature. The bath in walnut hull - nature which is added to nature - has left the trace on the image of another texture which superimposes the former, strengthening it, and the matter is visible on the entire surface of the photograph, also on the surrounding "white" band. A strengthening of tautological nature which constitutes the animating soul of this photograph, from among the first ones produced by Filippo Maggia.

It is a minimalist work that results from coming into contact with a place (although it has absolutely no intention whatsoever to describe it): it only tells us that a contact has taken place. A light (and also very clear) vertical sign divides the image's length into two equivalent parts: it would seem to be a tenuous object placed into nature, as in a work of Land Art. Or else a scratch on the photographic negative which has removed a little of the emulsion and, together with this, a small part of the image itself. Or else a real branch which passes across the framing in such a way as to interrupt the continuity of the real space and - simultaneously - that of the perceptive field.

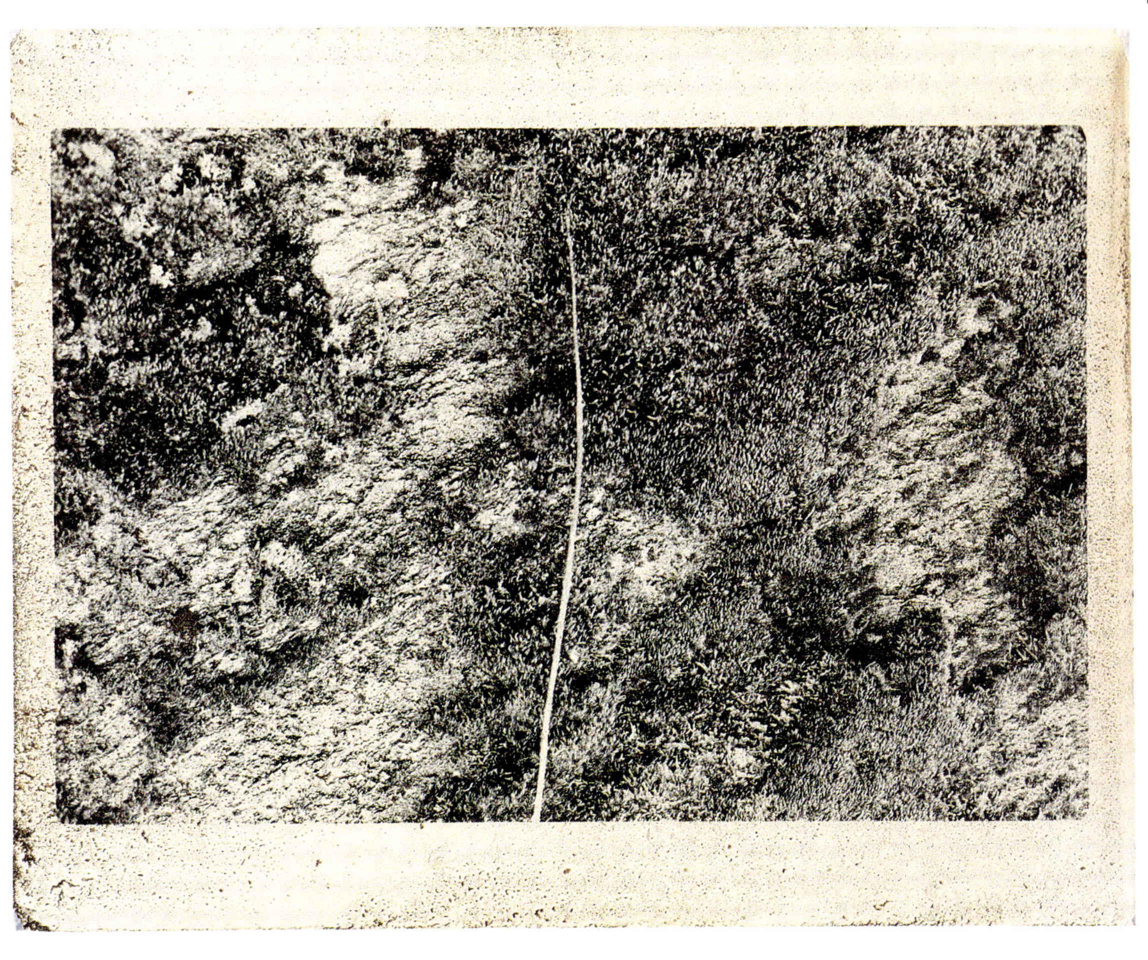

Un insieme costituito da tre file sovrapposte di quattro immagini ciascuna. La quarta fila, la più alta, ne presenta però solo due, al centro. Come il titolo importante dell'opera indica, l'ideale, solido rettangolo di partenza è "turbato", ed esso si trasforma in una costruzione nella quale una sorta di piattaforma sostiene un tempietto, quello appunto costituito dalle due immagini: uno ziggurat immaginato, che al posto di alti gradoni presenta fotografie dalle quali affiora un delicato spiritualissimo colore che pare quasi generato dalla severità di un bianco e nero che gli preesisteva. Tutti questi "quadri" orizzontali e immediatamente dinamici emergono da un nero profondo e assoluto che costituisce l'astratto sfondo di questa costruzione che non ha terra sotto di sé né cielo sopra. Se entriamo con lo sguardo dentro queste fotografie, scopriamo figure sfilacciate – come in Etienne Jules Marey, in Anton Giulio Bragaglia, o in Francis Bacon, artisti cari all'autore – che velocemente ne attraversano lo spazio, frecce dirette verso destini sconosciuti, contenute all'interno di camminamenti obbligati, prigioniere ignare di una sequenza temporale priva di inizio e di fine. È la metropolitana milanese, luogo simbolico sul quale Ziliani ha lavorato per anni. Lo sfondo della scena – poiché l'inquadratura che si ripete uguale crea una sorta di boccascena teatrale – è illuminato al centro da un vago arrotondato bagliore. La geometria, con tutto il senso di malinconia che essa trascina con sé, domina assoluta su quest'opera concettuale che indica il trascorrere continuo della vita, delle vite.

A composition made up of three superimposed rows each comprising four images. The fourth row – the topmost one – only presents us with two of them, at the center. As the important title indicates, the ideal and solid "starting" rectangle is "disturbed" and is transformed into a construction in which a sort of platform supports a small temple, that constituted by the two images: an imagined ziggurat which in the place of the high and large 'steps' presents photographs from which surfaces a delicate and extremely spiritual color that appears almost to be generated by the severity of a preexistent black and white. All of these horizontal and immediately dynamic "paintings" emerge from a profound and absolute black which constitutes the abstract background of this construction that has neither ground below nor sky above it. If with our gaze we enter these photographs then we discover frayed figures – as in Etienne Jules Marey, Anton Giulio Bragaglia or Francis Bacon, artists dear to the author – which rapidly pass across the space of them, arrows directed towards unknown destinies, contained within obligatory paths, unknowing prisoners of a temporal sequence lacking beginning and end. It is the Milanese underground railway system, the symbolic place regarding which Ziliani has worked for years. The background of the scene – given that the framing which is repeated identically creates a sort of theatrical proscenium – is illuminated at the center by a vague and rounded flash. The geometry, with all of the sense of melancholy that it takes along "in tow" within itself dominates absolutely in this conceptual work that indicates the continuous flowing and passing of life, of lives.

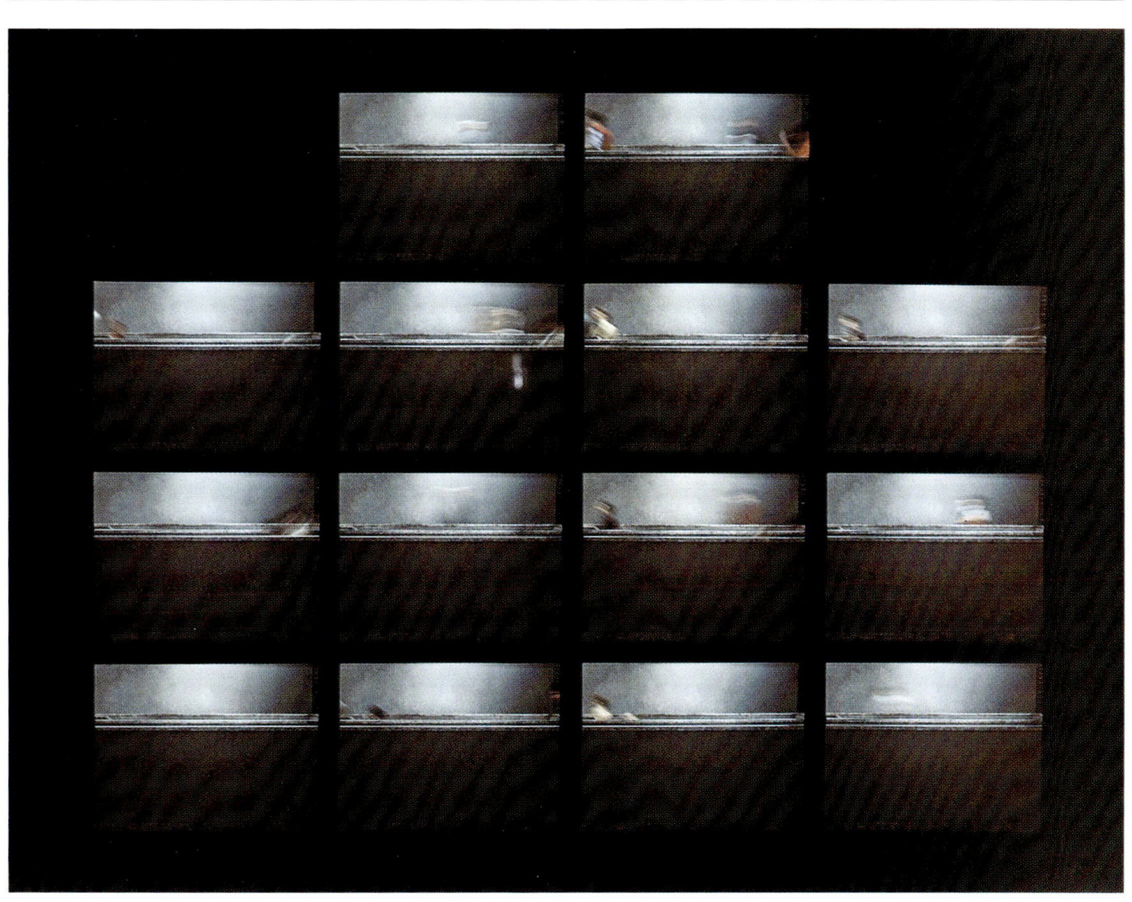

Un'atmosfera proustiana pervade questa fotografia strutturata in pochi elementi: la curva di una polverosa strada sterrata – non una strada dritta in fuga, ma una più dolce, curva – dei cespugli in fiore, mura di pietre antiche e una scura porta-cavità verso cui tutto sembra confluire. Un angolo di paesaggio terrestre, senza cielo, un luogo nel quale la natura e gli uomini hanno lavorato in armonia a plasmare il mondo: a questo stato di partenza si aggiunge una nuvola di polvere sollevata dal passaggio di un'auto che rischiara una zona dell'immagine e la pone in sospensione, condizione necessaria a creare il ricordo. Se la strada e i cespugli fioriti costituiscono la scena, la nuvola sospesa – elemento di lieve dinamismo – e la porta in silenziosa attesa, costituiscono i personaggi che la abitano, dando avvio a una piccola storia. I paesaggi di Francesco Radino non sono mai vuoti: egli lavora infatti su piccoli accadimenti della visione e insieme dell'esistenza, sui moti affettivi che animano di volta in volta luoghi e oggetti. Per questo le sue fotografie non appartengono ad alcun genere in particolare e accolgono invece, alla pari, una grande varietà di figure di natura diversa, preferibilmente semplici, tutte ugualmente responsabili e partecipi del destino delle immagini.

A Proustian atmosphere pervades this photograph, structured in only a few elements: the curve of a dusty, dug out road (not a straight road racing away but a more "harmonious" one, curved), clumps of bushes in flower, old stone walls and a dark tunnel mouth-cavity towards which everything seems to "flow". A corner of a terrestrial landscape, without sky, a place in which nature and men have worked in harmony to mould the world: from this starting point a cloud of dust is added, raised by the passing of a car and which lightens a zone of the image, placing it in a state of suspension, a condition necessary for creating the memory. If the road and the bushes in flower constitute the scene then the hovering cloud, element of slight dynamism, and the mouth-cavity in silent expectation, constitute the characters that live this scene, giving rise to a small story. The landscapes by Francesco Radino are never empty: in fact, he works on small events of the vision and, together, of existence. He works on the affective gestures and movements that on every single occasion animate places and objects. It is because of this that his photographs do not belong to any particular genre. Instead, and on a par with this, they host a grand variety of figures of diverse nature, preferably simple, all equally responsible for and actively involved in the destiny of the images.

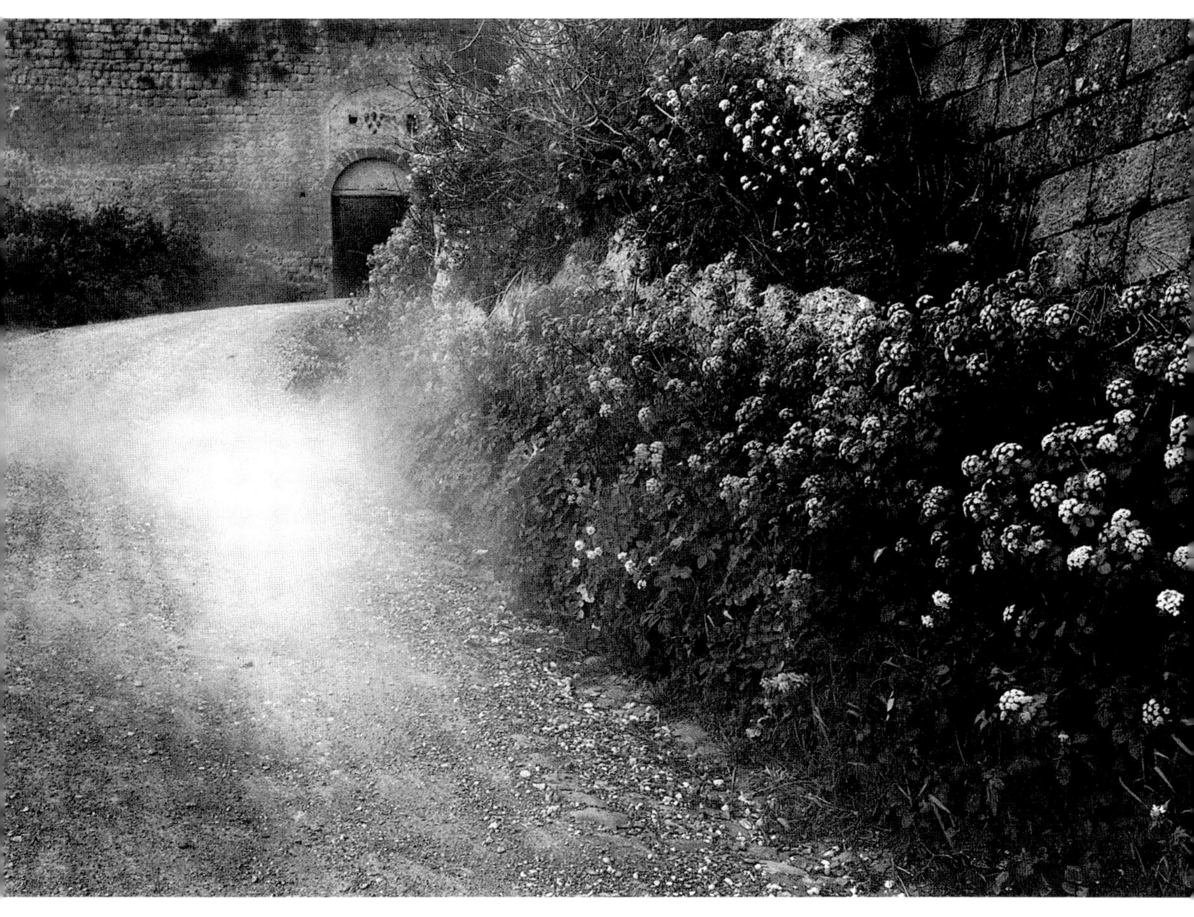

Lo skyline è del tutto artificiale, composto di scure strutture industriali controluce che costituiscono un *continuum*. Dopo una breve interruzione, la linea d'orizzonte del mare viene rioccupata, sulla destra, da una nave. Sopra, un grande omogeneo cielo grigio qua e là alleggerito da zone più chiare, specie in vicinanza del mare. Immaginiamo che questo cielo fosse grigio anche nella realtà, e non solo in fotografia. Immaginiamo che tutta la scena potesse presentarsi in bianco e nero anche nella realtà.

Questa fotografia, realizzata durante la Mission Photographique de la DATAR, è una rara opera di Gabriele Basilico nella quale compaiano figure umane. Sono bagnanti e surfisti, ma sembrano superstiti di un naufragio intenti a guadagnare tristemente la terra, relitti portati a riva dalla risacca. Un teso, cupo clima da fine del mondo grava su questo paesaggio nel quale l'industria si è completamente sostituita alla natura: perfino il mare sembra avere la consistenza di un liquido che forse acqua non è più, e neppure la spiaggia pare fatta di sabbia. Cantore della complessità del paesaggio tardo industriale, osservatore dei manufatti che lo compongono, instancabile narratore della sua grandiosità non priva di sofferenza e di caos, Basilico, ponendosi di fronte a questo luogo con atteggiamento "contemplativo" al fine di realizzare una fotografia improntata a uno schietto documentarismo, probabilmente non ha inteso connotare l'immagine in senso drammatico. Ma la fotografia che sta davanti ai nostri occhi non può non suggerire un forte sentimento di irrimediabile stanchezza, di malinconia terminale, come di fronte alla fine di qualcosa.

The skyline is totally artificial, made up of dark industrial structures in counter-light which constitute a continuum. After a brief interruption the horizon line of the sea is occupied once again (on the right) by a ship. Above there is a large and homogeneous gray sky, here and there made less heavy by clearer zones, especially near the sea. Let us imagine that this sky is also gray in reality and not only in photography. Let us imagine that the whole scene could present itself in black and white also in reality.

This photograph, shot during the Mission Photographique de la DATAR, is a rare work by Gabriele Basilico in which human figures appear. They are bathers and surfers although they seem to be the survivors of a shipwreck, intent on grimly reaching land, flotsam washed ashore by the undertow. A tense, oppressive and gloomy atmosphere of the end of the world weighs on this landscape in which industry has completely replaced nature. Even the sea seems to have the consistency of a liquid which perhaps is no longer water. And not even the beach appears to be made up of sand.

"Bard" of the complexity of the late industrial landscape, observer of the products that constitute it and equally untiring narrator of its grandiosity, not lacking in suffering and chaos, Basilico, in facing this place with a "contemplative" attitude in order to produce a photograph characterized by an unadulterated documentary character, probably did not intend to construe the image in a dramatic sense. And yet the photograph in front of us cannot but suggest a strong feeling of irremediable tiredness, of terminal melancholy, as if faced by the end of something.

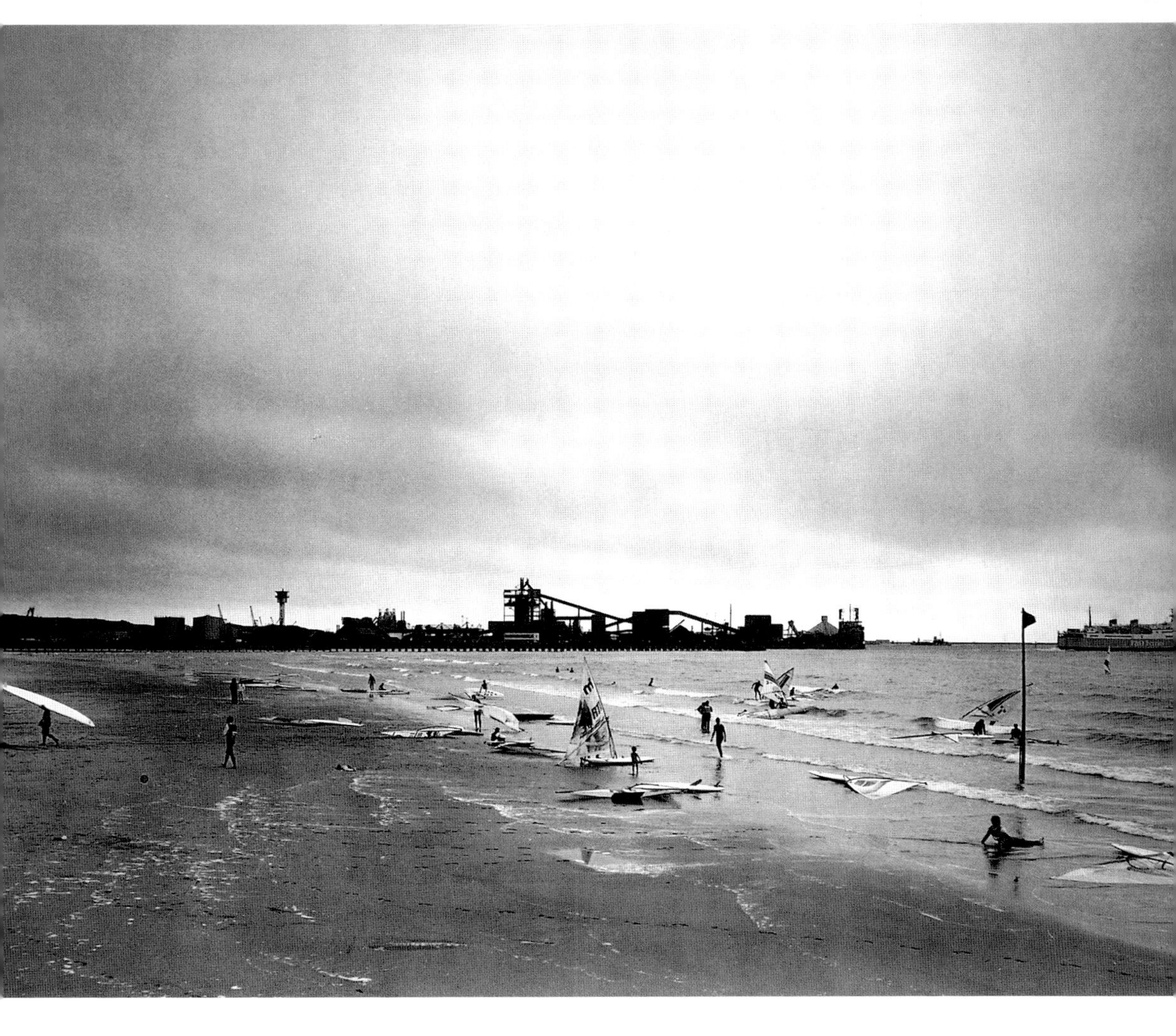

Un'immagine eccezionale, un'eccezione nel senso etimologico del termine: qualcosa che è stato sottratto, escluso dal resto, raccolto e isolato.

La situazione presenta elementi sicuramente particolari: un mare denso, serico, qua e là il dolce movimento dell'acqua espresso in strisciate di chiarore, da cui emergono rocce spigolose; un cielo assoluto, bianco, astratto; la linea che divide il mare dal cielo specialmente orizzontale (se fossero ipotizzabili diversi gradi di orizzontalità, qui avremmo il grado massimo); la statua di un fratino, di spalle, perfetto, che da sopra un basamento candido guarda lontano; un angolo retto di terra recintato da un muretto di tufo di costruzione regolare e irregolare al tempo stesso, comunque dotata di un ritmo come antico; alcuni buchi più scuri nella pavimentazione e dentro essi qualche delicata traccia di immondizia, bicchierini di plastica o cartacce. Il colore è del tutto rarefatto e omogeneo, trasparente e opaco al tempo stesso, come spesso è nelle opere di Castella. La struttura dell'immagine è di rara semplicità, governata da regole geometriche sicure, malinconiche, misteriose.

Questa veduta sembra rappresentare un fatto mentale, un ricordo dell'infanzia che si è incarnato nel paesaggio, anzi in un paesaggio speciale, mai più ripetibile. E vorremmo sapere fino in fondo che cosa sia quella bianchissima forma piatta, come una pennellata, come un pezzo di carta strappata attaccato alla fotografia, come una nitida macchia nel pensiero: il basamento della statua del fratino.

An exceptional image, an exception in the etymological sense of the term: something which has been taken away, excluded from the rest, collected and isolated.

The situation certainly presents particular elements: a dense sea, silky, with here and there the smooth movement of the water expressed in lightened strips from which angular rocks emerge; an absolute sky, white and abstract; the line which divides the sea from the sky, especially horizontal (were it possible to hypothesize different grades of horizontality, then here we would have the maximum degree); the statue of a little friar, seen from behind, perfect, who from a white base looks into the distance; a right angle of ground enclosed by a small wall of tuff, both regularly and irregularly constructed, although given an almost ancient rhythm; and some darker holes in the ground and behind these some delicate traces of rubbish, plastic beakers or waste paper. The color is totally rarefied and homogeneous, transparent and opaque at one and the same time, as it often is in Castella's works. The structure of the image is of a rare simplicity, governed by certain, melancholic and mysterious geometrical rules.

This *veduta* seems to represent a mental fact, a memory of childhood which has become incarnated within the landscape – rather, within a special landscape, no longer repeatable. And we would really like to know what that dazzling white flat form really is, like a brush-stroke, like a piece of torn paper attached to the photograph, like a limpid spot in thought: the base of the little friar's statue.

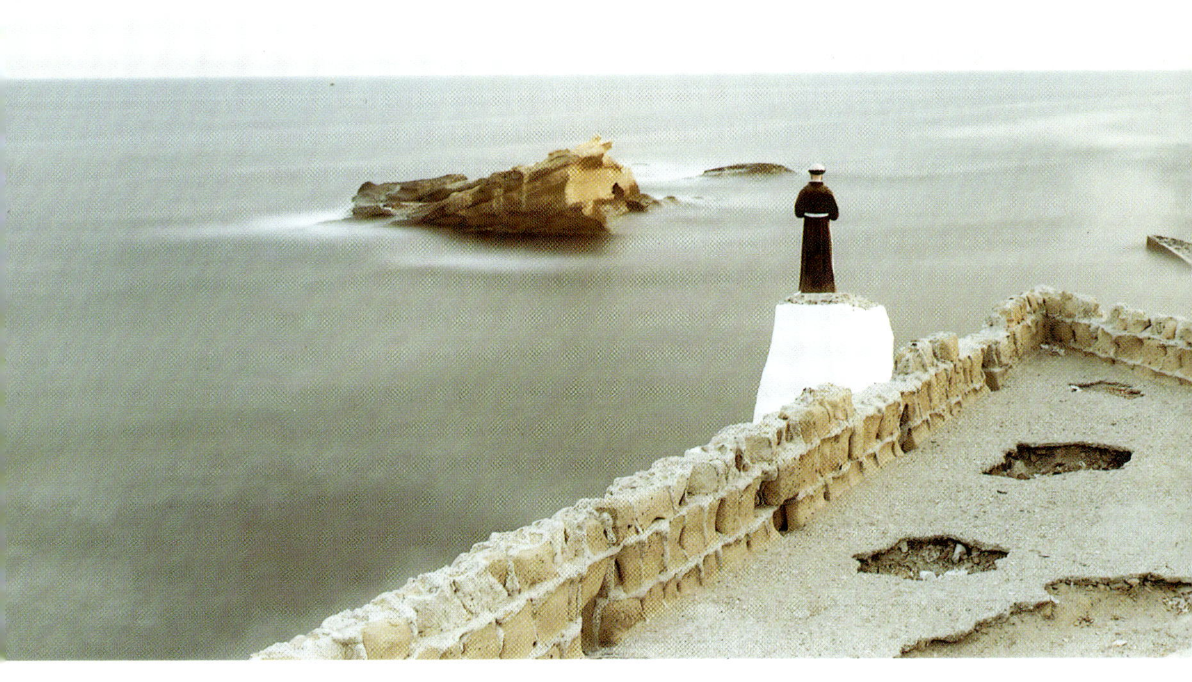

La superficie di questa fotografia è divisa in tre rettangoli esattamente uguali, due verticali e uno orizzontale che fa da base: il primo è costituito dal cielo, cupo e compatto; il secondo dalla piatta, nettissima forma dell'architettura (tagliata a destra subito al limite dell'arco e in alto in modo che dell'arco superiore non resti che un perfetto quadrato nero); il terzo infine dalle scale e dalla pavimentazione. Le bianche statue alternate alle figure umane concorrono a scandire ulteriormente uno spazio fondamentalmente vuoto, allucinato. Bossaglia è un matematico.

Al di là dell'evidenza formale, è interessante interrogarsi sul possibile significato di questa attitudine davvero forte del fotografo romano a dividere, allineare e proporzionare le parti dell'immagine, che trova nella serie di fotografie realizzate all'EUR di Roma a metà anni Ottanta, di cui questa fa parte, il terreno ideale sul quale misurarsi. Parrebbe una tendenza a costruire lo spazio e le architetture secondo un procedimento mentale che parte da una analisi attenta dell'insieme delle forme reali e delle masse del paesaggio, e approda non a una fotografia realistica ma, al contrario, spiccatamente visionaria. Come se, in fondo, Bossaglia non fotografasse la scena reale, ma la sua immagine; come se non fotografasse, ma disegnasse, prima strutturando la superficie in base a equilibri astratti determinati (dalla mente, dal ricordo) e poi procedendo a rendere abitata la struttura che ha creato con presenze per coincidenza trovate. È una fotografia, quella di Bossaglia, che pare guidata dalla razionalità e invece forse affonda le sue radici in un mondo inconscio molto remoto. In questo senso è fotografia metafisica.

The surface of this photograph is divided into three exactly equal rectangles, two vertical and one horizontal (the latter acting as base). The first is made up of the sky, dark and compact. The second by the flat and very clear form of the architecture (cut to the right immediately at the limit of the arch and at the top in such a way that only a perfect black square remains of the upper arch). The third is that of the stairs and the paving. The white statues alternating with the human figures go towards further giving scansion to a fundamentally empty and hallucinated space. Bossaglia is a mathematician.

Irrespective of the formal evidence, it is interesting to ask oneself about the possible meaning of this truly strong approach by the Roman photographer to divide, align and proportion the parts of the image which in the series of images produced at the EUR (Rome Universal Exhibition) during the middle of the 1980's - of which this image forms part - finds the ideal ground for measuring itself. It would appear to be a tendency to construct space and architecture according to a mental procedure that starts out from a careful analysis of the total of the real forms and the overall body of the landscape to then arrive not at a realistic photography but, and on the contrary, at a distinctly visionary one. As if, everything considered, Bossaglia did not photograph the real scene but its image. As if he did not photograph but drew, first structuring the surface on the basis of determined abstract equilibriums (by the mind or by the memory) to then proceed to rendering his created structure inhabited with presences found coincidentally. His is a photography that appears guided by rationality while, instead, it perhaps has its roots in a very remote unconscious world. In this sense it is metaphysical photography.

Una testa di bambino nella vegetazione di un mondo tutto terra e niente cielo. Il luogo è molto interessante perché è contemporaneamente bosco, campo, orto, giardino: in esso paesaggio naturale e paesaggio modellato dall'uomo si sono fusi, la grandezza e l'impenetrabilità della natura e la quotidianità misurabile dello spazio coltivato si avvicinano fra loro; l'omogeneo grigio-argentato fotografico diffuso su tutta l'immagine contribuisce a rendere tale fusione ancora più coerente anche sul piano percettivo. Se teniamo conto di un dato reale, i capelli biondi del bambino, potremmo addirittura fantasticare che il mondo fotografato da Marangoni sia omogeneamente dorato e che il bianco e nero fotografico l'abbia trasformato in realtà argentata.

Sul piano simbolico siamo di fronte alla figura di un bambino immerso nella natura-madre, intento a piccole attività di esplorazione. I capolini dei carciofi gli tengono compagnia, strana popolazione di fratelli, piccolo scomposto esercito di esseri con squame e lunghe braccia che gli stanno intorno difendendolo dal resto del mondo, quello che è fuori dall'inquadratura e che non sappiamo. Sì, questa fotografia, attraverso delicati meccanismi di personificazione che l'autore mette in atto, partecipa del clima incantato di una favola nella quale la natura si manifesta attraverso presenze antropomorfiche.

The head of a little boy in the vegetation of a world which is completely earth and no sky. The place is very interesting because it is contemporaneously a wood, a field, a vegetable garden and a garden. In it the natural landscape and the landscape modeled by man are blended, the grandiosity and impenetrability of nature and the measurable everyday of cultivated space approach each other. The photographic homogeneous silvered-gray diffused throughout the image contributes towards rendering this same diffusion even more coherent, also on the perceptive plane. If we bear in mind a real datum – the blond hair of the little boy – then we could even imagine that the world photographed by Marangoni is homogeneously gilded and that the photographic black and white has transformed it into a silvered reality.

On the symbolic plane we are confronted by the figure of a child immersed in mother nature, intent on little actions of exploration. The heads of the artichokes keep him company, strange population of brothers, a small and disarrayed army of beings with squamae and long arms lie around the boy, defending him from the rest of the world, that which is outside the shot and about which we know nothing. In a true sense, and by way of delicate mechanisms of personification which the author brings into play, this photograph takes part in the enchanted atmosphere of a fairy tale in which nature manifests itself through anthropomorphic presences.

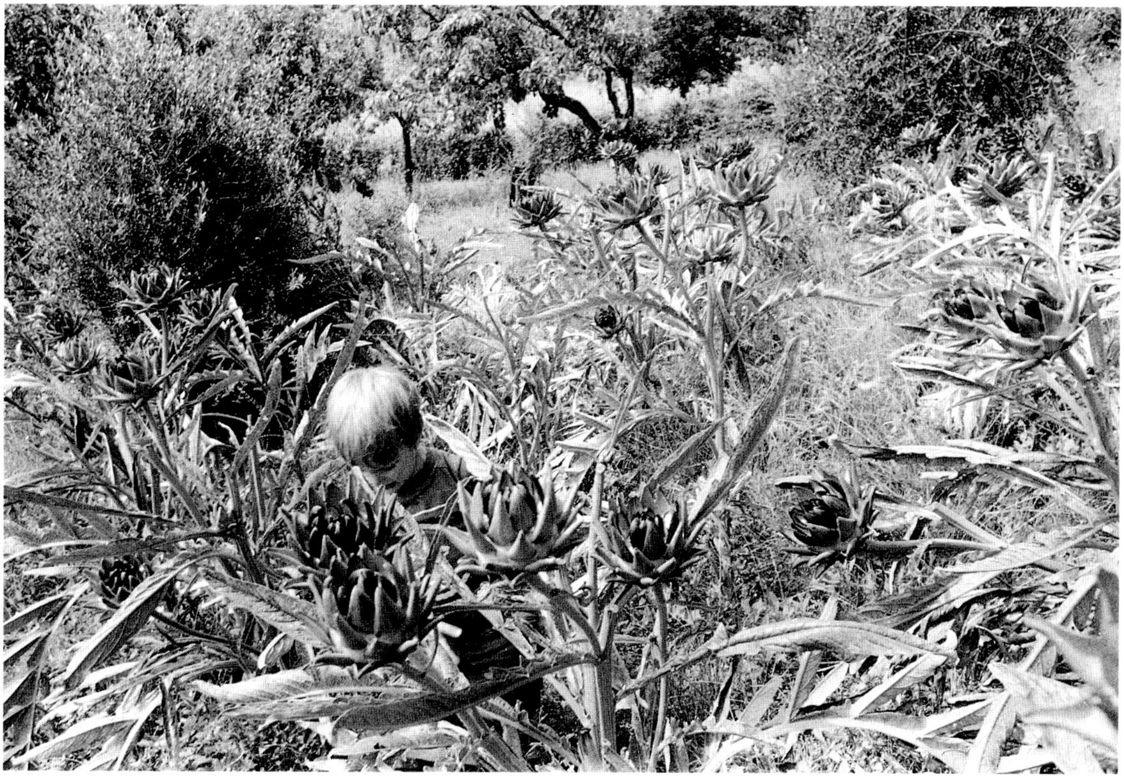

Una quinta scura, una vetrata e una parete illuminata e di nuovo una parte scura. Lo spazio è scandito con chiarezza, e le tre zone delineate ospitano precise figure. Così ha stabilito il fotografo.

L'immagine dunque è abitata da alcuni personaggi mitologici e non, dei quali notiamo subito il gesto: in primo piano a sinistra Bacco, di profilo e controluce, alza la sua coppa, il braccio ad angolo retto; a destra, contro il fondo scuro, Venere tende le braccia verso Marte, suo sposo, guardandolo e ricevendo il suo sguardo; al centro, in silhouette contro la vegetazione delicata del giardino che sta oltre la vetrata della villa, una snella, elegante stufa a tre zampe, partecipe del clima divino, propone il suo corpo alzando simmetricamente le piccole braccia. Garzia con un sorriso ironico la colloca esattamente al centro dell'immagine quadrata, rendendola buffa protagonista della scena. La stufa è anche l'elemento che divide e collega l'esterno e la sua vegetazione vera, e l'interno, dove le ceramiche del pavimento richiamano fiori e foglie in forma di rappresentazione. Garzia, memore della lezione ghirriana, lavora sul concetto di finzione stabilendone anche gradualità interne, e gioca con piacere con le figure. Il tema mitologico, ben radicato nella cultura di questo raffinato fotografo umanista pugliese, ben si presta a mettere in discussione la realtà stessa, e la sua verità, così come fa la fotografia.

A dark wing, a large window and an illuminated wall, then once again a dark part. The space has a clear scansion and the three delineated zones house precise figures. This was what the photographer decided.

The image is "peopled" by some characters, mythological and otherwise, whose gestures we immediately notice. In the foreground to the left we have Bacchus in profile and in counter-light, his cup raised and his arm at a right angle. To the right, against the dark background, Venus stretches out her arms to Mars, her lover, exchanging looks. At the center, in a silhouette against the delicate vegetation of the garden lying beyond the large window of the villa, a slim and elegant three-footed stove, part of the divine atmosphere, proposes its body by symmetrically raising its small arms. With an ironic smile Garzia places it exactly at the center of the squared image, making it the rather odd protagonist of the scene. The stove is also the element which divides and connects the outside with its real greenery and the inside where the ceramics of the floor represent flowers and leaves. Mindful of Ghirri's lesson, Garzia works on the concept of fiction, also establishing internal degrees, with pleasure playing with the figures. The mythological theme, soundly rooted in the culture of this refined humanist photographer from Apulia, lends itself well towards questioning reality and its verity. As indeed does photography.

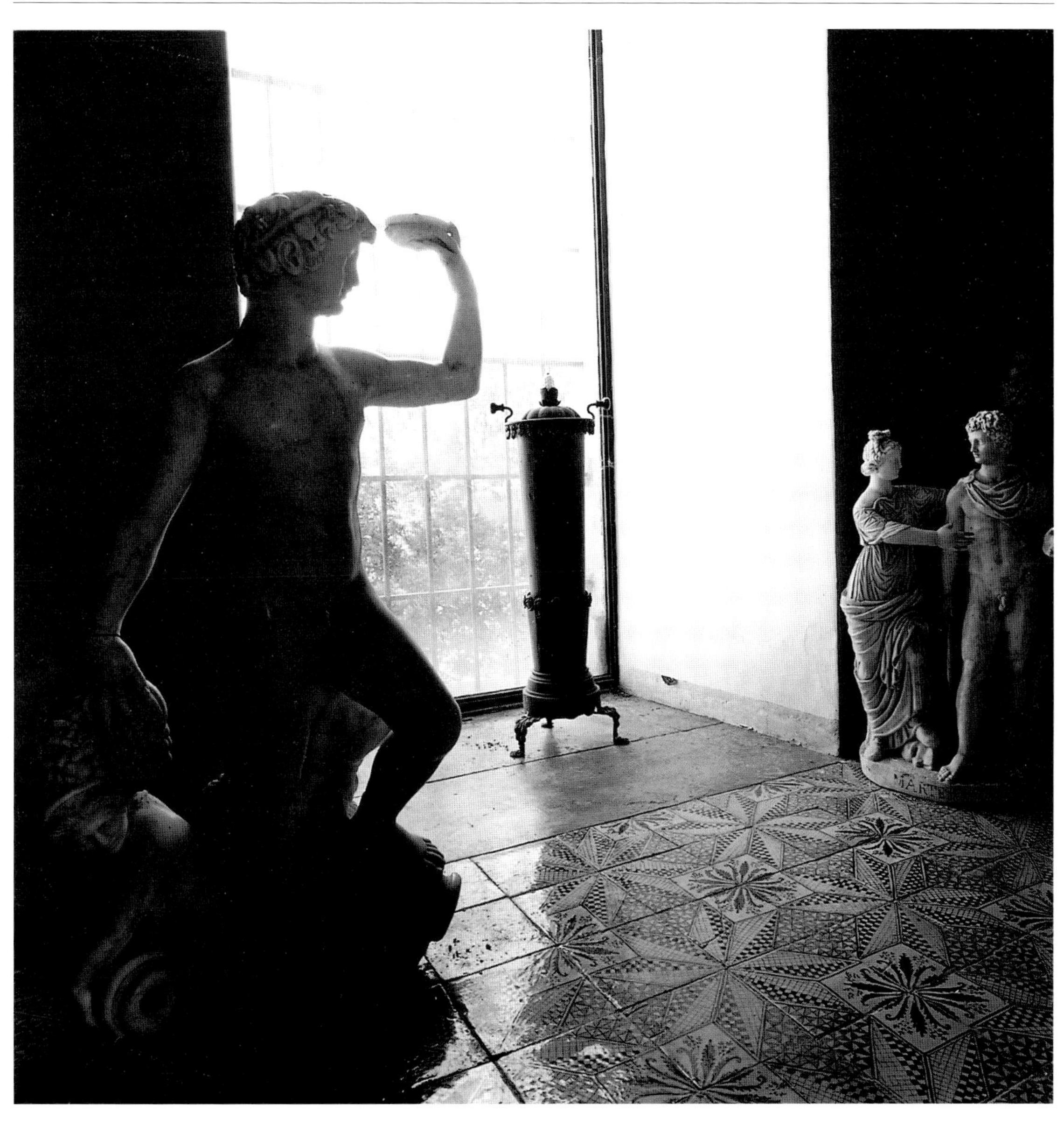

Vi sono opere per le quali il titolo dato dall'autore svolge il ruolo di un manifesto. La serie di Natale Zoppis *Ritratto della memoria: prove di pulitura* di cui questo lavoro fotografico fa parte ne è un chiaro esempio.

Si annuncia innanzitutto un "ritratto della memoria", espressione leggibile in più modi: come possibilità di ritrarre la memoria, oppure come intenzione di realizzare un ritratto sotto la guida della memoria. L'operazione consiste in "prove di pulitura", cioè azioni mirate a provocare l'affioramento di dati visibili attraverso la rimozione di depositi, detriti, elementi coprenti o frenanti che ostacolano la percezione – o, appunto, il ricordo.

Zoppis, lavorando sulla consistenza materica, chimica (alchemica) della fotografia e indagandone le stratificazioni, fa riferimento ai due concetti intrecciati di memoria volontaria e involontaria. La Polaroid viene chiamata a ospitare molte piccole immagini tipiche dell'album di famiglia, volti e figure appartenenti al passato fra loro accostati in collage oppure tenuti insieme da punti metallici, e antichi fiori di stoffa o tappezzeria: diventa un contenitore, un vero e proprio archivio in miniatura, sul quale la "pulitura" agisce rendendo qua e là più vicini e brillanti i colori e più nette le forme, strappandoli al grigio e all'opacità dell'oblio.

La progettualità del titolo ci fa pensare che il lavoro di "pulitura" a cui le immagini sono state sottoposte non sia definitivo, ma, per la continua azione di corrosione e di opacizzazione del tempo, debba svolgersi in progress – e ci fa immaginare quale altro aspetto prenderebbe l'opera se esse venissero nuovamente "pulite" in altre "prove" successive.

There are works for which the title given by the author carries out the role of a manifesto. The series by Natale Zoppis entitled *Ritratto della memoria: prove di pulitura* [Portrait of the memory: cleaning trials], of which this photographic work forms part, is a clear example of this.

Above all it declares itself as being a "portrait of the memory", an expression that can be read in various ways: as the possibility of portraying the memory, or as the intention of carrying out a portrait under the guidance of the memory. The operation consists in "cleaning trials": that is, in actions aimed at provoking the surfacing of visible data by way of the removal of deposits, "debris" or scraps, covering or restraining elements which impede perception – or, in other words, the memory of...

In working on the matteric, chemical (alchemical) consistency of the photograph, and in investigating its stratifications, Zoppis makes reference to two interlaced concepts of memory: voluntary and involuntary. The Polaroid is called upon to host many small images that are typical of the family album such as the faces and figures belonging to the past, combined in collage or kept together by way of staples, and old flowers made of cloth and upholstery: it becomes a container, a true miniaturized archive, on which the "cleaning" acts by here and there making the colors closer and more brilliant and the forms more clear cut, saving them from the gray and from the opaqueness of oblivion.

The plan of the title makes us think that the work of "cleaning" to which the images have been subjected is not definitive but must be carried out as a work in progress due to the continuous action of corrosion and opacification by time. And it makes us imagine what other appearance the work would take on were these once again "cleaned" in other, successive "trials".

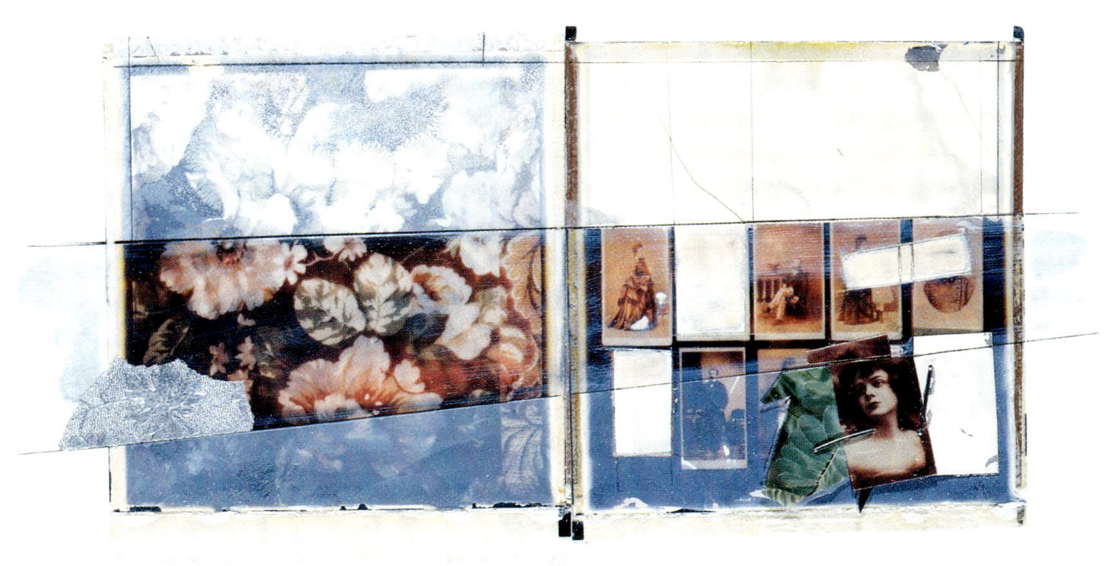

Una gatta fa cadere un vaso, che si rompe. Privato di una parte, ferito, il vaso cambia forma, diventa altro da quello che era: un oggetto del tutto nuovo, che vive di una doppia vita: è ancora riconoscibile come vaso rotto ma al tempo stesso è percepibile come forma astratta.

Attraverso la luce Luciano Soave ha approfondito questa doppia natura, da un lato dando rappresentazione della tridimensionalità e matericità del vaso, dall'altro, invece, mettendo in evidenza la piattezza e bidimensionalità dell'entità astratta – anche il piano d'appoggio è sparito e l'ombra sulla destra è una perfetta striscia nera. L'insieme visivo potrebbe far pensare a un fotomontaggio, addirittura a un collage. La sensazione di essere di fronte a forme ritagliate è forte. Invece si tratta di una fotografia diretta, alla definizione della quale concorrono solo elementi di natura puramente fotografica, precipuamente la luce, il fuoco, il punto di vista, proprio quegli "specifici" del mezzo che, affermatisi negli anni Trenta, hanno finito per costituire l'ossatura più classica della fotografia.

La fotografia è per Soave un modo per restituire agli oggetti più quotidiani quella purezza, quella assolutezza formale, quella dignità di figure essenziali che essi perdono quando, invece, li vediamo come merci da consumare e, quando invecchiano o succede che si rompano, da buttare.

A she-cat causes a vase to fall which is broken as a result. Deprived of a part, wounded, the vase changes form. It becomes something other than what it was, a totally new object which lives a double life: it is still recognizable as being a broken vase although at the same time it is perceivable as an abstract form.

By way of light Luciano Soave has more fully investigated this two-fold nature. On the one hand he gives a representation of the tridimensionality and matteric quality of the vase while, on the other, he evidences the flatness and bidimensionality of the abstract entity (also the supporting plane has disappeared and the shadow on the right is a perfect black strip). Visually taken as a whole it could make one think of a photomontage, even of a collage. The sensation of being faced by forms that are cut out is a strong one. Instead it is a direct photograph, for the definition of which only elements of a purely photographic nature come into play: principally light, the focus and the viewpoint – precisely those "specifics" of the means that on having become affirmed during the 1930's have ended up by forming the most classical framework of photography.

For Soave photography is a way of giving back to the most day-to-day objects that purity, that formal absoluteness and that dignity of essential figures which they instead lose when we see them as goods to be consumed and, when they age or they happen to get broken, they are simply fit to be thrown away.

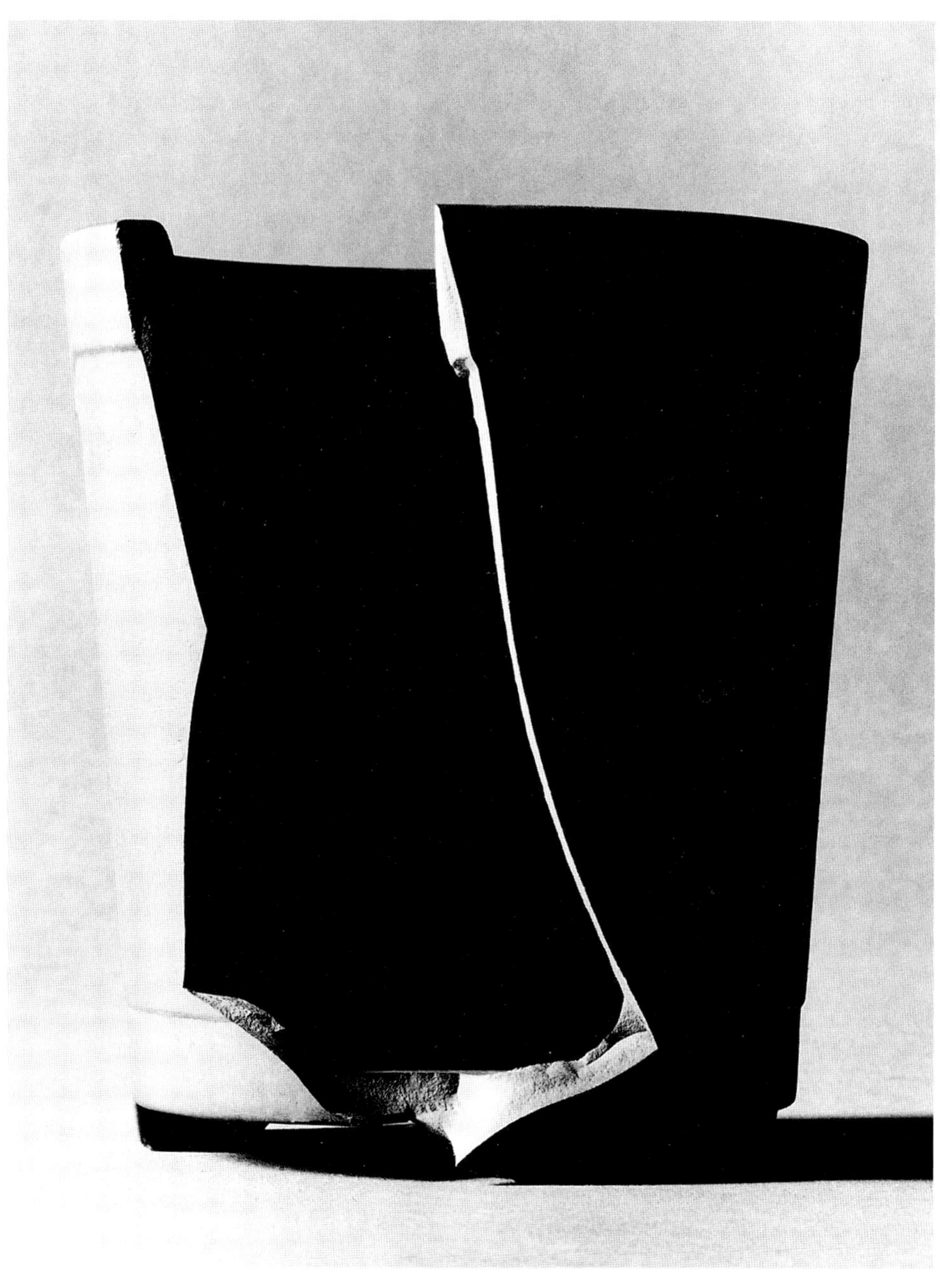

Una ampia zona materica, cupa parete fatta a rilievi e rientranze, simile alla superficie di una torta, della terra, della luna, granulosa come la pelle e punteggiata come una via lattea percepita in negativo – superficie forse rigonfia, e forse, lontanamente un ventre – scende, schiarendosi e sfrangiandosi come una carta geografica, fino a raggiungere alcune figure, che stanno sul fondo della fotografia occupandone una porzione assai limitata rispetto al grande cielo materico che le sovrasta. Sono mucche, quante non riusciamo subito a distinguere, semplici e definite nelle forme come graffiti che antichissimi uomini hanno tracciato, disegnate in bianchi brillanti e neri totali, piatti. Figure arcaiche, perse nel tempo e prive di quella materia che, sopra, sembrava determinare ogni cosa del mondo. Non fosse per quel netto, squadrato profilo bovino, sarebbero solo segni, campiture astratte che non consentono riconoscibilità. Tutto il mistero della vita animale più profonda vive, orizzontale, sotto questo cielo cavernoso, tangibile, materno, che sembra averla generata e trasformata in forme.

L'immagine fa parte di una ricerca sulle mucche, animali dell'uomo, alla quale Antonio Biasiucci è approdato dopo iniziali indagini di tipo socio-antropologico, abbandonando ogni intento descrittivo e imprimendo al suo lavoro una svolta radicale in direzione simbolica.

A large matteric zone, a dark wall made up of reliefs and recesses, similar to the surface of a cake, the earth and the moon, granular like skin and dotted like a Milky Way perceived "in negative" – the surface perhaps swollen and, perhaps, far off a stomach – descends, making itself clearer and fraying itself like a map to the point of arriving at a number of figures that are to be found on the background of the photograph, occupying a considerably limited portion with respect to the large matteric sky that lies over them. They are cows. We are unable to immediately distinguish how many, simple and defined in their forms like graffiti incised by the most ancient of mankind, drawn in brilliant whites and total blacks, flat. Archaic figures lost in time and void of that matter which – above – seemed to determine every thing of the world. Were it not for that clear-cut squared bovine profile they would be only signs, abstract backgrounds that do not allow recognition. All of the mystery of the most profound animal life lives, horizontal, beneath this cavernous sky, tangible and maternal, which seems to have generated it and transformed it into forms.

The photograph forms part of a research work regarding cows, animals of man, at which Antonio Biasiucci arrived following initial investigations of a socio-anthropological type, abandoning whatever descriptive intention and impressing his work by way of a radical change in a symbolic direction.

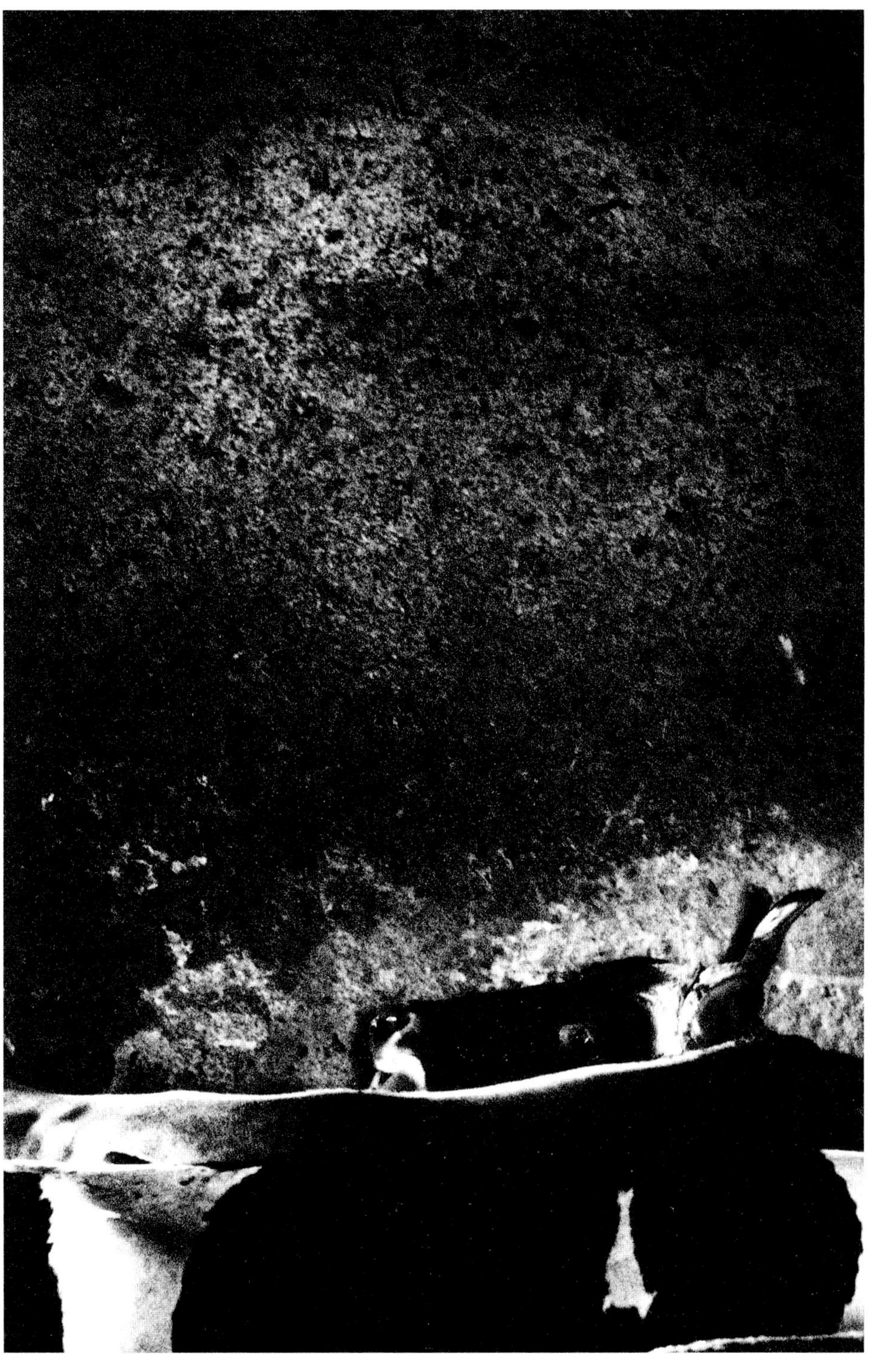

Una piccola zuppiera scheggiata, sbeccata, o vasetto galleggia su un compatto fondo nero. Non c'è altro. Guardiamo meglio. Il piccolo manico, scuro al centro, sembra forse il muso di un leone. Alcuni punti di luce segnano la superficie di questo oggetto tenero, che è a fuoco solo in alcune zone. Il fondo nero rivela una sua cornice ancora più nera: si tratta di una stampa a contatto, un tipo di stampa assolutamente diretto, radicale, nel quale fra il negativo e il positivo non ci sono mediazioni, distanze, attese.

Questo vasetto, che fa parte di una serie iniziata nel 1983 e terminata nel 1992, è uno dei pochissimi oggetti della casa sui quali Franco Vimercati ha lavorato sistematicamente per molti anni a partire dal 1970: sempre, ripetutamente, gli stessi oggetti e solo quelli, oggetti perché fotografabili, della casa perché in casa, cioè nell'ambiente di vita e di lavoro. Vimercati lavora in realtà sul concetto stesso di fotografia per il tramite di alcuni semplicissimi oggetti che gentilmente gli fanno compiere le azioni del fotografare: caricare la macchina, disporre il cavalletto di fronte alla realtà, misurarla attraverso l'obiettivo e lo scatto, stampare. Una reiterata operazione di natura metalinguistica, una riflessione che potrebbe definirsi fotografia-fotografia.

Questa sua intenzionalità concettuale – il suo programma – penetra anche dentro i valori visivi dell'opera, e si rende percepibile nell'essenzialità estrema, severa seppure affettuosa, e nella sospensione spaziale dell'immagine, che è simile a un respiro.

A small chipped soup-tureen or small vase floats on a compact black background. There is nothing else. Let us have a better look. The small dark handle at the center seems perhaps to be the nose of a lion. Some points of light mark the surface of this "tender" and fragile object which is in focus only in some parts. The black background reveals its own frame that is even more black: this is a contact print, a type of print which is absolutely direct, radical, in which there is no meditation, distance or waiting involved between the negative and the positive.

This small vase, forming part of a series begun in 1983 and terminated in 1992, is one of the very few home objects on which Franco Vimercati has systematically worked for many years, starting out from 1970: always and repeatedly the same objects – and only these. Objects because photographable. Of the home because in the home – that is, in the environment where he lives and works. In reality, Vimercati works on the concept itself of photography by means of some extremely simple objects which "kindly" make him carry out the actions of photographing: loading the camera, placing the tripod in front of reality, measuring this by way of the lens, shooting and then printing. A reiterated operation of a metalinguistic nature, a reflection that could be defined as photography-photography.

This conceptual intentionality on his part, his programme, also penetrates deep within the visual values of the work, rendering itself perceptible in the extreme essentialness – severe even though affectionate – and in the spatial suspension of the image, which is similar to breathing.

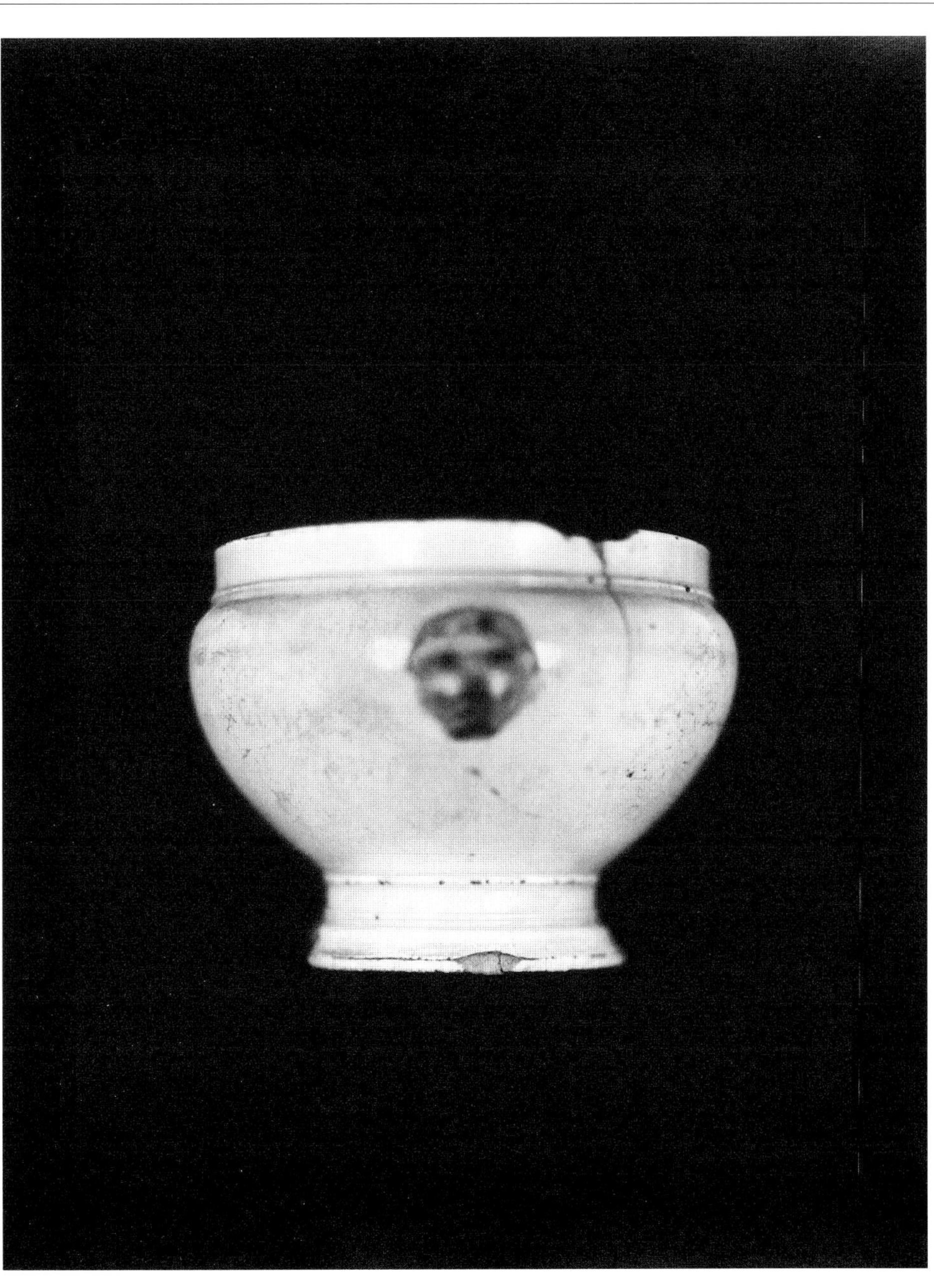

È il mondo stesso, il globo terrestre: alberi chiari sorgono dalla terra e la congiungono al cielo indicando a un tempo l'ideale complementarietà dei loro colori, e vanno oltre il limite del cerchio, della sfera. È una bolla di sapone nella quale si rispecchia una porzione di paesaggio. È uno specchio rotondo che riflette una scena, come nei *Coniugi Arnolfini* di Jan Van Eyck. È, invece, una boccia con la neve ma, poiché la mano non l'ha ancora capovolta, la neve ancora non scende sul paesaggio: chissà se rovesciando la fotografia la neve scenderà. È la curva retina dell'occhio, sulla quale sosta un'immagine restando imprigionata. È l'obiettivo di una macchina fotografica che ospita delle figure. È, forse, una sfera di cristallo nella quale appare l'immagine di un luogo nel quale è avvenuto o avverrà qualcosa.

È una fotografia rotonda. Nell'esatto centro dell'immagine, poco sopra quella che non è la linea dell'orizzonte ma piuttosto può dirsi la fascia dell'orizzonte, è accaduto in effetti qualcosa: sembra che un ramo si sia messo in movimento andando a creare una forma circolare che gira intorno al tronco di uno degli alberi, il più basso di tutti, quello al centro. Forse i rami sono due, ed è solo il punto di vista del fotografo a trasformarli, con un gioco ottico, in uno solo, che galleggia nell'aria. Principalmente, è nata la forma di un occhio, dotato di una sua pupilla verticale, come quella dei gatti o dei serpenti. Ma, a ben vedere, questo occhio vegetale che regna al centro dell'immagine costituisce a sua volta la pupilla del più grande occhio rotondo che è l'immagine stessa. Vittore Fossati, fotografo e pittore, insomma, ci sta parlando della visione stessa, del guardare e del vedere, della potenza creativa dello sguardo, degli innumerevoli atteggiamenti ottici che, attivati, plasmano il mondo, gli danno senso o, almeno, fanno ciò che è possibile: cercano senso.

This is the world itself, the terrestrial globe: clear trees rise out from the ground and unite it to the sky, at the same time indicating the ideal complementariness of their colors. And they pass beyond the limit of the circle, of the sphere. It is a soap bubble in which a portion of the landscape is mirrored. It is a round mirror that reflects a scene, as in the *Arnolfini Wedding Portrait* by Jan van Eyck. It is, instead, a *boule-de-neige* but, given that the hand has not yet turned it upside down, the snow still doesn't fall on the landscape. Who knows whether the snow would fall on overturning the photograph? It is the curvature of the eye's retina on which an image rests, remaining imprisoned. It is the lens of a camera which hosts figures. It is, perhaps, a crystal ball where the image appears of a place in which something has taken place or will take place.

It is a round photograph. In the precise center of the image, a little above what is not the line of the horizon, but which can rather be called the band of the horizon, something has in fact taken place. It seems that a branch has set itself in motion, creating a circular form which rotates around the trunk of one of the trees – the shortest one of all, found at the centre. Perhaps there are two branches and it is only the photographer's viewpoint with an optical play which transforms them into a single tree that floats in the air. Principally speaking, the form of an eye is born furnished with a vertical pupil, like that of cats or snakes. And yet, on a closer look, this vegetal eye which reigns at the centre of the photograph in its turn constitutes the pupil of the larger rotund eye that is the image itself. A photographer and painter, Vittore Fossati, in short, is talking to us about the vision itself, about looking and seeing, about the creative power of sight and about the innumerable optical attitudes which, on being activated, mould the world, give it sense or, at least, do what is possible: looking, that is, for sense.

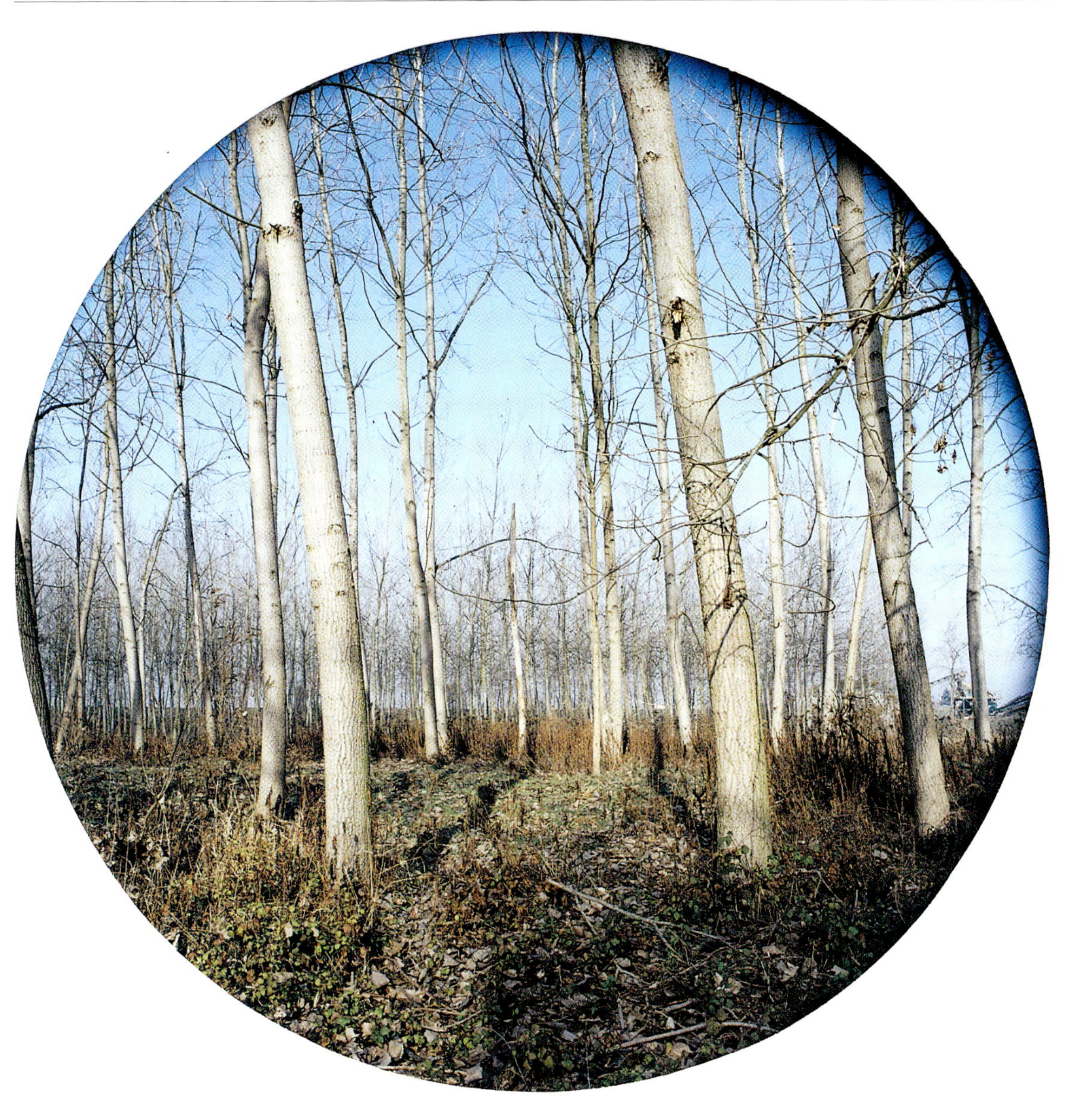

Questa fotografia fa parte di un'ampia ricerca sulla Roma archeologica che Marialba Russo, romana solo d'adozione, ha sviluppato dal 1990 al 1993: un percorso nel "disordine del tempo" composto di immagini pensose, nelle quali la fotografa sovrappone al frammento archeologico il frammento fotografico. Un mosaico di sguardi molto carichi di solitudine attraverso i quali Marialba Russo sembra localizzare nelle forme dell'archeologia pensieri, ricordi, personali tensioni che vanno al di là degli oggetti o dei luoghi che sta, appunto, fotografando. Nell'insieme del lavoro colpisce la presenza significativa di sbarramenti, interruzioni, parziali occultamenti spesso ottenuti attraverso le ombre, come se, in fondo, il silenzio prevalesse sulla parola. Anche questa fotografia si fonda su un meccanismo di reticenza. Una figura appare da dietro una quinta, si affaccia appena dalla diagonale: nemmeno metà del volto è visibile, il braccio è rotto, incompleto, e termina con una strana rotondità. Il profondo silenzio di questa immagine – mutismo si potrebbe dire – risiede nel grigio, sfumato ma estremamente uniforme, diffuso su tutta la superficie: luce e ombra, doppia anima della fotografia e sua dialettica, qui si sono perse, confuse fra loro, come un prima e un dopo che abbiano trovato coincidenza, rimanendo per sempre in sospensione.

This photograph forms part of a considerable research work treating the archaeology of Rome which Marialba Russo – Roman by adoption – carried out between 1990 and 1993. An itinerary in the "disorder of time" made up of "thoughtful" images in which the photographer superimposes the archaeological fragment with the photographic fragment. A mosaic of vistas that are highly charged with a sense of solitude by way of which Marialba Russo seems to localize thoughts, memories and personal tensions in the forms of archaeology that go beyond the objects or places she photographs. When taken as a whole what strikes one in the work is the significant presence of blockage, interruptions and partial concealing often obtained with shadows – as if, everything considered, silence prevailed over the word. Also this photograph is based upon a mechanism of reticence. A figure appears from behind a "wing", it just appears from the diagonal. Not even half of the face is visible. The arm is broken, incomplete, terminating with a strange rotundity. The profound silence of this image – muteness one could say – lies in the gray, shaded and somewhat blurred although extremely uniform, diffused over the entire surface: light and shade, two-fold soul of the photograph and its dialectic, are here lost, confused the one with the other, like a before and after which have found a coincidence, to always remain in a form of suspension.

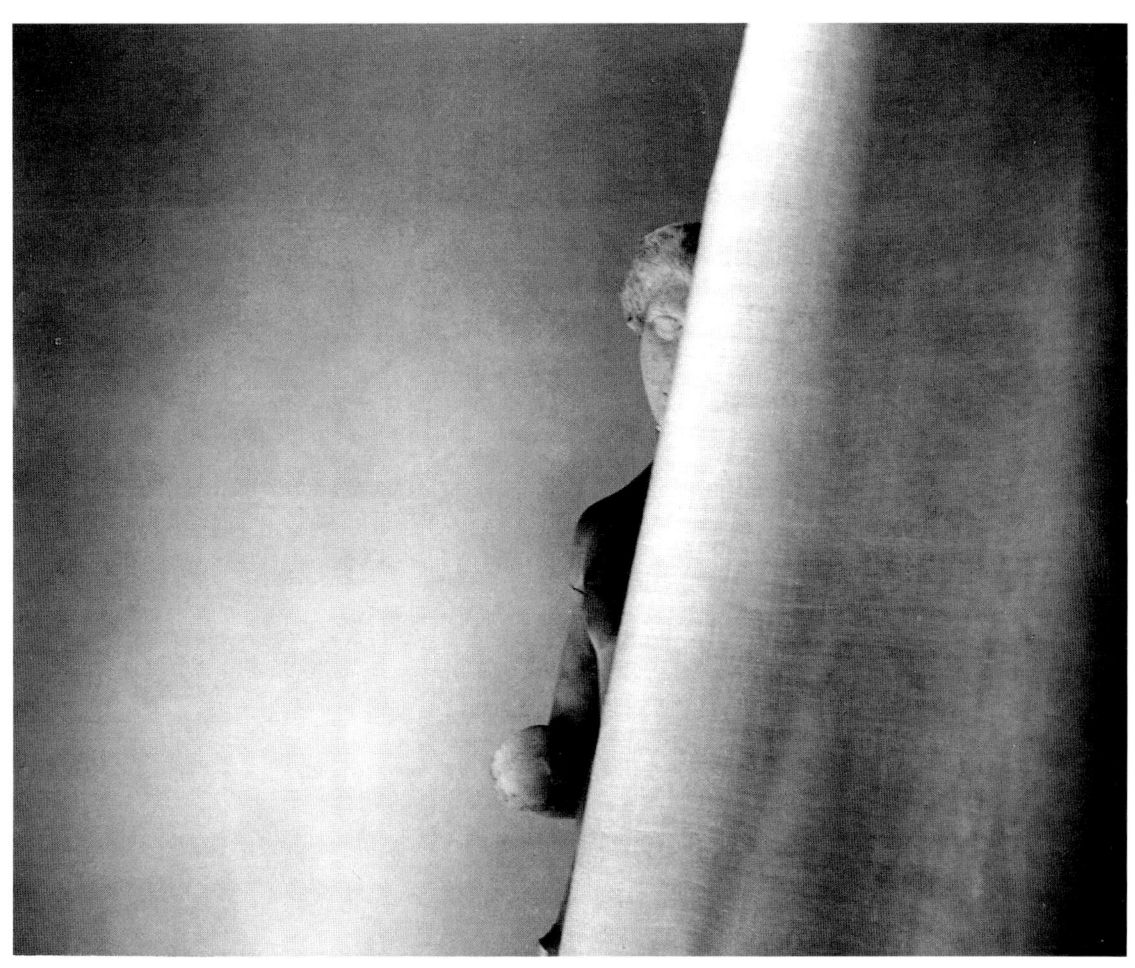

"Germania Germania Germania". La parola strappa attenzione alle figure, le batte sul tempo, siamo costretti a leggerla per prima. Tre volte Germania? Le Germanie erano due, ma dalla caduta del Muro di Berlino ve n'è una sola. Forse queste tre Germanie, allora, sono le due del passato più l'una del presente, affiancate a convivere. Quelle macerie sono la caduta del muro, anzi un lembo dell'immagine stessa è simbolicamente ma assai fisicamente caduto, strano piede che scende a indicare una differenza visiva, a dare continuità verticale a una fascia bianca che divide la terza Germania dalle prime due, come una chiara colonna all'interno del trittico – struttura che Gentili adotta molto spesso al fine di "dilatare" la narrazione e renderla più problematica. L'autore ha trasformato lo spazio di quella che fu un'installazione al padiglione tedesco della Biennale di Venezia del 1993, nello spazio totalizzante del mondo stesso. La linea dell'orizzonte è ricurva come la forma della terra: le macerie coprono tutta la superficie del mondo, come dopo una guerra sterminatrice, come crepe di terre siccitose senza vegetazione e senza animali, dalle quali gli uomini, se possono, devono fuggire, come segni del disordinato mosaico di una strana luna. Tutt'intorno a questa attesa, una cornice scura ma sfumata all'esterno, di natura profondamente fotografica, contrappone i suoi angoli retti alle tre delicate rotondità.

"Germania Germania Germania" (Germany Germany Germany). The word wrenches the attention from the figures, it beats them to it, we are forced to read it first of all. Germany three times? The Germanies were two but since the fall of the Berlin Wall there is only one. Perhaps, then, these three Germanies are the two of the past plus the one of the present, flanked in order to live together. That rubble is the fall of the wall. Rather, a "fragment" of the image itself has symbolically – although really quite physically – fallen, a strange foot that comes down to indicate a visual difference, to give vertical continuity to a white band which separates the third Germany from the first two, like a clear-cut column within the triptych (a structure that Gentili adopts very often with the aim of "dilating" the narration and rendering it more problematic). The author transformed the space of what was an installation at the German pavilion of the 1993 Venice Biennial into the totalizing space of the world itself: the line of the horizon is curved like the form of the earth. The rubble covers the entire surface of the world, like the aftermath of an exterminatory war, like the parched fissures of land without vegetation and without animals from which mankind – if it can – must flee. And like signs of the disordered mosaic of a strange moon. All around this wait one has a frame that is dark but mellowed on the outside, of a profoundly photographic nature, contrasting its right angles to the three delicate rotundities.

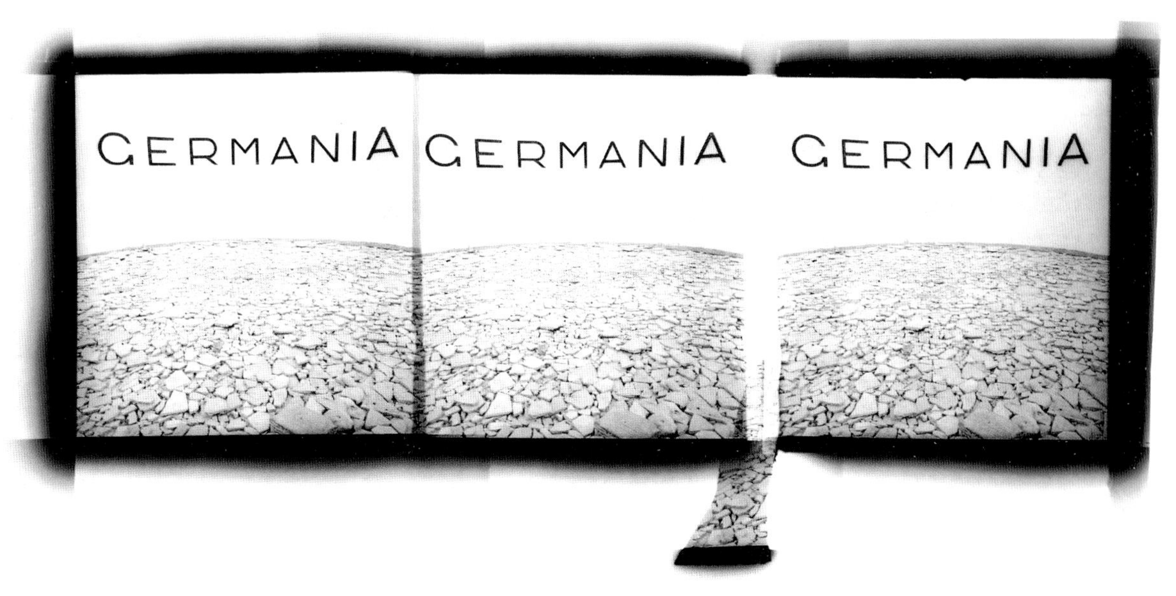
GERMANIA GERMANIA GERMANIA

Una fuga prospettica che non trova riferimento in orizzonte alcuno definisce un largo triangolo di materiali urbani non chiari, come alla deriva. Il punto di vista non è quello dal quale solitamente vediamo le strade della città: è, invece, a livello più basso, più marginale e relativo: non uno sguardo che organizza razionalmente la realtà secondo una indiscussa gerarchia – quella stabilita dalla centralità della figura umana nel mondo – ma, piuttosto, uno sguardo che "accade", che si pone "ai limiti" della realtà. Non la potenza di un occhio che guarda fisso, dunque, ma la lateralità di una visione che si realizza "con la coda dell'occhio", come indica il titolo stesso di questa serie di immagini di Marina Ballo Charmet, fotografa e psicologa. Visione provvisoria ma che, proprio per essersi sgravata dal dovere di governare la macchina, diventa rivelatrice: anziché definire la realtà, costruisce indizi di un'esperienza percettiva nel suo stesso farsi. Lo scenario urbano contemporaneo è il luogo rarefatto in cui agisce questo sguardo che tende a liberarsi. Ma quel che vediamo è quasi l'archeologia di una città composta ormai di stanchi, incerti elementi – quasi tombe, quasi aiuole, quasi strada, quasi luce – che tentano di affiorare dal grigio nel quale si trovano sprofondati, nel quale anche la visione si trova sprofondata: in essa le forme del mondo esterno e quelle del mondo interiore della fotografa sono assolutamente confuse e finiscono per essere costituite della stessa difficile indeterminata sostanza.

A perspective vanishing point, which finds no referent in whatever horizon, defines a large triangle of unclear urban material, as if adrift. The viewpoint is not that from which – usually – we see the streets of the city. Instead, on a lower level, it is more marginal and relative: not a view that rationally organizes reality according to an unquestioned hierarchy – that established by the centrality of the human figure in the world – but, rather, a view or a looking which "happens", which places itself "at the limits" of reality. Not the forcefulness of an eye that fixedly looks, therefore, but the "laterality" of a vision that is realized "with the corner of the eye", as the title of this series of photographs by Marina Ballo Charmet (photographer and psychologist) itself indicates. A provisional vision but one which precisely in its being freed from the "duty" of governing the camera becomes a revealing one: rather than defining reality it constructs clues of a perceptive experience in its own making. The contemporary urban scenario is the rarefied place in which this view – that tends to free itself – in fact acts. Although what we see is almost the archaeology of a city made up – by now – of tired, uncertain elements (almost tombs, almost flower-beds, almost streets, almost light) that attempt to surface from the gray in which they find themselves sunk, in which also the vision finds itself plunged: in it the forms of the external world and those of the interior world of the photographer are absolutely confused, ending up by being composed of the same, difficult, indeterminate substance.

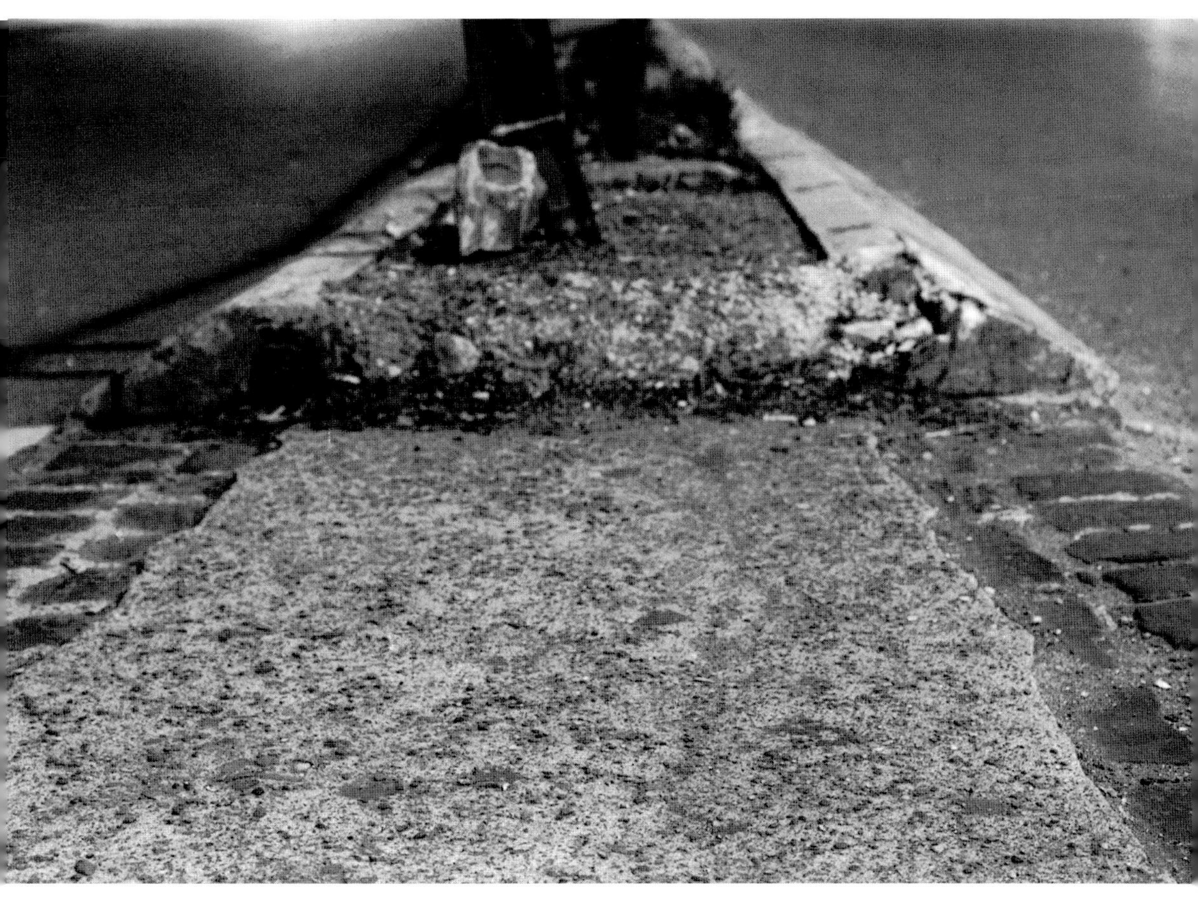

Dall'inizio degli anni Novanta Silvio Wolf realizza le *Icone di luce,* opere che costituiscono una tappa importante nel suo lungo percorso di verifica dei codici della fotografia. Le *Icone,* come scrive l'artista, "sono generate da un doppio processo, simultaneamente generativo e distruttivo. La luce produce immagine distruggendo immagine"; sono "oggetti fotografici tridimensionali i cui elementi costitutivi sono la prospettiva, la luce e la struttura superficiale".

Wolf fotografa dipinti che si trovano in musei, chiese o altre sedi canoniche, scegliendo un'illuminazione e un punto di vista tali da distruggere del tutto l'immagine del quadro – sostituita da un bagliore che mette in evidenza la superficie materica – e la sua forma originaria – in luogo della quale troviamo quadrangoli irregolari e ovali inusuali. Questo tipo di ripresa provoca un salto improvviso da figurativo ad astratto, da ortogonale a prospettico, da riproduzione a invenzione e, come sottolinea l'autore stesso, da fisico a virtuale.

Per realizzare questa *Icona di luce,* Wolf ha fotografato un San Sebastiano di scuola lombarda che si trova nella Basilica di S.Eustorgio a Milano. Ha poi installato l'*Icona,* nuovo oggetto dotato di esistenza fisica, in un contesto tipico della tradizione artistica, cioè in una sala della Pinacoteca del Castello Sforzesco. Presso la galleria Gian Ferrari ha infine collocato una scheda di prestito temporaneo dell'opera alla Pinacoteca del Castello Sforzesco, completa di riproduzione. In questo modo il San Sebastiano risultava visibile contemporaneamente in tre punti della città: in chiesa come originale, in pinacoteca come nuovo oggetto museale; in galleria come immagine solo virtuale, esistente altrove. In questa complessa operazione concettuale la fotografia si è posta come passaggio obbligato per la discussione dei concetti di immagine, di originale, di fruizione, di luogo e, infine, anche di luce.

From the beginning of the 1990's Silvio Wolf has created his *Icone di luce* [Icons of Light], works that are an important stage in his long itinerary of verifying photographic codes. As the artist writes: "The *Icons* are engendered by a two-fold process, simultaneously generative and destructive. Light produces the image destroying the image (...) They are three-dimensional photographic objects the constitutive elements of which are perspective, light and the surface structure".

Wolf photographs paintings found in museums, churches or other such 'canonical' places, choosing an illumination and a viewpoint in such a way as to totally destroy the image of the painting (substituted by a glare that evidences the matteric surface) and its original form (in place of which we find irregular quadrangles and unusual ovals). This type of shot provokes an unexpected 'jump' from the figurative to the abstract, from the orthogonal to the perspective, from the reproduction to the invention and, as the author himself underlines, from the physical to the virtual.

In order to create this *Icon of Light* Wolf photographed a St. Sebastian of the Lombard School housed in the Basilica of St. Eustorgio in Milan. He then installed the *Icon* - a new object possessing physical existence - within a context typical of the artistic tradition: that is, in a room of the Gallery in the Sforzesco Castle (Milan). Finally, in the Gian Ferrari art gallery he placed a file of the work's temporary loan to the Sforzesco Gallery, complete with reproduction. In this way the St. Sebastian was contemporaneously viewable in three points of the city: in the church as an original; in the Sforzesco Gallery as a new museum object; and in the Gian Ferrari gallery as a merely virtual image, existing elsewhere. In this complex conceptual operation photography became the obligatory passage for the discussion of the concepts of image, of the original, of fruition, of place and, finally, also of light.

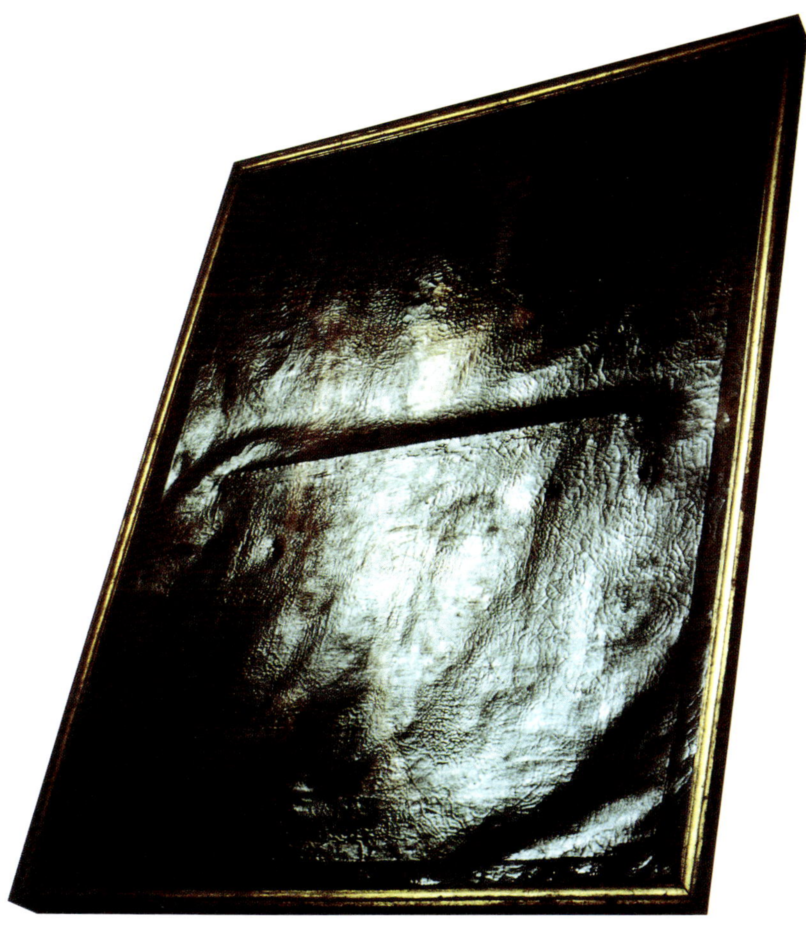

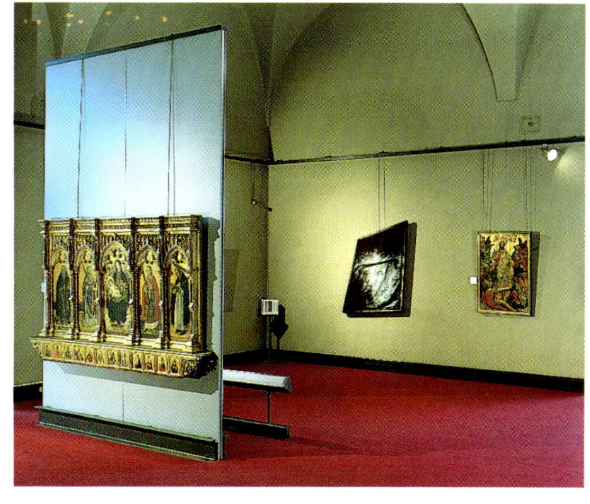

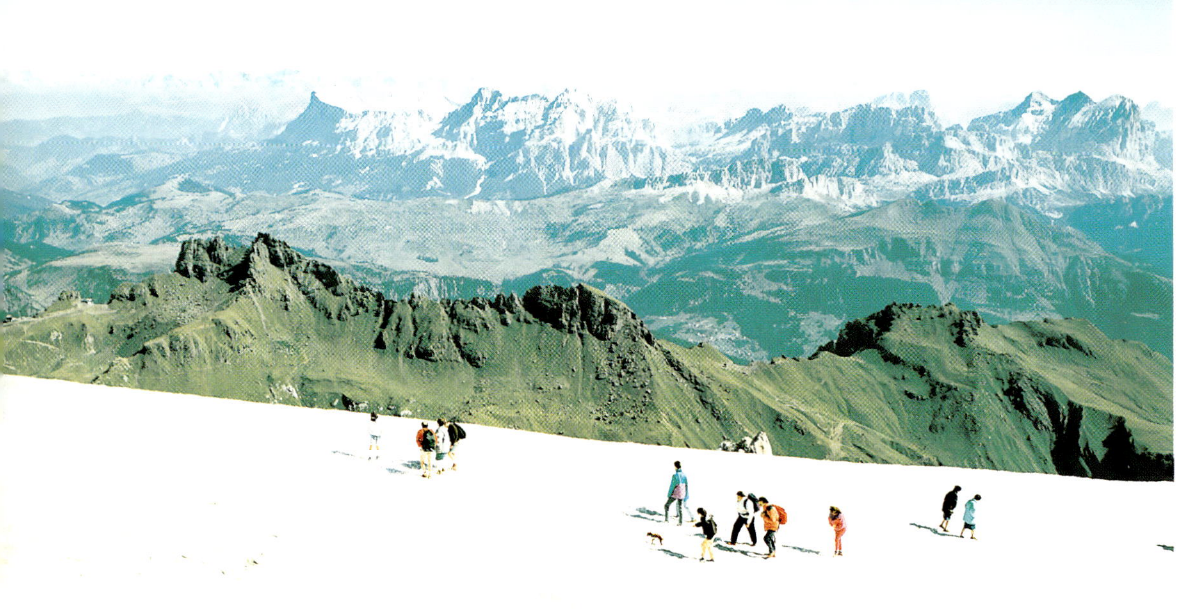

Niedermayr compie un'operazione di destrutturazione della panoramica, tipica modalità della fotografia di montagna fin dall'Ottocento (si pensi all'esperienza di Sella) e più in generale del genere paesaggio. La destabilizzazione della visione che ne deriva è tanto più radicale in quanto molto lieve, quasi impercettibile: l'autore dimostra in questo modo che è possibile mettere in discussione uno dei codici fondamentali della fotografia, cioè l'integrità del formato – garante della compiutezza della visione – semplicemente attraverso uno spostamento minimo del linguaggio. Facendo uso della fotografia diretta, orientata però in direzione antirealistica, si interroga parallelamente sulla capacità del mezzo di aderire effettivamente alla realtà. Niedermayr utilizza come "palcoscenico" un ampio campo di neve molto regolare sul quale agiscono numerose figurine: queste determinano la dimensione temporale dell'immagine. Al di là del confine del campo si sviluppa il grande paesaggio naturale costituito dalla catena di montagne, prima verdi e poi azzurre in lontananza. La divisione in due nette fasce orizzontali, diver-

se fra loro nei colori e nella consistenza materica, da un lato accentua l'effetto di plasticità e di "realismo"; dall'altro introduce un elemento di finzione che ci invita a osservare meglio la scena e a capire che davanti ai nostri occhi è avvenuto un irrimediabile salto percettivo, uno slittamento di una parte rispetto all'altra. La fotografia da descrittiva che era è diventata critica.

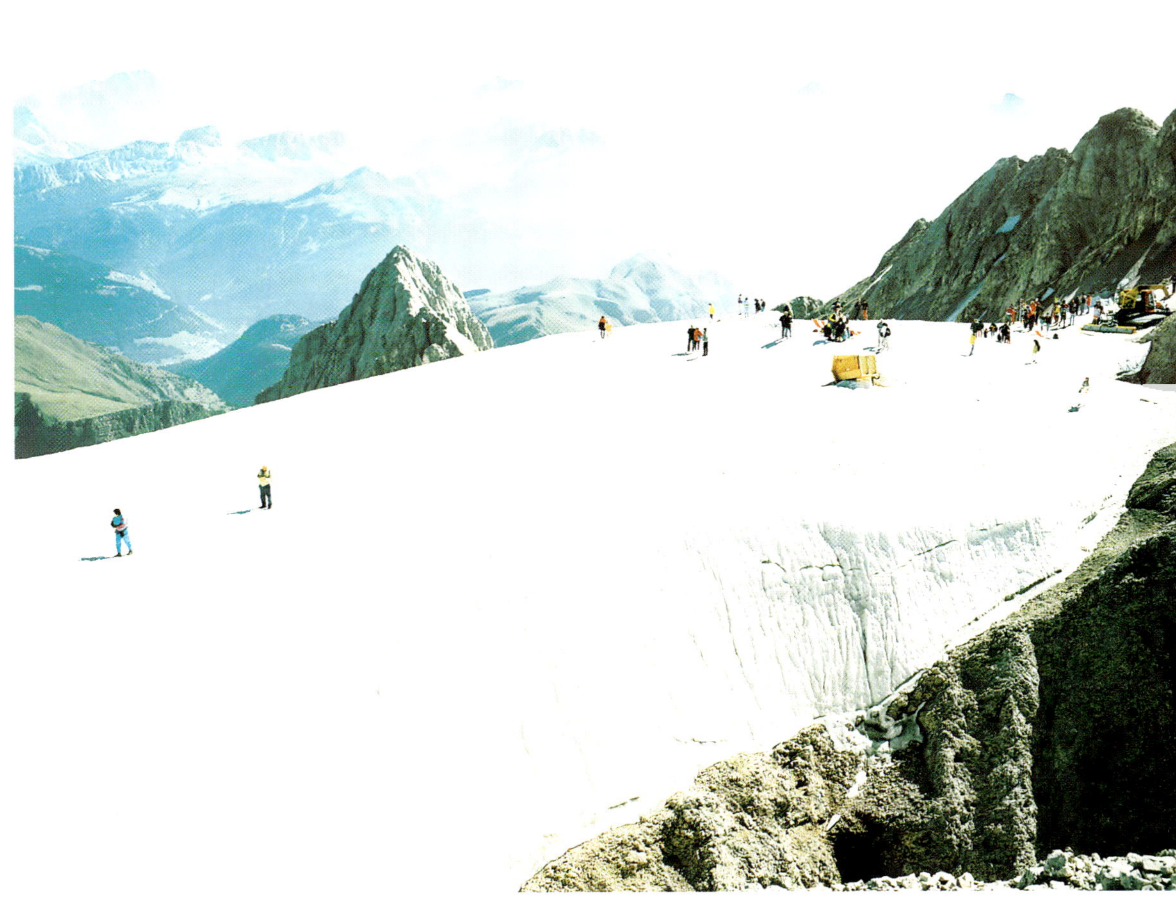

Niedermayr carries out an operation of "de-structuring" the panorama, a typical modality of mountain photography since the last century (one thinks of the experience of Sella), and, more generally, of the landscape genre. The destabilization of the vision which results from this is so much more radical because extremely slight, almost imperceptible. In this way the author shows that it is possible to question one of the fundamental codes of photography: that is, the integrity of the format, guarantor of the completeness of the vision, simply by way of a minimum "shifting" of the language. By making use of straight photography – although orientated in an anti-realistic direction – he parallelly questions the ability of the means to effectively follow reality. As his "stage" Niedermayr uses an extended field of very regular snow on which numerous small figures "act": it is these which determine the temporal dimension of the image. Beyond the confines of the field one has the development of the grand natural landscape formed by the mountain chain, initially green and then becoming blue in the distance. The division into two clear-cut horizontal bands, different in their colors and their matteric consistency, on the one hand accentuates the effect of plasticity and "realism" while, on the other, it introduces a fictional element which invites us to more closely observe the scene and to understand that before our eyes an irremediable perceptive "leap" has taken place, a "sliding" of one part with respect to the other. The photograph, descriptive as it was, has now become critical.

Come spesso ama fare, Roberta Orio ritaglia qui un particolare rigonfio di senso. Lavorando per sineddoche, compone un ritratto, definisce un'identità, racconta un'esistenza. Dall'osservazione di questi piedi solo leggermente divaricati, di queste ciabatte calzate, non solo immaginiamo la persona e un poco la sua storia, ma forse anche la casa, le suppellettili: dai nastrini risaliamo alle tazzine da caffè, dalla materia delle calze a quella del copriletto e dalla struttura del parquet segnato a quella dei muri intonacati, forse, chissà, tappezzati. Comunque sia, quest'immagine rivela un mondo che va molto oltre l'inquadratura e, al di là del suo indubbio valore antropologico, afferma per estensione un principio molto preciso: che la fotografia, che prenda in considerazione la scena più ampia possibile o la più circoscritta, è sempre, fortemente, frammento. Un approccio alla realtà che funzioni per momenti brevi e disgiunti l'uno dall'altro, ma molto mirati e controllati – quale è questo – è un invito ad affidarsi alla potenza rivelatrice dei piccoli particolari per cercare di costruire significati a partire dal concreto aspetto delle cose. In base a questo assunto, Roberta Orio lavora fra il 1992 e il 1997 a comporre un catalogo di codici della nostra contemporaneità, a cui dà titolo *Kult*, prelevati dalla confusione e cristallizzati, che si affiancano l'uno all'altro in una sorta di mosaico finale, nel quale però l'insieme del disegno si è perso e restano solo dei tasselli, come indizi.

As Roberta Orio often loves to do, here she "cuts out" a detail that is bursting with sense. In working by way of a synecdoche she composes a portrait, defines an identity and narrates an existence. From the observation of these only slightly spread feet, of these worn slippers, we not only imagine the person and a little of her story but perhaps also the home, the objects to be found there: from the bows we move up to the coffee cups, from the matter of the stockings to that of the bedspread, and from the structure of the worn parquet to that of the plastered – who knows, perhaps wallpapered – walls. Whatever the case, this photograph reveals a world which goes way beyond the framing of the image and, irrespective of its undoubted anthropological value, by extension affirms a very precise principle: that photography, which takes into consideration the most extensive scene possible, or the most circumscribed, is always a fragment (and forcefully so). An approach towards reality that functions for brief and disconnected moments, the one from the other, albeit extremely pondered and controlled ones (like this one), is an invitation to entrust oneself to the revealing power and command of small details in order to try to construct meanings starting out from the concrete appearance of things. On the basis of this undertaking, from 1992 until 1997, Roberta Orio works to compile a catalogue of codes of our contemporaneity entitled *Kult* – "captured" from confusion and crystallized – which flank each other in a sort of final mosaic in which, however, the totality of the design is lost. There only remaining tesserae as clues.

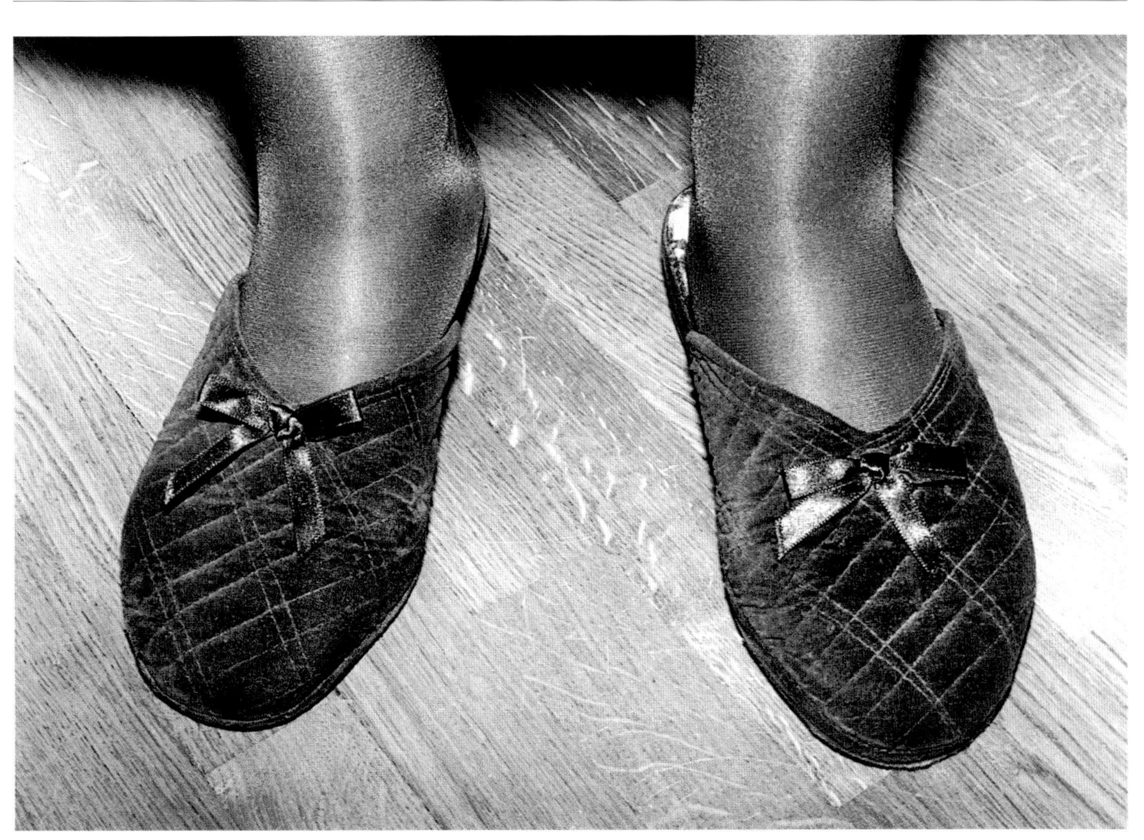

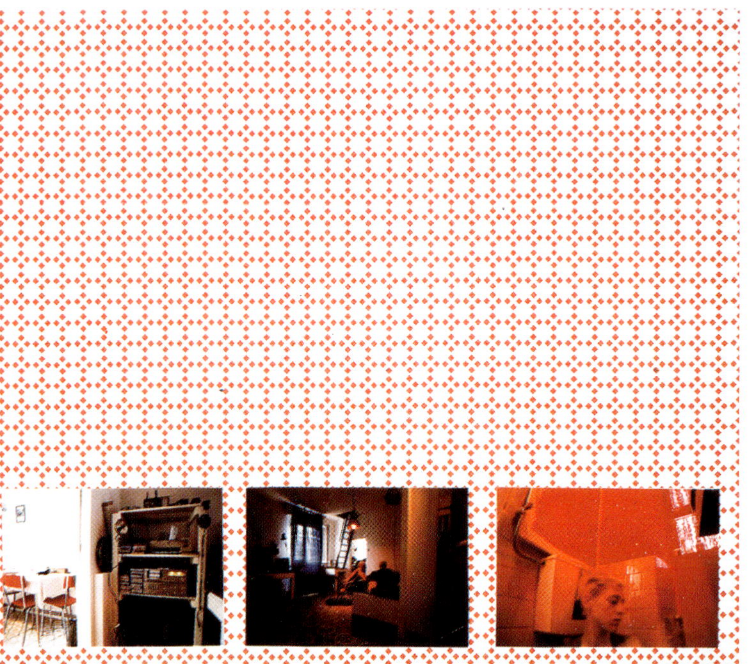 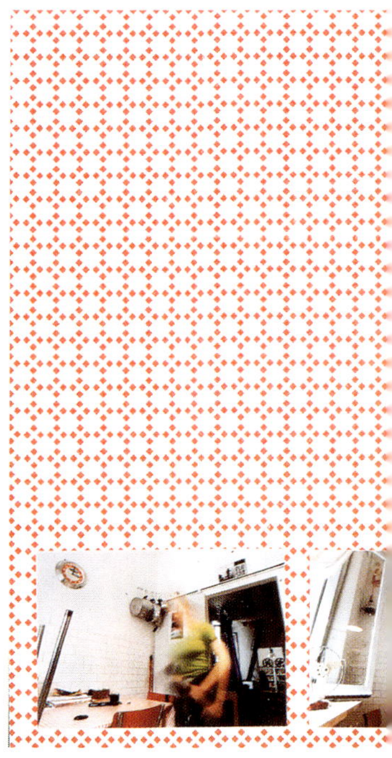

Il rosso, colore improvviso e difficile, domina queste immagini in sequenza, ordinatamente scivolate a tre a tre nella parte bassa dei tre rettangoli di carta fotografica a costituire un trenino narrativo. È un autoritratto in più tempi dentro casa (la forma dell'autoritratto è molto cara alla giovane artista riminese) e il fondo è costituito semplicemente dalla decorazione finemente quadrettata del deco-fix che sta in un punto di questa casa, una delle tante possibili case neonate d'oggi. La sequenza non racconta nulla in particolare, se non oggetti e brani di vita nelle diverse stanze: una quotidianità dalla quale l'atto fotografico non fa emergere tradizionali e speciali "momenti decisivi", ma solo momenti fra loro equivalenti, privi di gerarchia. Anche le inquadrature appaiono "normali" e volutamente poco "fotografiche": l'autrice infatti non è interessata alla messa in atto di abilità di tipo fotografico, bensì al progetto stesso dell'opera, al punto che proprio la superficie deco-fix, simbolo stesso della casa, diviene quasi protagonista da un punto di vista visivo a dispetto della sua modesta identità estetica. Proprio in questo abbassamento dell'evidenza della fotografia sta l'intento concettuale di quest'opera che è prima di tutto trasformazione di esperienza quotidiana in immagine. Tutto sommato il modello visivo di riferimento è quello primitivo e forte dell'album di famiglia: la plastica deco-fix, segno debolmente affettivo di una società di massa, sostituisce la pagina.

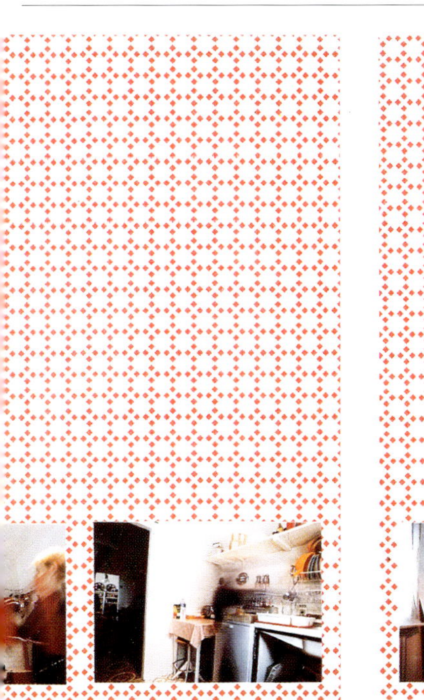

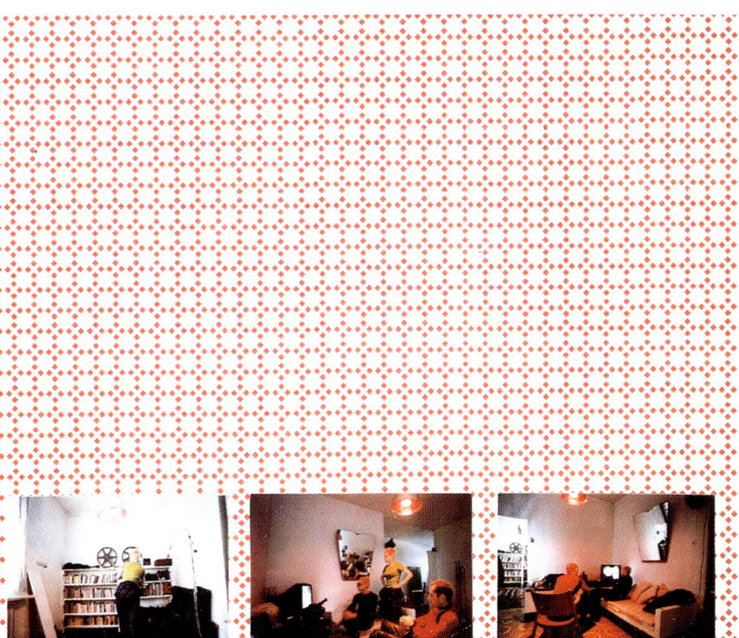

Red – an unexpected and difficult colour – dominates these sequential images, in an orderly way having slid down in threes into the lower part of the three rectangles of the photographic paper, in this way making up a small narrative series. This is a self-portrait in successive stages inside the home (the self-portrait form is very dear to this young artist from Rimini) and the background is simply formed by the delicately small-squared decoration of deco-fix to be found in a certain part of the house – one of those many possible "new-born" houses of today. The sequence narrates nothing in particular if not objects and bits of life in the various rooms: a daily living from which the photographic act does not cause the surfacing of traditional and special "decisive moments" but only moments that are "omni-equivalent", lacking a hierarchy. Also the shots appear "normal" and intentionally not very "photographic": in fact, the authoress is not interested in an act of ability of a photographic type but in the project itself of the work, to the point that it is precisely the deco-fix surface – symbol of the home – which almost becomes the protagonist from a visual point of view (in spite of its modest aesthetic identity). It is precisely in this lowering of the evidence of photography that one has the conceptual intention of this work which is above all the transformation of day-to-day experience into image. The visual model of reference, everything considered, is that primitive and strong one of the family album: the plastic deco-fix, the weakly affective sign of a mass society, substitutes the page.

Un luogo carico di storia, nel quale domina un'architettura antica ed emblematica come il Colosseo romano, con il contrappunto di una natura viva, forte, selvatica, diventa uno scenario dichiaratamente artificiale. In questa rappresentazione per nulla realistica, storia e natura arretrano e diventano immagine: fra i cespugli densi e le storiche architetture della città si agita la metropoli contemporanea in movimento; i colori si fanno trasparenti, riducendo la loro gamma a un freddo bianco-grigio-azzurro-blu-nero e marrone-rosso scuro-bruciato; la luce domina diffusa fra bagliori e leggere nebbie luminose stemperate; sul boccascena sta una figura scura che, reggendo un ombrello, guarda verso la città. Il rarefatto clima felliniano della scena è dato dalla magica solitudine di questa figura nella notte, che ha il ruolo di un "narratore" incaricato di "immaginare" il luogo, o solo farlo esistere attraverso il suo sguardo. La visione come immaginazione e narrazione.

Olivo Barbieri innesta nella fotografia elementi dei codici del cinema e del video, sottolineando in questo modo la sua natura tecnologica in senso molto lato: la notte, tema a lungo frequentato, costituisce la piattaforma concettuale sulla quale egli lavora per ottenere quel netto senso di artificialità che è il dato più forte e significativo del suo lavoro degli anni Novanta. Così come la fotografia primitiva si fondava sulla luce del sole, la fotografia tecnologica per vivere si nutre di elettricità.

A place charged with history – in which one has the domination of an ancient and emblematic architecture like the Roman Colosseum, with the counterpoint of a live, strong and wild nature – becomes a declaredly artificial scenario. In this in no way realistic representation, history and nature retreat and become image: from among the thick bushes and the historical architecture of the city one has the agitation of the contemporary metropolis. The colors become transparent, reducing their range to a cold white-gray-light blue-blue-black and brown-red dark-burnt. The light dominates, diffused amidst gleams and light, "diluted" luminous fogs. On the proscenium there is a dark figure who while holding an umbrella looks towards the city. The rarefied Fellinian atmosphere of the scene is given by the magical solitude of this figure in the night who has the role of a "narrator", charged with the task of "imagining" the place, or only to make it exist through his eyes. The vision as imagination and narration.

In his photography Olivo Barbieri grafts elements of the codes of the cinema and the video, in this way underlining its technological nature in the widest sense: the night, a theme long dealt with, constitutes the conceptual platform on which he works in order to obtain that clear-cut sense of artificiality which is the strongest and most significant datum of his work of the 1990's. In the same way that primitive photography was founded upon the light of the sun, so in order to live technological photography is nourished by electricity.

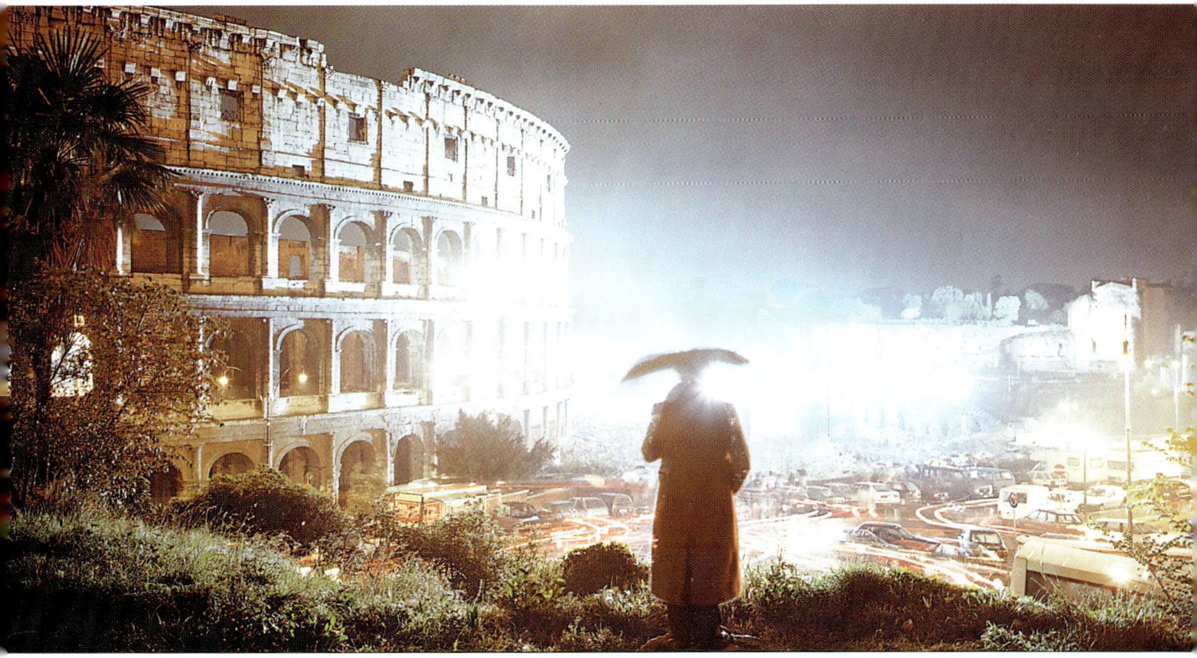

Un crollo della realtà e anche della percezione. In questo insieme di strutture non è facile individuare elementi che possano guidare la lettura del luogo consentendo di ricostruirne gli spazi, le prospettive, le proporzioni.

Il vecchio Molino Stucky, dal 1955, anno della sua dismissione, è stato a lungo un grande "monumento" abbandonato e totalmente invaso dalla vegetazione. Oggi, oggetto di un complesso progetto di restauro conservativo, l'imponente struttura industriale ottocentesca è diventata simbolo di una possibile rinascita della Giudecca e della Venezia del futuro. Luca Campigotto lo ha fotografato con cura documentaria nel suo disastro. "Io adoro lo sguardo di Piranesi, perché dalla veduta d'insieme conduce alle viscere nere dell'architettura", dichiara il fotografo veneziano, la cui scrittura fotografica si avvicina per molti aspetti al segno del grande incisore, così come il suo progetto, che parte da grandi visioni d'insieme per poi articolarsi in sguardi ravvicinati sulle materie, richiama un poco l'impianto e gli intendimenti piranesiani.

Questa fotografia quadrata, scura, leggermente ruotata presenta strutture sconnesse – quasi una scenografia teatrale – poste in diagonale in ogni direzione. La luce filtra qua e là e chiazze luminose danno profondità a uno spazio che ha del tutto perso la sua identità, le sue funzioni e i suoi riferimenti. I grandi stravolgimenti dell'economia e della storia che hanno investito il glorioso Molino veneziano sono qui pienamente e drammaticamente simbolizzati.

A collapse, an implosion of reality and also of perception. In this totality of structures it is not easy to individuate elements which are able to guide the reading of the place, permitting one to reconstructs its spaces, its perspectives and its proportions.

The old Molino Stucky (the Stucky Mill) since 1955 – the year in which it ceased its industrial activity – has been an impressive abandoned "monument", totally overrun by vegetation. The object of a complex project of restorative conservation, today the imposing nineteenth-century industrial structure has become the symbol of a possible "renaissance" of the Giudecca and also for the Venice of the future. Luca Campigotto has photographed it with documentary care and attention in its disaster. "I adore the viewpoint of Piranesi because from the totality of the vista it leads to the black bowels of architecture", affirms the Venetian photographer. In many respects his photographic writing is close to the sign of the great engraver, in the same way that his project to a certain degree reminds one of the approach and intentions of Piranesi (a project which starts out from a truly grand and totalizing vision to then articulate itself in close-up views of and on the matters).

This square, dark photograph, slightly rotated, presents disjointed and "rambling" structures – almost a theatre stage-design – which are diagonally placed in every direction. Here and there the light filters down and through and luminous patches give depths to a space that has completely lost its identity, its functions and its terms of reference. The tremendous upheavals of the economy and of history which have engulfed the glorious Venetian mill are here exhaustively and dramatically symbolized.

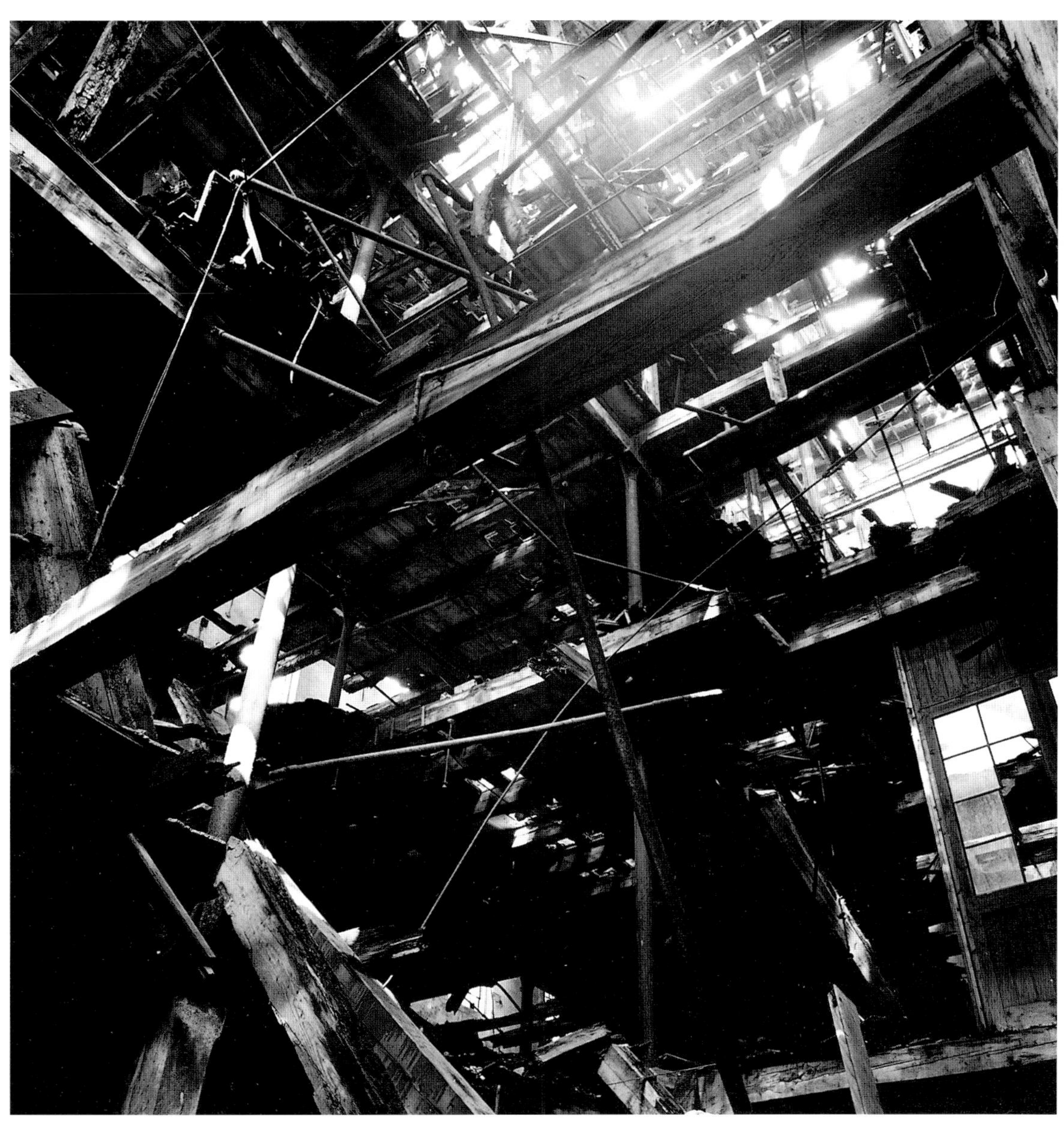

Un volto di Arcimboldi, l'immagine tremante della morte ma anche, al contrario, una sorta di tenero personaggio, quasi un pupazzo. Un universo straordinario, una geografia di forme, stratificazioni, trasparenze che la natura esibisce senza intenzione. Nel suo processo di decomposizione il peperone si dota di occhi naso bocca; antropomorfizzandosi si trasforma profondamente, produce vegetali ragnatele e morbidissime muffe, e volge il suo giallo clamoroso in una delicata gamma di bianchi e grigi; la pelle sottile diventa stoffa, velo, plastica; al suo interno, che non vediamo, grotta o scrigno, racchiude ormai chissà quale orrore o prezioso tesoro. Che cosa penserebbe Edward Weston di questo peperone che Bruna Ginammi ha inventato intrecciando il suo lavoro di fotografa al lavoro del tempo? Lo scuro e sensuale peperone del mitico autore americano indicava una realtà del tutto idealizzata che la fotografia elevava a uno stato di regalità; il fantasioso, quasi aereo peperone di Bruna Ginammi indica – come gli altri frutti e verdure di questo ciclo di lavori – che la realtà, con il suo instancabile pulsare di vita e di forme, si incarna a nostra insaputa in ogni frazione di secondo della quotidianità, senza gerarchie né diritti di precedenza: sarà l'intenzionalità del gesto artistico a evidenziare i significati e a mostrare che nulla, dell'esistenza, è da scartare. In questo caso la fotografia viene utilizzata quale strumento di misurazione del tempo e dello stato della materia; questa misurazione è accompagnata da un sorriso non privo di pensosa saggezza.

A face by Arcimboldi, the shuddering image of death. Although also, on the contrary, a sort of tender *persona*, almost a puppet. An extraordinary universe, a geography of forms, stratifications and transparencies that nature exhibits without intention. In its process of decomposition the capsicum furnishes itself with eyes, nose and mouth. In anthropomorphizing itself it changes profoundly, it produces vegetal cobwebs and extremely soft moulds. And it turns its clamorous yellow into a delicate range of whites and grays. The thin skin becomes cloth, veil, plastic. Its interior (which we do not see, be it cave or jewellery case) by now encloses who knows what horror or precious treasure.

What would Edward Weston think of this capsicum which Bruna Ginammi has invented, interweaving her work as a photographer with the work of time? The dark and sensual capsicum by the mythical American author indicated a totally idealized reality which photography elevated to a state of regality. The fantastic, almost aerial capsicum by Bruna Ginammi (like the other fruit and vegetables of this cycle of works) indicates that reality with its untiring pulsing of life and forms is incarnated – without our knowing it – in every fraction of a second of daily life, with neither hierarchies nor rights of precedence: it will be the intentionality of the artistic gesture that evidences meanings and shows that nothing of existence is to be discarded. In this case photography is employed as the instrument of the measurement of time and the state of matter. This measuring is accompanied by a smile that is not lacking in thoughtful sagacity.

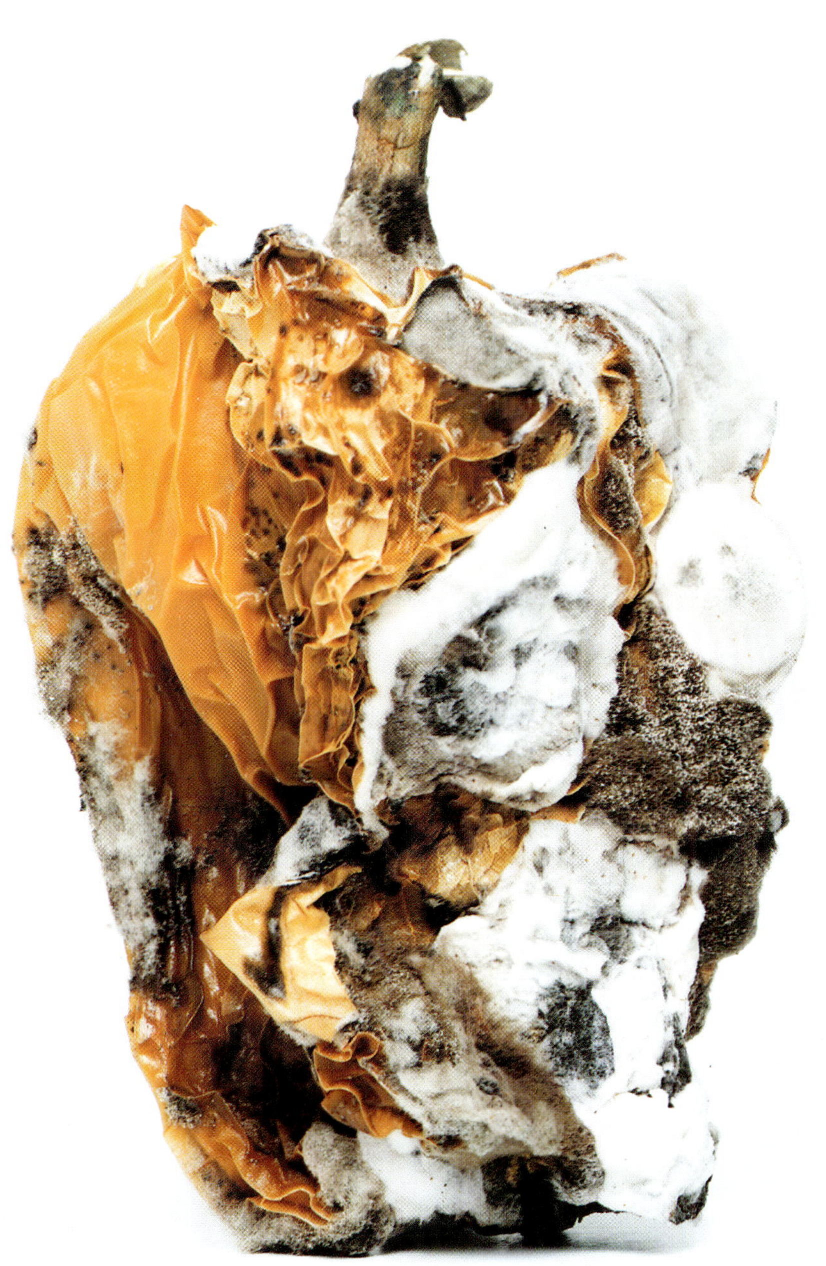

È il volto di un manichino in primo piano, le labbra lucide dipinte di rosso, gli occhi truccati con evidenza, i lunghi capelli neri. Sta tutto sulla destra dell'immagine, e guarda in su. Ricorda, solo in un angolo dello sguardo, le madonne di gesso dipinte che alzano gli occhi al cielo nell'ombra di certe chiesette. Il biancore della pelle e un'ombra azzurra sulla gola potenziano il senso di freddezza e di finzione. Questo "angelo del focolare", questa donna, è del tutto artificiale, ha l'aspetto congelato delle modelle che sfilano automatiche sulle passerelle e insieme quello di ben più quotidiani manichini dei grandi magazzini, un'aria televisiva ma anche familiare. Assomiglia però anche a una donna, a un tipo di donna che esiste, oggi, nella realtà ("o si è alterato qualcosa in quello che stiamo vedendo, o si è alterato qualcosa in noi", scrive la giovane fotografa).

La fotografia, arte della duplicazione, viene qui applicata a qualcosa di finto che evoca il vero. È immagine di immagine. Alessandra Spranzi non fotografa però un elemento finto all'interno di una scena vera ma, decontestualizzandolo completamente, discute sia il concetto di finzione-metamorfosi che quello di realtà-verità. Questa specie di azzeramento conferisce all'immagine un senso di solitudine e di disagio. Una specie di luna, finta o vera non importa più, brilla nel cielo scuro che sta di lato.

This is the close-up shot of the face of a mannequin, its glossy lips painted red, the eyes with evident make-up and its long black hair. It lies to the right of the image and looks upwards. It reminds us – although only in a corner of the look – of those Madonnas in painted plaster, their eyes raised to heaven, to be found in the shadow of some small churches. The whiteness of the skin and the light blue shade on the throat reinforce the sense of coldness and pretense. This "angelo del focolare" [angel of the home], this woman, is totally artificial. It has the frozen appearance of the models who automatically parade on the catwalks and, at the same time, that of the much more everyday mannequins of department stores, a televisual air although also familiar. Although it also resembles a woman, a type of woman who exists today in reality ("... either something has been altered in what we are looking at or else something has been changed in us", writes the young photographer).

Photography, the art of duplication, is here applied to something feigned which evokes the real. It is the image of image. Although Alessandra Spranzi does not photograph a mock element inside a real scene but, in a completely de-contextual way, she discusses both the concept of fiction-metamorphosis and that of reality-truth. This kind of zeroing gives the image a sense of solitude and uneasiness. A sort of moon – whether feigned or real no longer matters – glistens in the dark sky found to the side.

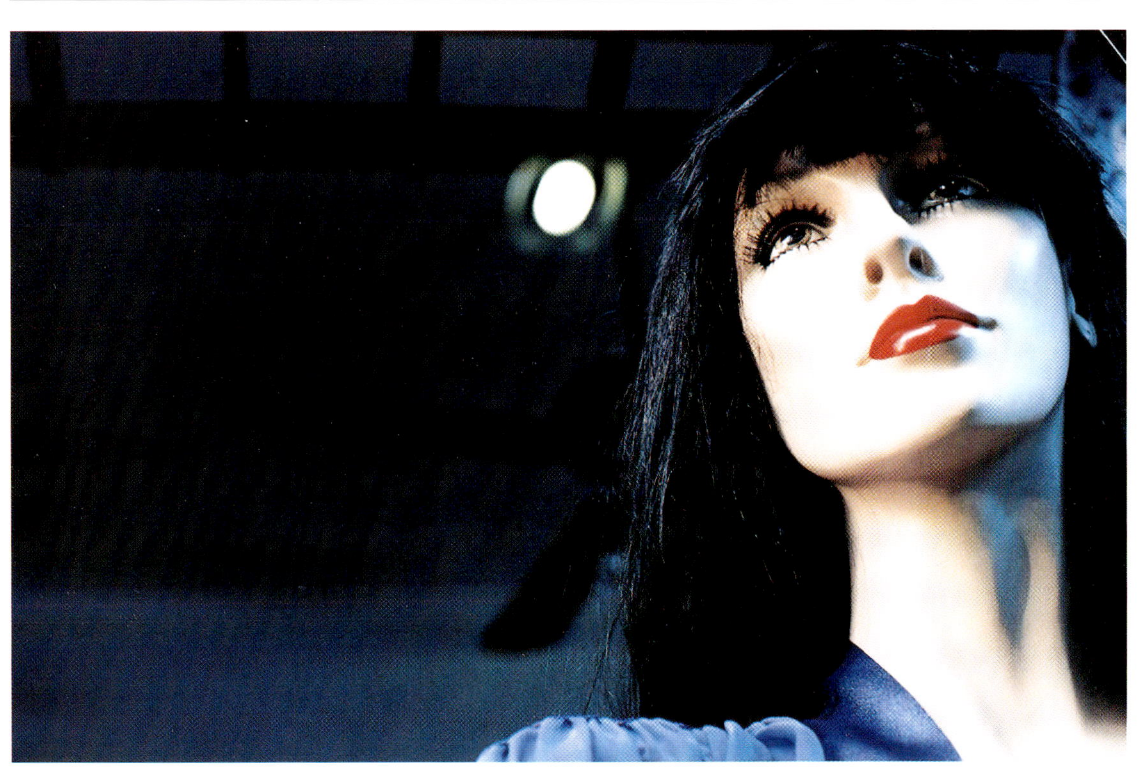

Uno specchio d'acqua circolare occupa il primo piano dell'immagine. Sulla parte destra il cerchio è scuro, mentre a sinistra risplende. Rimanda la luce del cielo ed erbe fitte vi sono cresciute, anch'esse formando un cerchio: alcune di queste, piegate, riflettendosi formano piccole figure geometriche, come losanghe. Erbe e arbusti verticali spogli anche nel prato, e chiazze d'acqua luminosa.

È uno specchio perfetto, magico. Il cielo, sullo sfondo, è chiarissimo. In fondo al prato, una serie di strutture si susseguono scandendo lo spazio orizzontale: la loro costruzione non è stata ancora terminata oppure sono decadute nell'abbandono, come strani manufatti archeologici di origine industriale? In uno stato di attesa, la natura cerca di mescolarsi ad esse.

Si può definire George Tatge, fotografo americano da tanti anni a contatto con l'antico paesaggio italiano, un delicato narratore dei segreti delle forme, un osservatore attento del rapporto fra strutture naturali e strutture progettate dagli uomini. In questa fotografia, mentre le costruzioni che si trovano sullo sfondo sono squadrate e non ricordano forme create dalla natura, il grande cerchio, forma tonda naturale, femminile, descrive un bacino d'acqua artificiale: natura e cultura riescono a fondersi armoniosamente e misteriosamente in una forma unica assoluta.

A circular pond fills the foreground of the photograph. On its right-hand side the circle is dark, on the left it shimmers. It sends back the sky's light and thick grasses have grown there, also forming a circle: some of these, bent over and reflecting themselves, form small geometrical figures, like rhombuses. Grasses and naked, vertical shrubs also in the open field. And patches of luminous water.

It is a perfect, magical mirror. The sky on the background is brilliantly clear. At the other end of the field there is a series of structures that follow the one after the other, giving scansion to the horizontal space: has their construction not yet been terminated or else have they fallen into a state of abandon, like strange archaeological wares of an industrial origin? In a waiting state, nature tries to mingle with them.

One can define George Tatge – an American photographer who for many years has been in touch with the ancient Italian landscape – as being a delicate storyteller of the secrets of form, an attentive observer of the relationship between natural structures and those structures planned by man. Whereas the constructions found in the background are squared and do not remind one of forms created by nature, in this photograph the large circle – natural rotund form, feminine – describes an artificial pond-cum-basin: nature and culture manage to harmoniously and mysteriously amalgamate themselves in a sole, absolute form.

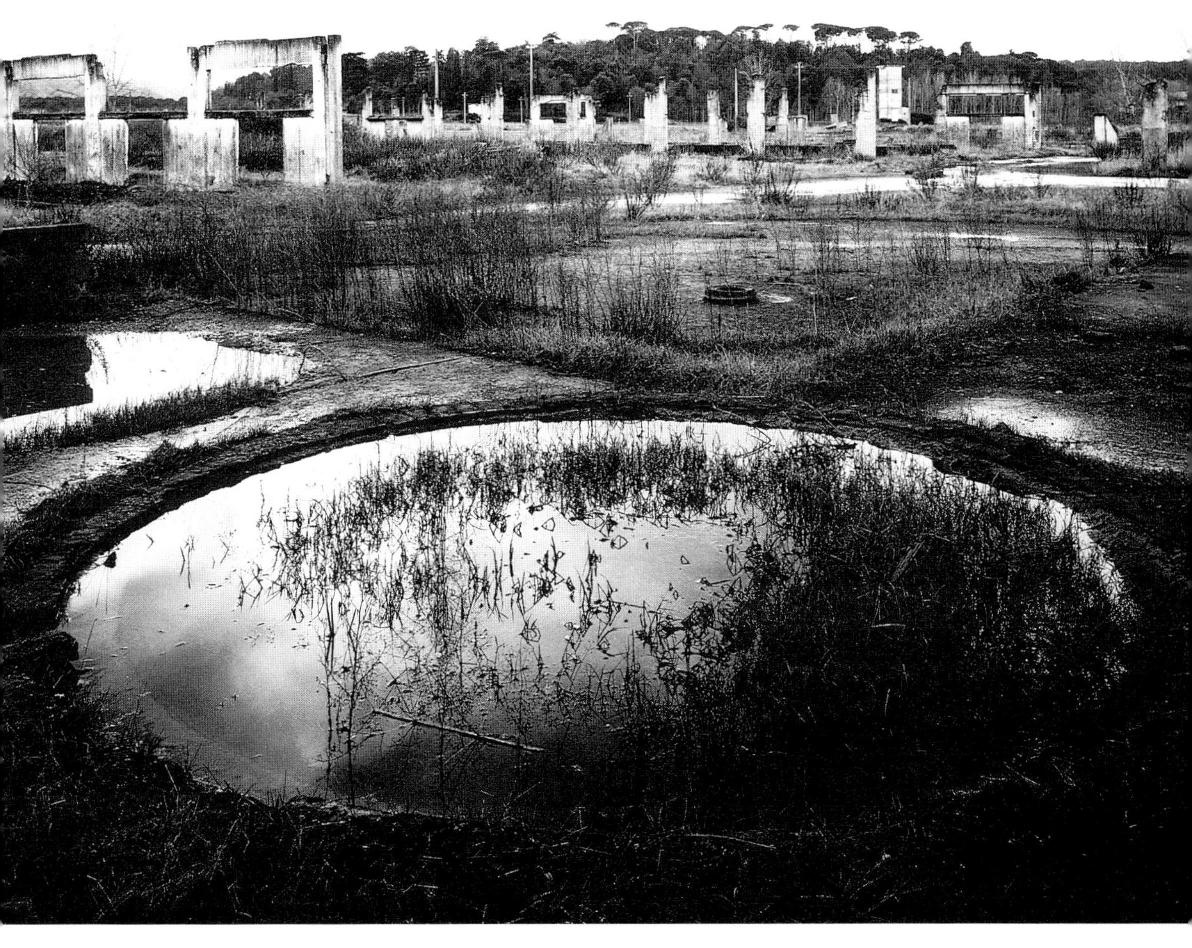

Il dittico fa parte di un lavoro costituito in buona parte da fotografie provenienti da Internet (immagini notturne della Terra vista dal satellite, con le aree urbane illuminate che ne disegnano la geografia) unite a immagini di pezzi di pane, briciole e altro, piccole cose anche informi. Due universi si fronteggiano e si uniscono: da un lato l'immensità-globalità della notte e insieme della comunicazione; dall'altro la semplicità-straordinarietà della sopravvivenza quotidiana; da un lato la dimensione dell'enorme, dall'altro quella del minimo. Il codice del bianco e nero grafico-fotografico riporta i due mondi a livelli di leggibilità del tutto simili, secondo una confusione percettiva che è metafora stessa della nostra contemporaneità, nella quale vicino e lontano, fisica esistenza e dimensione virtuale si toccano. Il lavoro di Delucca indica come il nostro pane-vita e, insieme, la nostra conoscenza-comunicazione finiscano per cadere sotto lo stesso tipo di controllo. Così, da un punto di vista visivo, non vi è più gerarchia né profondità. Lo spazio perde i suoi contorni, il tempo si dilata, l'immagine si trasforma in una situazione aperta, mobile, disponibile al susseguirsi dei significati.

The diptych forms part of a work made up in the main from photographs taken from Internet (nocturnal images of the Earth as seen by satellite and with the illuminated urban areas that design its geography) combined with images of pieces of bread, crumbs and other small – also inform – things. Two universes confront each other and unite: on the one hand we have the immensity-globality of the night and the totality of communication; and, on the other, the simplicity-extraordinariness of daily survival. On the one hand the dimension of the enormous, on the other that of the minimum. The graphic-photographic black and white code takes the two worlds to levels of legibility which are altogether similar following a perceptive confusion that is the metaphor itself of our contemporaneity in which near and distant, physical existence and virtual dimension touch each other. Delucca's work indicates how our bread-life and, together, our knowledge-communication end up by falling beneath the same type of control. Thus, from a visual point of view there is no longer hierarchy nor profundity. Space loses its contours. Time is dilated. The image is transformed into an open, mobile situation. At the disposal of the succession of meanings.

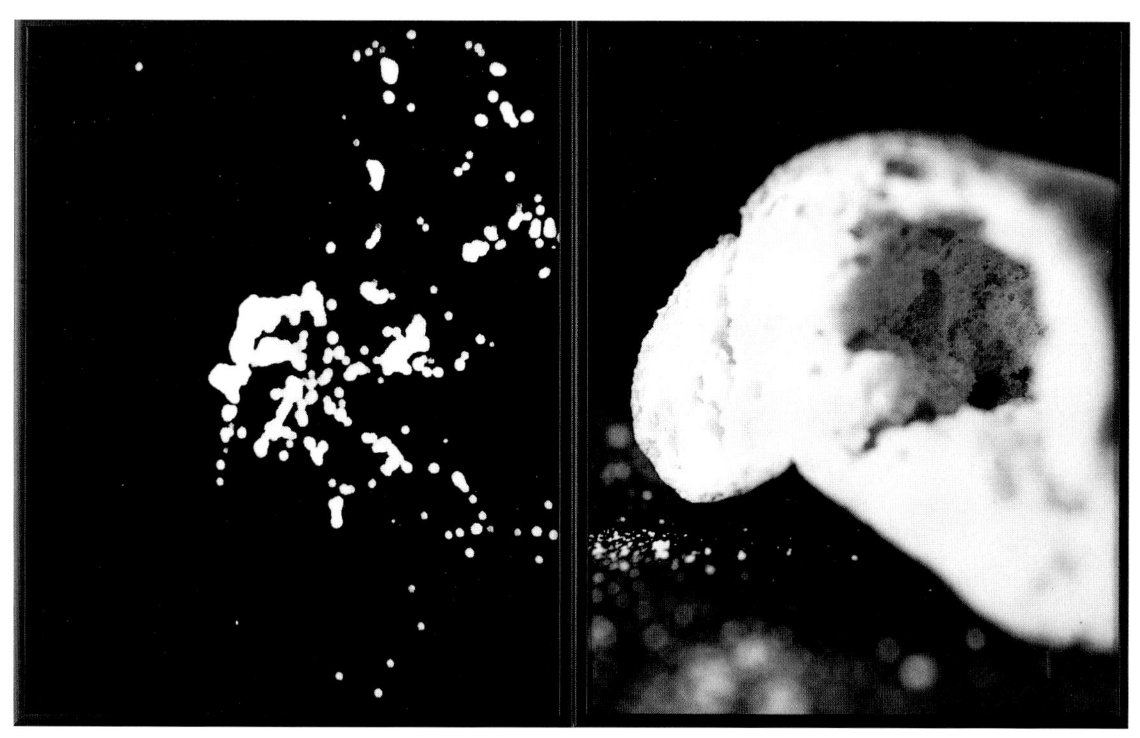

L'immagine appartiene a un ciclo dal titolo *Attese*: il riferimento è ai tagli sulle tele di Lucio Fontana, gesto assoluto con il quale l'artista aveva affrontato la questione dello spazio. Agostini, fotografo, dopo avere lavorato per anni sul problema della rappresentazione del paesaggio, con questo progetto sembra allontanarsi da un linguaggio descrittivo a favore di una maggiore attenzione verso i valori formali ed evocativi dell'immagine. Formali nel senso della sottolineatura delle più nascoste valenze astratte che la realtà visibile può presentare. Agostini riprende dunque il concetto di taglio come presa di possesso dello spazio e lo trasforma in un segno forte all'interno del rettangolo della fotografia: per esempio una marcata linea dell'orizzonte oppure la presenza di nette fasce che strutturano con chiarezza l'insieme del paesaggio ripreso. Lavora dunque sull'inquadratura, a partire peraltro da un'operazione di semplificazione "preparatoria", sempre in direzione astratta: la scelta di paesaggi naturali che presentano di per sé caratteristiche di essenzialità. In questa immagine è immediato percepire l'intenzione antirealistica dell'autore, il quale pone al centro del campo visivo la fascia chiara delle erbe, come capelli, a pelo d'acqua: al di sotto vi è un'ampia zona scura indeterminata, al di sopra un gioco di rispecchiamento che racconta indirettamente la presenza di una regolare fila di alberi, senza descriverli, senza spendere inutili parole. La forte cornice nera intorno all'immagine è l'elemento finale che "chiude" il discorso.

The photograph belongs to a cycle entitled *Attese* [Expectations]: the reference is to the cuts in the canvases by Lucio Fontana, an absolute gesture with which the artist had confronted the question of space. After having worked for years on the problem of the representation of the landscape, with this project Agostini seems to have moved away from a descriptive language in favor of a greater attention paid towards the formal and evocative values of the image. Formal in the sense of the underlining of the most hidden abstract components which visible reality is able to present. Agostini, therefore, once again takes up the concept of the cut as the taking possession of space and he transforms this into a strong sign within the rectangle of the photograph: for example, a marked line of the horizon, or else the presence of definite bands that with clarity structure the landscape as a whole. He therefore works on the framing and starting out, moreover, from an operation of "preparatory" simplification (and always in the abstract direction): the choice of natural landscapes which in their own right impart characteristics of essentiality. Immediately perceptible in this image is the anti-realistic intention of the author who at the center of the visual field places the light and clearly discernible band of grasses - like single hairs - in the water's surface. Underlying this there is a spacious dark and indeterminate zone while above we have a mirroring play which indirectly narrates the presence of a regular row of trees - although without describing them, without spending useless words. The forceful black frame is the final element that "closes" the discourse.

Questo dittico agisce in modo assai deciso ma leggero (pensiamo a quella leggerezza di cui scrive Italo Calvino nelle sue *Lezioni americane*) sia sull'idea di tempo che sull'idea di spazio. Sul tempo: questa coppia di immagini è un embrione di sequenza ma possiede una valenza narrativa altissima; basta a se stessa, una terza immagine sarebbe superflua, indesiderata. Come nella fotografia segnaletica il ritratto di fronte e di profilo bastano, lapidari, a dichiarare l'identità – così questa figura di donna arriva leggera di profilo e se ne va di spalle quasi volando verso il suo destino, e questo costituisce l'intera storia.

Sullo spazio: basta un angolo di strada a definire la dimensione totale della scena, all'interno della quale la donna si muove, sdoppiandosi per raccontarsi. Questa micro-sequenza dai colori pastellati presenta però anche un elemento eccezionale: essa si sviluppa non da sinistra a destra, come la consuetudine della nostra scrittura e della nostra lettura vuole, ma da destra a sinistra, e dunque anche l'occhio dell'osservatore rispetterà questo senso invertito di lettura, assoggettandosi a un semplice dato imposto dal logico svolgimento della scena nello spazio.

L'operazione di Paola De Pietri, nella sua fresca essenzialità, è sottilmente concettuale in quanto discute sulla natura del gesto fotografico, da un lato relativizzandolo con ironia, dall'altro rivelandone tutta l'enorme potenzialità non priva di incantesimo. E infatti proprio sull'incantesimo lavora da qualche anno la giovane artista reggiana.

This diptych acts in a quite decisive – albeit light – way regarding the ideas of time and space (and we are thinking of that lightness about which Italo Calvino wrote in his *Lezioni americane*).

Regarding time: this couple of images is a sequence embryo but possesses an extremely elevated narrative importance. Sufficient in its own right, a third image would be superfluous, undesired. As in sign photography, the portrait from the front and in profile are enough – lapidary as they are – to declare identity – so this figure of a woman lightly arrives in profile and goes away with her back to us, almost flying towards her destiny. And this makes up the whole story.

Regarding space: a street corner suffices to define the total dimension of the scene within which the woman moves, splitting herself in two in order to talk about herself. However, this micro-sequence with its pastel colors also presents us with an exceptional element: it is not developed from left to right, as is customary of our writing and our reading, but from right to left. So also the eye of the observer will respect this inverted direction of reading, subjecting him or herself to a simple datum imposed by the logical unfolding of the scene in space.

Paola De Pietri's operation, in its fresh essentialness, is subtly conceptual in that it discusses the nature of the photographic gesture: on the one hand 'relativizing' it with irony while, on the other, revealing all of its enormous potential – and not lacking the spell. And in fact, it is precisely regarding enchantment that the young artist from Reggio Emilia has for some years been working on.

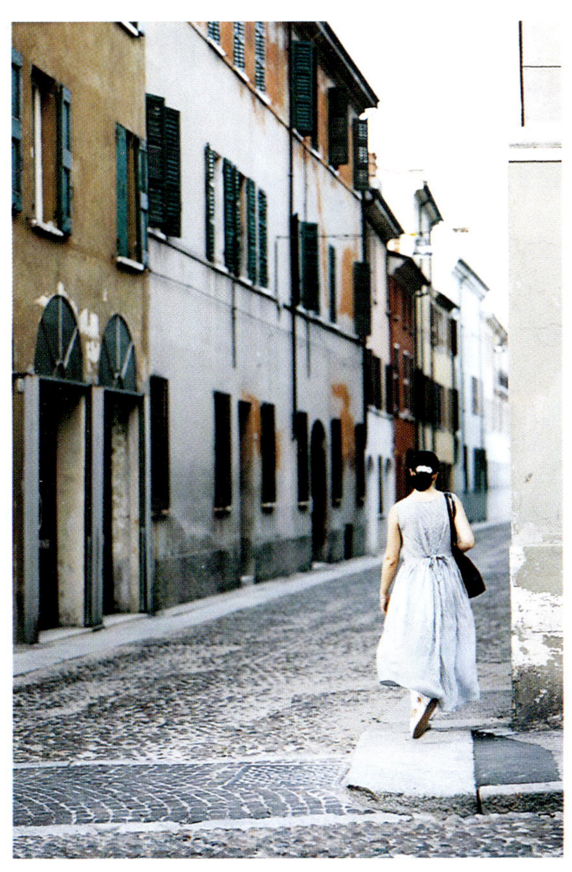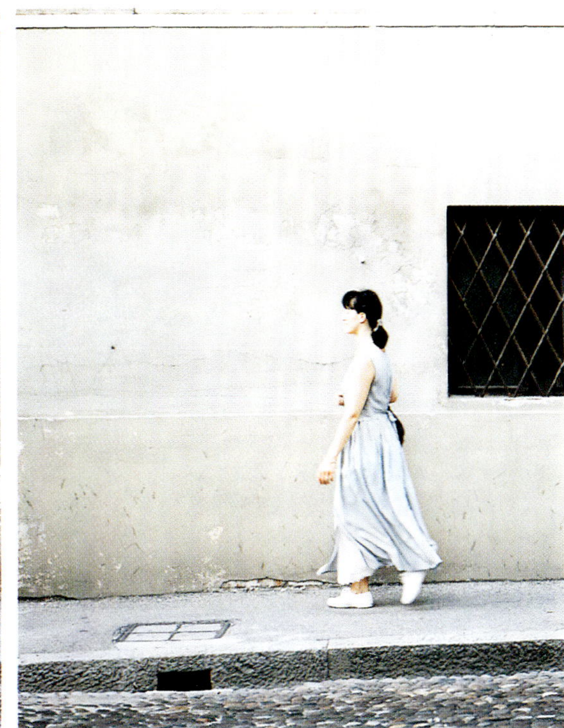

Come Georges Perec nel suo noto libro dal titolo appunto *Espèces d'espaces*, Paola Di Bello discute qui il concetto stesso di spazio e la verità-illusorietà della sua rappresentazione attraverso il mezzo fotografico.

Un luogo fortemente e chiaramente strutturato (un ampio corridoio di una stazione della metropolitana milanese, luogo di transito e di disagio che non appartiene a nessuno) e un esatto punto di vista (tale da mettere in immediata evidenza la tipica fuga prospettica di impianto rinascimentale, la stessa che presiede all'organizzazione dello spazio della camera fotografica) le consentono di costruire il suo discorso critico. Il luogo è stato scelto dall'artista perché presenta una preziosa particolarità che pone l'immagine in bilico fra realtà e finzione visiva: per essere stato diviso trasversalmente in due parti destinate in passato a funzioni diverse, il corridoio presenta due diverse pavimentazioni, due diverse coloriture del soffitto, due tipi diversi di illuminazione. Di conseguenza la fotografia, pur essendo stata realizzata in un'unica ripresa, appare piuttosto come il montaggio di due fotografie speculari e opposte – la divisione dei colori del soffitto e del pavimento è perfettamente verticale – un dittico che vive di un sapiente gioco ottico di negativo-positivo. L'operazione indica come lo spazio possa essere messo in discussione proprio ed esattamente a causa del suo reale modo di essere e come, insieme ad esso, alcuni punti fermi del codice della fotografia possano perdere di assolutezza.

Like Georges Perec in his well-known book entitled *Espèces d'espaces*, Paola Di Bello here discusses the concept of space and the truth–illusory nature of its representation by way of the photographic means.

A strongly and clearly structured place (a wide corridor of a station of the Milanese underground railway system, place of transit and uneasiness which belongs to no one) and an exact viewpoint (such as to immediately evidence the typical perspective vanishing point of Renaissance scheme, the same which governs the organization of camera space) allow her to construct her critical discussion. The place was chosen by the artist because it presents a precious particularity that places the image in an unstable equilibrium between reality and visual invention: in having been transversally divided into two parts intended, in the past, to fulfill different functions, the corridor shows two different types of flooring, two different colors of the ceiling and two different types of illumination. In consequence, the photograph, while being taken in one shot, appears rather as the montage of two specular and opposed photographs: the division of the colors of both the ceiling and flooring is perfectly vertical. A diptych that draws life from a sapient optical play of negative-positive. The operation indicates how space can be questioned precisely due to its real way of being and, together with it, how some established elements of the photographic code can lose their absoluteness.

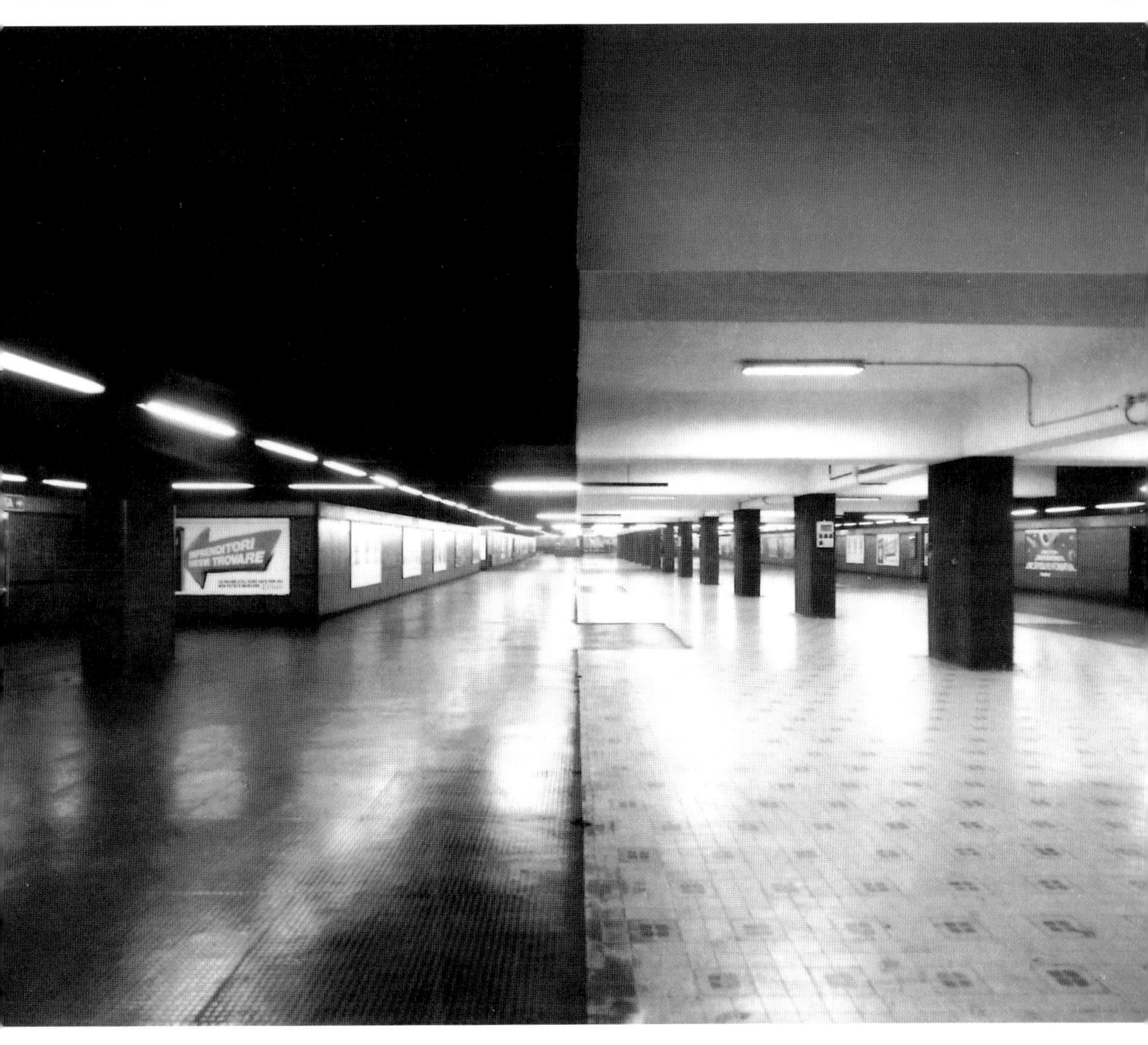
IMPRENDITORI
PER TROVARE

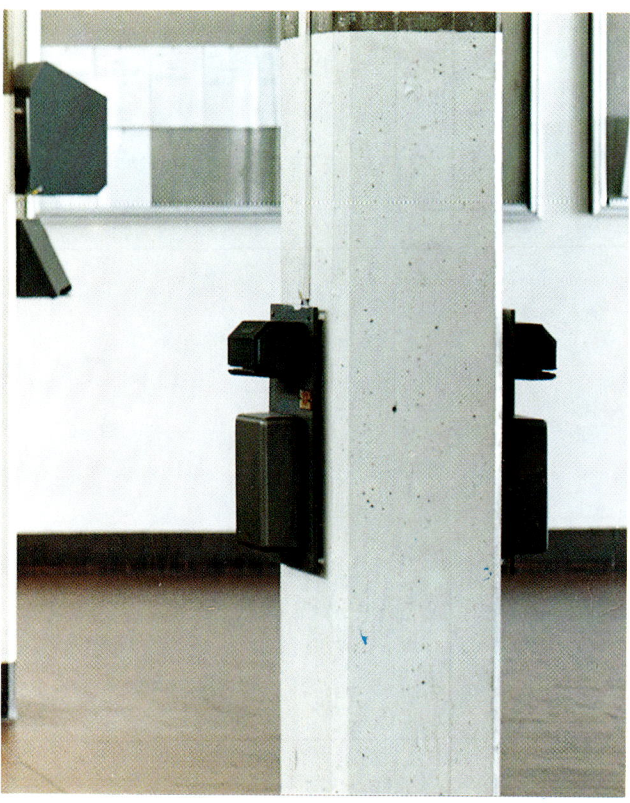

Scrive William Guerrieri a proposito del progetto *Venezia-Marghera* di cui queste fotografie fanno parte: "Ho scelto di utilizzare immagini anonime di manifestazioni, assemblee, ecc... del movimento operaio degli anni Sessanta e Settanta, dell'archivio della FILCEA di Mestre, e immagini da me prodotte, come fossi un anonimo fotografo di interni". Con una successiva operazione di selezione e di ingrandimento, l'autore ha creato una sequenza alternando particolari delle immagini del passato con particolari degli interni degli ambienti di lavoro. La scelta di lavorare sull'anonimia dell'immagine fotografica e di conseguenza sull'esistenza di un potenziale significato dell'immagine a prescindere dall'autore pone decisamente l'accento sulla fotografia come concetto. Inoltre il progetto di Guerrieri tocca un tema di estremo interesse per la nostra civiltà e il nostro rapporto con la realtà e con la conoscenza: quello della fotografia come immagine prodotta, diffusa, fruita a livello dei media, e che si ripete come modello e come icona: sottoposta a continui processi di semplificazione e simbolizzazione, entra nell'immaginario privato e sociale, assumendo significati sempre diversi.

Queste due fotografie, un segmento dell'intero progetto, mettono a confronto il vuoto squallore dell'ingresso di un ambiente di lavoro con le espressioni serie dei volti di due lavoratori che per sineddoche rappresentano, immaginiamo, un grande gruppo: la prima fotografia-frammento presenta toni freddi e uniformi, la seconda i toni caldi ma generici di una lontananza storica. L'accostamento di fredde strutture a figure dalla evidenza umana e sociale così forte provoca una frattura, un sobbalzo; l'efficace durezza del frammento volutamente anonimo ci fa pensare alla storia, alla nostra storia che se ne va.

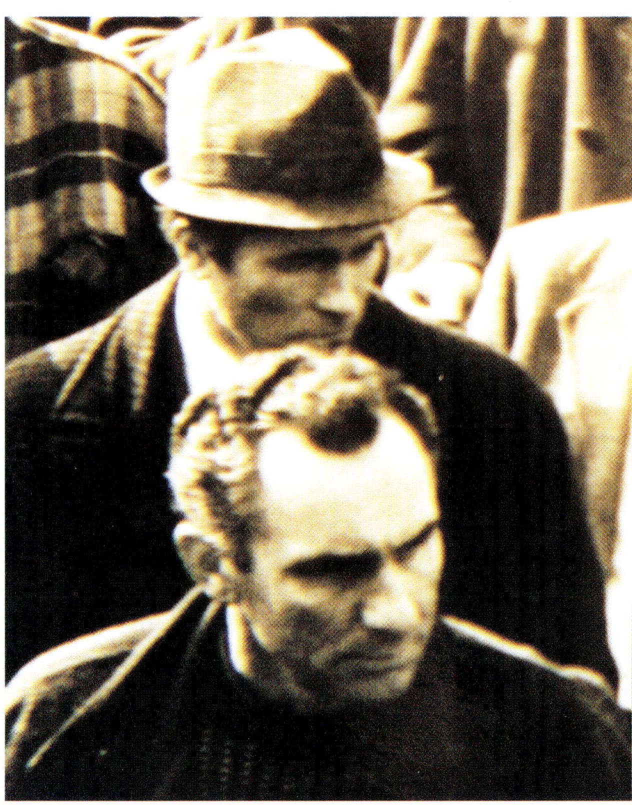

As William Guerrieri wrote about the Venezia-Marghera project of which these photographs form part: "I chose to use anonymous images of demonstrations, assemblies, etc. ... of the labor movement of the 1960's and 1970's from the archives of the FILCEA of Mestre and images produced by me, as if I were an anonymous photographer of interiors". With a successive operation of selection and enlargement the author has created a sequence, alternating details of the images of the past with particulars of the interiors of work places and environments. The choice of working upon the anonymity of the photographic image and, in consequence, upon the existence of a potential meaning of the image irrespective of the author, decidedly places the accent on the photograph as concept. Furthermore, Guerrieri's project touches a theme of extreme interest for our civilization, our relationship with reality and with awareness: that of the photograph as an image produced, diffused and made use of on the level of the media, repeated as a model and as an icon. Subjected to continuous processes of simplification and symbolization, it enters both the private and social imaginary, taking on increasingly more different meanings. These two photographs – a segment of the entire project – confront the empty squalor of the entrance to a work place with the serious expressions of the faces of two workers who by way of synecdoche represent – we imagine – a large group: the first photograph-fragment has cold and uniform tones, the second warm yet generic ones of an historical distancing. The coupling of the "cold" structures with figures of such strong human and social unmistakableness provokes a fracture, a jolt: the efficacious harshness of the purposefully anonymous fragment makes us think of our history – of our history which is passing away.

L'opera è frutto di una lunga procedura, non priva di ritualità, che è doveroso descrivere. Mangano ha annerito il proprio volto con nero fumo, allo scopo di utilizzarlo come cliché per "impressionare" una serie di lastrine di vetro. Ha poi posto l'insieme di lastrine recanti le impronte delle diverse parti del suo volto sulla terra, nella natura, lasciandovelo per "tre giorni di esposizione", in modo che insetti vi svolgessero la propria vita, foglie, erbe o rametti vi cadessero o altro, e ogni altra azione della natura si sviluppasse sopra le lastrine e dunque sopra il suo volto. Ha creato "trappole per tracce", cioè una superficie sulla quale le molte vite contenute nel luogo naturale potessero agire, lasciando un segno del loro passaggio ("Lasciate una traccia del vostro passaggio", scriveva Franco Vaccari nel 1972 sulla parete della sua *Esposizione in tempo reale*). Le trappole hanno funzionato e rispondendo alla regia dell'autore hanno imprigionato segni diversi, alcuni più delicati e alcuni più insistenti e misteriosi: ne è nata una geografia di tracce. Attraverso la stampa a contatto della composizione di lastrine si è ricreato in positivo l'insieme del volto, ora in qualche modo simile alla Sindone, racchiuso in una forma di croce allungata, come lastricata. Un'immagine di morte, di tracce di vite che si svolgono sopra un volto-lapide. Come è tipico dei lavori concettuali, una fotografia precede e "spiega" l'immagine di questo volto, e le due formano un dittico, un insieme visivo che richiama le *Verifiche* di Mulas. L'opera finale è una installazione a terra del volto, ingrandito, disperso, orizzontale.

The work is the fruit of a long procedure – not lacking in ritualization – which it is the case to describe. Mangano blackened his face lampblack with the aim of using it as a *cliché* in order "to impress" a series of small glass sheets. He then placed all of the sheets bearing the imprints of the various parts of his face on the ground, in nature, leaving this group for "three days of exposure" in such a way that insects could carry on with their activities, that leaves, grass or twigs could fall on it, or whatever, and that every other action of nature develop on top of the small sheets and, therefore, on top of his face. He has created "traps for traces": that is, a surface on which the many lives contained in the natural place could act, leaving a sign of their passing ("Leave a trace of your passing", Franco Vaccari wrote in 1972 on the wall of his *Esposizione in tempo reale* [Exhibition in Real Time]). The traps functioned and, in responding to the direction of the author, imprisoned diverse signs, some more delicate and some more insistent and mysterious: the result was the "birth" of a geography of traces. By way of the contact printing of the composition of small sheets in positive one had the recreation of the whole face, at this point in some way similar to the Holy Shroud, closed within a form of an elongated cross, as if "paved". An image of death, of traces of life that take place on a face-gravestone. As is typical of conceptual works, a photograph precedes and "explains" the image of this face and the two form a diptych, a visual whole which recalls the *Verifiche* [Verifications] by Mulas. The final work is an installation of the face on the ground – enlarged, dispersed and horizontal.

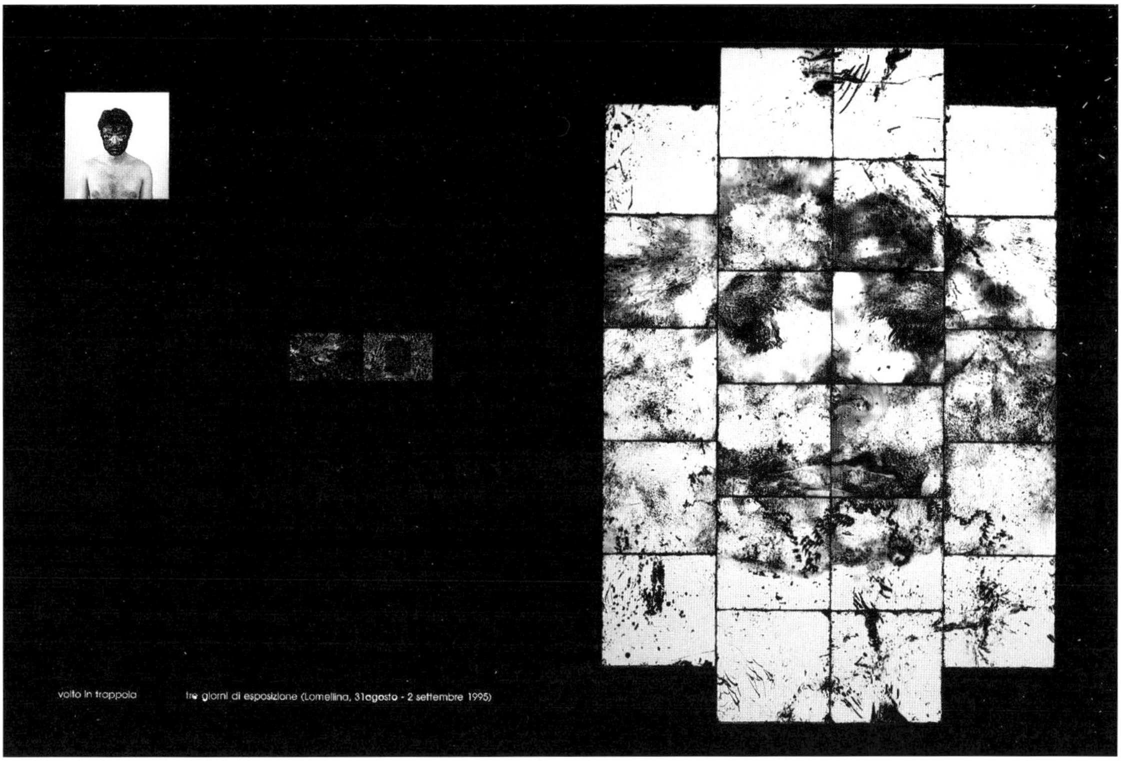

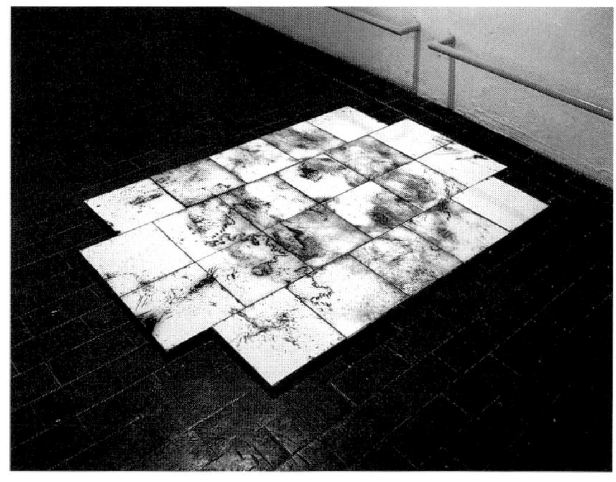

volto in trappola   tre giorni di esposizione (Lomellina, 31 agosto - 2 settembre 1995)

Agostini, Giampietro
Valsugana (Trentino), 1997
Stampa al bromuro d'argento su carta
Kentmere (Art Classic), 35,5x52 cm su
43x60 cm
Silver bromide paper on Kentmere (Art
Classic), 35,5x52 cm onto 43x60 cm
Collezione dell'autore/Author's
Collection, Milano
p.199

Fratelli Alinari
Firenze. Studio di nuvoli, 1900 c.
Stampa all'albumina da lastra
19,3x24,7 cm su 27,2x36,4 cm
Albumin print from glass-negative,
19,3x24,7 cm onto 27,2x36,4 cm
Museo di Storia della Fotografia
Fratelli Alinari, fondo Alinari,
collezione Palazzoli, Firenze
p.17

Ballo Charmet, Marina
Con la coda dell'occhio, 1993
Stampa ai sali d'argento su politenata
su alluminio/ Silver resincoated print
on aluminium, 102x153 cm
Collezione dell'autrice/Author's
Collection, Milano
p.177

Baravalle, Carlo
Senza titolo, s.d. (fine anni Venti)
Stampa alla gelatina bromuro
d'argento/Silver gelatino-bromide
print, 31x39,7 cm
Museo di Storia della Fotografia
Fratelli Alinari, archivio Baravalle,
donazione Baravalle, Firenze
p.41

Barbieri, Olivo
Roma, 1995
Stampa cromogenica su alluminio/
Chromogenic print on aluminium,
60x120 cm
Collezione dell'autore/Author's
Collection, Carpi
p.187

Basilico, Gabriele
Boulogne-sur-Mer, 1984
Stampa recente ai sali d'argento su
politenata/Recent silver resincoated
print, cm 70x90 cm
Collezione dell'autore/Author's
Collection, Milano
p.153

Berengo Gardin, Gianni
Venezia. Motoscafo per piazzale Roma, 1960
Stampa recente al bromuro d'argento,
25,5x37,5 cm su 30,7x40,2 cm
Recent silver bromide print,
25,5x37,5 cm onto 30,7x40,2 cm
Collezione dell'autore/Author's
Collection, Milano
p.93

Biasiucci, Antonio
Vacca, Dragoni, 1990
Stampa al bromuro d'argento, 46x29,7
cm su 49x32,8 cm
Silver bromide print, 46x29,7 cm onto
49x32,8 cm
Collezione/Collection Roberta
Valtorta, Milano
p.167

Boggeri, Antonio
Senza titolo, 1933-34
Solarizzazione, stampa alla gelatina
bromuro d'argento/Solarization, silver
gelatino-bromide print, 16,3x11,8 cm
Archivio Anna Boggeri, Meride, Suisse
p.51

Bologna, Achille
Mele ranette tagliate, 1935 c.
Stampa alla gelatina bromuro
d'argento/Silver gelatino-bromide
print, 17,6 x 24,1 cm
Archivio Montedison, Milano
p.53

Bossaglia, Roberto
Roma EUR, Palazzo della Civiltà Italica,
1986
Stampa recente al bromuro d'argento,
46x31 cm su 50,5x39 cm
Recent silver bromide print, 46x31
cm onto 50,5x39 cm
Collezione dell'autore/Author's
Collection, Roma
p.157

Bragaglia, Anton Giulio
Il pittore futurista Giacomo Balla, 1912
Fotodinamica pubblicata
in/Photodinamic published on: Anton
Giulio Bragaglia, *Fotodinamismo
futurista. Sedici tavole*, Nalato editore,
Roma 1913, terza edizione/third
edition, 25,5x18 cm, p. 75
Collezione/Collection Franco
Vaccari, Modena
p.33

Bricarelli, Stefano
*Torino. Interno della colonia "3 gennaio"
della Federazione Fascista*, 1938 c.
Stampa alla gelatina bromuro
d'argento/Silver gelatino-bromide
print, 23x17,4 cm
Touring Club Italiano, gestione
Archivi Alinari, Milano
p.61

Buscarino, Maurizio
*Else Marie Laukvik, Come!... and the
Day will be Ours*, 1975
Stampa recente al cloro bromuro
d'argento, 43,5x31 cm su 50x40 cm
Recent silver chloro-bromide print,
43,5x31 cm onto 50x40 cm
Collezione dell'autore/Author's
Collection, Zogno
p.123

Cagnoni, Romano
Nigeria, 1968
Stampa recente al bromuro d'argento
21x30,5 cm su 30,5x40,2 cm
Recent silver bromide print, 21x30,5
cm onto 30,5x40,2 cm
Collezione dell'autore/Author's
Collection, Pietrasanta
p.105

Campigotto, Luca
Molino Stucky, Venezia, 1995
Stampa al bromuro d'argento su
alluminio/Silver bromide print on
aluminium, 115x115 cm
Collezione dell'autore/Author's
Collection, Venezia
p.189

Carrieri, Mario
Testa di toro ai macelli, 1958
Stampa recente al bromuro d'argento
su alluminio/Recent silver bromide
print on aluminium, 40x51 cm
Collezione dell'autore/Author's
Collection, Milano
p.91

Castella, Vincenzo
Napoli, Posillipo, 1985
Stampa recente cromogenica/Recent
chromogenic print, 76x95 cm
Courtesy Le Case d'Arte, Milano
p.155

Cavalli, Giuseppe
Piume, 1939
Stampa alla gelatina bromuro
d'argento/Silver gelatino-bromide
print 29x36,5 cm
Archivio Cavalli, Roma
p.65

Cerati, Carla
Ospedale psichiatrico di Parma, 1968
Stampa recente al cloro bromuro
d'argento, 54x36 cm su 61x50,5 cm
Recent silver chloro-bromide print,
54x36 cm onto 61x50,5 cm
Collezione dell'autore/Author's
Collection, Milano
p.107

Chiaramonte, Giovanni
Bergamo, 1982
Stampa cromogenica su politenata,
27,6x27,6 cm su 29,5x29,5 cm
Chromogenic resincoated print,
27,6x27,6 cm onto 29,5x29,5 cm
Collezione dell'autore/Author's
Collection, Milano
p.141

Chigi, Francesco
Composizione floreale, 1908
Autocromia su lastra Lumière/Auto-
chrome on Lumière glass-negative,
9x12 cm
Istituto Centrale Catalogo e
Documentazione, Roma
p.25

Ciam, Giorgio
Autoritratto, 1975
Stampa cromogenica/Chromogenic
print, cm 70x100
Collezione/Collection Liliana Chietto
Ciam, Torino
p.125

Colombo, Cesare
La città ideale, 1968
Stampa recente al bromuro
d'argento/Recent silver bromide
print, 30,4x35 cm
Collezione dell'autore/Author's
Collection, Milano
p.103

Cresci, Mario
Barbarano Romano, 1978
Stampa al bromuro d'argento, 25x35
cm su 30,5x39,5 cm
Silver bromide print, 25x35 cm onto
30,5x39,5 cm
Collezione/Collection Roberta
Valtorta, Milano
p.133

Crocenzi, Luigi
Andiamo in processione, 1947
Racconto fotografico di 34 fotografie
pubblicato in/A photographic series of
34 photographies published in: "Il
Politecnico" n. 35, gennaio-marzo
1947, 29,5x19,5 cm, p. 54-59
Collezione/Collection Mara
Campana, Milano
p.76-77

De Biasi, Mario
Sagrato, 1951
Stampa recente al bromuro
d'argento/Recent silver bromide
print, 40x31 cm
Collezione dell'autore/Author's
Collection, Milano
p.83

Delucca, Piero
Continental Breakfast, 1996-97
Stampe ai sali d'argento 50x80 cm,
cornici di alluminio nero
Silver prints, 50x80 cm, black
aluminium frames
Collezione dell'autore/Author's
Collection, Rimini
p.197

De Pietri, Paola
Senza titolo, 1997
Stampa cromogenica/Chromogenic
print, 74x95,5 cm
Courtesy Galleria Raffaella Cortese,
Milano
p.201

Di Bello, Bruno
Punto di luce, 1976
Tela fotografica/Photographic canvas,
55x55 cm
Courtesy Studio Marconi, Milano
p.127

Di Bello, Paola
Espèces d'espaces, 1997
Stampa al bromuro d'argento/Silver
bromide print, 93x124 cm
Collezione dell'autore/Author's
Collection, Milano
p.203

Dondero, Mario
*Operai milanesi dello stabilimento Brown
Boveri*, 1964
Stampa alla gelatina bromuro
d'argento/Silver gelatino-bromide
print, 24x35,5 cm
Biblioteca Nazionale Centrale, Fondo
Pannunzio, Firenze
p.99

Donzelli, Pietro
Cinema a Pila, 1954
Stampa alla gelatina bromuro
d'argento/Silver gelatino-bromide
print, 28,5x28,5 cm
Courtesy Art Consulting Siebenhaar,
Königstein/Ts
p.85

Fontana, Franco
Paesaggio, 1972
Stampa cromogenica/Chromogenic
print, 20,3x29,7 cm
Courtesy Galleria Photology, Milano
p.113

Fossati, Vittore
Suardi, verso il Po, 1991
Stampa Cibachrome diametro 27 cm
su 30x30 cm
Cibachrome print, diameter 27 cm
onto 30x30 cm
Collezione/Collection Roberta
Valtorta, Milano
p.171

Gabinio, Mario
Torino. Scena di mercato, 1936
Stampa alla gelatina bromuro
d'argento/Silver gelatino-bromide
print, 17,5x23,4 cm
Museo di Storia della Fotografia
Fratelli Alinari, fondo Gabinio, Firenze
p.55

Galligani, Mauro
Seveso, 1977
Stampa al cloro bromuro d'argento,
30x45,5 cm su 40,2x51,2 cm
Recent silver chloride bromide print,
30x45,5 cm onto 40,2x51,2 cm
Collezione dell'autore/Author's
Collection, Milano
p.131

Garzia, Carlo
Villa Meo Evoli, Conversano, 1989
Stampa recente al bromuro d'argento,
38x38 cm su 60x50 cm
Recent silver bromide print, 38x38
cm onto 60x50 cm
Collezione dell'autore/Author's
Collection, Bari
p.161

Gentili, Moreno
Biennale 93 (Nel centro del passo), 1993
Stampa al bromuro d'argento/Silver
bromide print, 24x30 cm
Collezione/Collection Roberta
Valtorta, Milano
p.175

Ghirri, Luigi
Atlante, 1973
Stampe cromogeniche su carta
politenata/Chromogenic resincoated
prints, 13x18 cm
Biblioteca Panizzi, Fototeca, Reggio
Emilia
p.115

Giacomelli, Mario
Scanno, 1957-59
Stampa recente al bromuro
d'argento/Recent silver bromide
print, 30,4x40,3 cm
Courtesy Galleria Photology, Milano
p.89

Ginammi, Bruna
Peperone 4, 1995
Stampa cromogenica/Chromogenic
print, 200x135 cm
Collezione dell'autore/Author's
Collection, Milano
p.191

Gioli, Paolo
Omaggio a Bayard, 1982
Polaroid Polacolor 60x50 cm
stenopeica, trasferita su carta da
disegno, 70x50 cm/Pinhole Polacolor
Polaroid 60x50 cm, transfert onto
drawing paper, 70x50 cm
Collezione/Collection Paolo Vampa,
Roma
p.139

Grignani, Franco
Le nacchere, 1947
Stampa alla gelatina bromuro
d'argento/Silver gelatino-bromide
print, 23x17 cm
Museo di Storia della Fotografia
Fratelli Alinari, collezione Zannier,
Firenze
p.79

Guerrieri, William
Portineria - Manifestazione, 1997
Stampe cromogeniche ciascuna 81x67
cm, su alluminio e legno naturale
Chromogenic prints each one 81x67
cm, on aluminium and natural wood
Collezione dell'autore/Author's
Collection, Modena
p.205

Guidi, Guido
Passo del Muraglione, 1983
Stampa al bromuro d'argento a
contatto da lastra 20x25 cm su
24x30,5 cm
Silver bromide contact print from
negative 20x25 cm onto 24x30,5 cm
Collezione/Collection Roberta
Valtorta, Milano
p.143

Hammacher, Arno
*Alberi. Spiaggia del mare del Nord.
Sabbia-neve-sabbia*, 1980 (negativi
1967-1979)
Scatola e cartone 42x32 cm, nove
stampe al bromuro d'argento, 5x8 cm
montate in etichette metalliche per vino
Box and cardboard 42x32 cm, nine
silver bromide prints mounted on
metal wine labels
Collezione/Collection Roberta
Valtorta, Milano
p.136-137

Jodice, Mimmo
Napoli, 1979
Stampa al bromuro d'argento 18x27,5
cm su 24x30,2 cm
Silver bromide print, 18x27,5 cm onto
24x30,2 cm
Collezione dell'autore/Author's
Collection Napoli
p.135

Lattuada, Alberto
Sonno provvisorio, 1940
Stampa recente al bromuro d'argento
20x20 cm da negativo originale
Recent silver bromide print, 20x20
cm from the original negative
Museo di Storia della Fotografia
Fratelli Alinari, archivio Lattuada,
donazione Lattuada, Firenze
p.69

Maggia, Filippo
Senza titolo, 1983
Stampa ai sali d'argento colorata con
mallo di noce/Silver bromide print
colored with wal-nut, 23,7x30,2 cm
Collezione/Collection Roberta
Valtorta, Milano
p.147

Mangano, Tancredi
Trappole per tracce. Volto in trappola, 1998
(Tre giorni di esposizione, Lomellina
31 agosto-2 settembre 1995)
(Three days exposition, Lomellina,
August, 31- September, 2 1995)
Stampa ai sali d'argento 40x30 cm,
stampa ai sali d'argento da "cliché
verre" 40x30 cm
Silver print 40x30 cm, silver print
from "cliché verre", 40x30 cm
Collezione dell'autore/Author's
Collection, Milano
p.207

Marangoni, Martino
Firenze, 1986
Stampa recente al bromuro d'argento,
25x37,2 cm su 30,2x40,2 cm
Recent silver bromide print, 25x37,2
cm onto 30,2x40,2 cm
Collezione dell'autore/Author's
Collection Firenze
p.159

Mazzocchi, Gianfranco
Quartiere Gallaratese, Milano, 1971
Stampa recente al bromuro d'argento,
26,5x39 cm su 30,5x40 cm
Recent silver bromide print, 26,5x39
cm onto 30,5x40 cm
Collezione dell'autore/Author's
Collection, Milano
p.111

Michetti, Francesco Paolo
Gigli, 1900 c.
Stampa all'albumina 8,8x16 cm da
lastra stereoscopica alla gelatina
bromuro d'argento
Albumen print 8,8x16 cm from a
silver gelatino-bromide stereoscopic
glass-negative
Museo di Storia della Fotografia
Fratelli Alinari, fondo Michetti,
collezione Palazzoli, Firenze
p.19

Modotti, Tina
Canne di bambù. Messico, 1924
Stampa alla gelatina bromuro
d'argento/Silver gelatino-bromide
print, 18x23,8 cm
Archivio Comitato Tina Modotti,
Udine
p.39

Mollino, Carlo
Senza titolo, 1936-40
Stampa alla gelatina bromuro
d'argento, 23x10,2 cm su 26x13,5 cm
Silver gelatino-bromide print, 23x10,2
cm onto 26x13,5 cm
Museo di Storia della Fotografia
Fratelli Alinari, fondo Mollino,
Firenze
p.57

Monti, Paolo
L'uccello di pietra, 1951
Stampa alla gelatina bromuro
d'argento/Silver gelatin-bromide print
29,8 x 39 cm
Istituto di Fotografia Paolo Monti,
Milano
p.81

Morpurgo, Luciano
Agro romano. Pastori, 1915 c.
Stampa alla gelatina bromuro
d'argento/Silver gelatino-bromide
print, 8x10,5 cm
Istituto Centrale Catalogo e
Documentazione, Roma
p.35

Mulas, Ugo
Lucio Fontana, Milano, 1964
Stampa al bromuro d'argento, 42x28,5
cm su 51,3x61 cm
Silver bromide print, 42x28,5 cm onto
51,3x61 cm
Archivio Mulas, Milano
p.101

Mulas, Antonia
Archeologia. Muro di Berlino, 1975
Stampe al bromuro d'argento
ciascuna/Silver bromide prints each
one 30,5x30,5 cm
Collezione dell'autore/Author's
Collection Milano
p.120-121

Negri, Francesco
Ballo all'aperto, 1900 c.
Stampa recente da lastra/Recent print
from glass-negative 13x18 cm
Biblioteca Comunale, Casale
Monferrato
p.21

Niedermayr, Walter
Marmolada. Punta Rocca, 1994
Stampe cromogeniche
ciascuna/Chromogenic prints each
one 83x103 cm
Courtesy Gallery Anne de Villepoix,
Paris
p.180-181

Nocera, Enzo
Senza titolo, 1969
Stampa al bromuro d'argento/Silver
bromide print, 21,5 x 28,5 cm
Collezione/Collection Roberta
Valtorta, Milano
p.109

Nunes Vais, Mario
Ritratto femminile, 1910 c.
Stampa alla gelatina bromuro virata
16,8x10,8 cm su 33,7x23,8 cm
Toned gelatino-bromide print,
16,8x10,8 cm onto 33,7x23,8 cm
Museo di Storia della Fotografia
Fratelli Alinari, archivio Nunes Vais,
Firenze
p.27

Orio, Roberta
Kult. Codice umano, 1994
Stampa ai sali d'argento su
politenata/Silver resincoated print,
100x150 cm
Collezione dell'autore/Author's
Collection Milano
p.183

Pagano, Giuseppe
Litoceramica, 1938-40
Stampa alla gelatina bromuro
d'argento/Silver gelatino-bromide
print, 24x24 cm
Archivio Giuseppe Pagano, Biblioteca
Cesare De Seta, Napoli
p.63

Parisio, Giulio
Napoli. Carrozzelle sotto la pioggia, 1930 c.
Stampa alla gelatina bromuro
d'argento/Silver gelatino-bromide
print, 17,5x23,5 cm
Touring Club Italiano, gestione
Archivi Alinari, Milano
p.45

Patellani, Federico
Acquapendente (Viterbo), agosto 1945
Stampa recente al bromuro d'argento,
32,5x43,5 cm su 40x50 cm
Recent silver bromide print,
32,5x43,5 cm onto 40x50 cm
Associazione Studio Patellani, Milano
p.73

Peretti Griva, Domenico Riccardo
Dolcissima natura, s.d. (anni Venti)
Stampa al bromolio trasferto,
31,2x20,8 cm su 35,2x25,8 cm
Bromoil transfered print, 31,2x20,8
cm onto 35,2x25,8 cm
Museo di Storia della Fotografia
Fratelli Alinari, fondo Peretti Griva,
collezione Mandarino, Firenze
p.37

Petrelli, Tino
Borsa nera, Milano inverno 1945
Stampa alla gelatina bromuro/
Gelatino-bromide print 30,8x22 cm
Publifoto/Olympia, Milano
p.75

Pinna, Franco
*Montemuzzo (Potenza). Ex voto in
argento a San Rocco nella chiesa omonima,*
1956
Stampa alla gelatina bromuro
d'argento/Silver gelatino-bromide
print 29,5x23,5 cm
Collezione/Collection Annamaria
Greci, Roma
p.87

Primoli, Giuseppe
Il bagno dei bambini di un asilo. Anzio (?),
1900 c.
Stampa a contatto all'albumina da
negativo/Contact albumen print from
glass-negative 13x18 cm
Fondazione Primoli, Roma
p.23

Radino, Francesco
Orvieto, 1984
Stampa al cloro bromuro d'argento
31,1x44,8 cm su 38,4x49,9 cm
recent silver chloro-bromide print,
31,1x44,8 cm onto 38,4x49,9 cm
Collezione/Collection Roberta
Valtorta, Milano
p.151

Russo, Marialba
Roma. Fasti moderni, 1992
Stampa al bromuro d'argento 26x32
cm su 30x40 cm
Silver bromide print, 26x32 cm onto
30x40 cm
Collezione dell'autore/Author's
Collection, Roma
p.173

Salbitani, Roberto
Senza titolo, 1974
Stampa al bromuro d'argento
25,5x16,5 cm su 30x23,8 cm
Silver bromide print, 25,5x16,5 cm
onto 30x23,8 cm
Collezione/Collection Roberta
Valtorta, Milano
p.119

Scianna, Ferdinando
*Lentini: Festa di S.Alfio, Filadelfo e
Cirino,* 1963
Stampa al bromuro d'argento/Silver
bromide print 26,5x38,5 cm su
28,5x40 cm
Collezione/Collection Roberta
Valtorta, Milano
p.95

Sellerio, Enzo
Linguaglossa, 1963
Stampa recente al bromuro d'argento,
35x23 cm su 39,5x29,3 cm
Recent silver bromide print, 35x23
cm onto 39,5x29,3 cm
Collezione dell'autore/Author's
Collection, Palermo
p.97

Soave, Luciano
Senza titolo, 1989
Stampa al bromuro d'argento,
24,5x19,3 cm su 29,8x23,5 cm
Silver bromide print, 24,5x19,3 cm
onto 29,8x23,5 cm
Collezione dell'autore/Author's
Collection, Milano
p.165

Sommariva, Emilio
Studio, 1926
Stampa alla gelatina bromuro
d'argento/Silver gelatino-bromide
print, 29x21 cm
Biblioteca Comunale Laudense, Lodi
p.43

Spranzi, Alessandra
L'angelo del focolare, 1996
Stampa cromogenica, 31x47,5 cm su
40x50 cm
Chromogenic print, 31x47,5 cm onto
40x50 cm
Collezione dell'autore/Author's
Collection, Milano
p.193

Stefani, Bruno
Firenze, Ponte di S. Trinita, 1940 c.
Stampa alla gelatina bromuro
d'argento/Silver gelatino-bromide
print 18x17,5 cm
Touring Club Italiano, gestione
Archivi Alinari, Milano
p.67

Steiner, Albe
Marchio di L. e A. S., 1941
Stampa alla gelatina bromuro
d'argento, 14,9x20,6 cm, acquarello e
tempera
Silver gelatino-bromide print,
14,9x20,6 cm, watercolor and
distemper
Collezione/Collection Lica Steiner,
Milano
p.71

Tagliaferro, Aldo
Dal segno alla scrittura, 1983
Stampe al bromuro d'argento 4x23,3
cm su 24x59 cm
Silver bromide print, 4x23,3 cm onto
24x59 cm
Collezione dell'autore/Author's
Collection, Bazzano-Parma
p.144-145

Tatge, George
Cerchio d'acqua, 1996
Stampa al bromuro d'argento 22x31
cm su 27,8x35,4 cm
Silver bromide print 22x31 cm onto
27,8x35,4 cm
George Tatge, Archivi Alinari,
Firenze
p.195

Tato (Guglielmo Sansoni)
*Il perfetto borghese. Camuffamento di
oggetti,* 1933
Stampa alla gelatina bromuro
d'argento/Silver gelatino-bromide
print 17,8x23,8 cm
Museo d'Arte Moderna e
Contemporanea di Trento e Rovereto,
Trento
p.49

Tollini, Luciano
Ritratto femminile, post 1910
Stampa alla gelatina bromuro
d'argento 13,8x10 cm su 26,2x16 cm
Silver gelatino-bromide print, 13,8x10
cm onto 26,2x16 cm
Collezione/Collection Roberta
Valtorta, Milano
p.29

Finito di stampare nel mese di maggio 1998
da Leva spa, Sesto San Giovanni
per conto di Edizioni Charta